龙门县革命老区发展史

龙门县革命老区发展史编委会　编

SPM 南方出版传媒　广东人民出版社
·广州·

图书在版编目（CIP）数据

龙门县革命老区发展史 / 龙门县革命老区发展史编委会编. —广州：广东人民出版社，2021.2

（全国革命老区县发展史丛书·广东卷）

ISBN 978-7-218-13996-8

I. ①龙… II. ①龙… III. ①龙门县—地方史 IV. ①K296.54

中国版本图书馆 CIP 数据核字（2019）第 242537 号

LONGMEN XIAN GEMINGLAOQU FAZHANSHI

龙门县革命老区发展史

龙门县革命老区发展史编委会 编   版权所有   翻印必究

出 版 人：肖风华

责任编辑：廖智聪
装帧设计：张力平等
责任技编：吴彦斌 周星奎

出版发行：广东人民出版社
地 址：广州市海珠区新港西路 204 号 2 号楼（邮政编码：510300）
电 话：(020) 85716809（总编室）
传 真：(020) 85716872
网 址：http://www.gdpph.com
印 刷：广州市浩诚印刷有限公司
开 本：715mm×995mm 1/16
印 张：22 插 页：16 字 数：270 千
版 次：2021 年 2 月第 1 版
印 次：2021 年 2 月第 1 次印刷
定 价：73.00 元

如发现印装质量问题，影响阅读，请与出版社（020 - 85716808）联系调换。

售书热线：(020) 85716826

微信扫描二维码 ◀◀◀
您立即获得本书主要内容/
丛书介绍

广东省编纂《革命老区县发展史》丛书
指导小组

组　长：陈开枝（广东省老区建设促进会会长）

副组长：林华景（广东省老区建设促进会常务副会长）

宋宗约（广东省农业农村厅二级巡视员、广东省老区建设促进会副会长）

刘文炎（广东省老区建设促进会副会长）

郑木胜（广东省老区建设促进会副会长）

姚泽源（广东省老区建设促进会副会长兼秘书长）

谭世勋（广东省老区建设促进会副会长）

廖纪坤（广东省农业农村厅总经济师）

办公室

主　任：姚泽源（兼）

副主任：韦　浩（广东省农业农村厅扶贫协作与老区建设处处长）

柯绍华（广东省老区建设促进会副秘书长）

伍依丽（广东省老区建设促进会副秘书长）

微信扫描二维码
您立即获得本书作者的
相关资料

惠州市编纂《革命老区县发展史》丛书
指导小组名单

组　长：王开洲（市委常委）

副组长：陈恩强（惠州市老促会会长）

　　　　李文忠（惠州市老促会副会长）

　　　　朱毅凡（惠州市委组织部副部长、老干部局局长）

成　员：季广龙（惠州市老促会副会长）

　　　　聂炳兴（惠州市老促会副会长）

　　　　钟旺兴（惠州市老促会副会长）

　　　　刘育青（惠城区老促会会长）

　　　　王寿铨（惠阳区老促会会长）

　　　　李江雁（惠东县老促会会长）

　　　　郑继生（博罗县老促会副会长）

　　　　王庆元（龙门县老促会会长）

　　　　黄裕章（大亚湾老促会会长）

《龙门县革命老区发展史》编纂委员会

顾　问：钟一凡　茹新生　黄焕阳

主　任：王庆元

副主任：何新友

成　员：李振新　谢继流　温采君

主　编：李振新

副主编：谢继流　温采君

编　辑：李占萱　卓玉云　刘子敏

在举国欢庆新中国成立 70 周年前夕，中国老区建设促进会王健会长请我为《全国革命老区县发展史》丛书作序，作为一名在老区战斗过并得到老区人民生死相助的老兵，回首往事，心潮澎湃，感慨万千，深感义不容辞，欣然应允。

中国革命老区，是以毛泽东为代表的中国共产党人在领导人民推翻帝国主义、封建主义和官僚资本主义三座大山，争取民族独立和人民解放伟大斗争中建立的革命根据地，在这片红色的土地上，诞生了无数可歌可泣的革命英雄儿女，为后人树起了一座不朽的丰碑，她是新中国的摇篮，是党和军队的根。

在艰苦卓绝的战争年代，老区人民把自己的命运与中华民族的命运紧紧地联系在一起，与中国共产党和人民军队的命运紧紧地联系在一起，他们生死相依，患难与共。我曾亲历过战争年代，并得到过老区红哥红嫂的救助，切身感受到发生在身边的一幕幕撼天动地的革命故事，在那极其艰难的条件下，老区人民倾其所有、破家支前，不怕艰难困苦，不怕流血牺牲。"最后一碗米送去做军粮，最后一尺布送去做军装，最后一件老棉袄盖在担架上，最后一个亲骨肉送去上战场"，这是当时伟大的老区人民为建立新中国做出巨大牺牲的真实写照，它将永远镌刻在中国共产党、中国人民解放军、中华人民共和国的历史丰碑上。他们的光辉业绩永载史册，他们的革命精神必将影响一代又一代的革命新人，造就一代又一代的民族脊梁。

在社会主义革命和建设时期，革命老区和老区人民响应党的号召，面对落后的面貌、脆弱的经济、恶劣的生态环境，他们本色不变，精神不丢，自力更生，艰苦奋斗，干一行爱一行。始终坚持"革命理想高于天"，自觉做共产主义远大理想的坚定信仰者和忠实实践者，勇于向恶劣的自然环境和贫穷落后宣战，他们在各条战线上为国建功立业，用平凡的双手创造了一个又一个不平凡的奇迹，彰显了老区人的崇高精神和人格力量。

在改革开放的伟大进程中，老区人民解放思想，勇于创新，发奋图强，攻坚克难，老区的经济社会建设取得了辉煌成就。特别是在改变中国的面貌、中华民族的面貌、中国人民的面貌、中国共产党的面貌的伟大实践中发挥了至关重要的作用。老区人民既是改革开放的参与者，也是改革开放的推动者。

艰苦练意志，危难见精神。老区人民在近百年的革命战争、社会主义建设和改革开放的伟大实践中，孕育形成了伟大的老区精神：爱党信党、坚定不移的理想信念；舍生忘死、无私奉献的博大胸怀；不屈不挠、敢于胜利的英雄气概；自强不息、艰苦奋斗的顽强斗志；求真务实、开拓创新的科学态度；鱼水情深、生死相依的光荣传统。这是党和人民宝贵的精神财富、丰厚的政治资源，是凝心聚力、振奋民族精神的重要法宝，也是社会主义核心价值观的重要内容。

中国老区建设促进会怀着强烈的政治责任感和历史使命感，组织全国各地老促会人员克服困难，尽心竭力编纂《全国革命老区县发展史》丛书，记录老区的光辉历史和辉煌成就，传承红色基因，弘扬老区精神，是功在当代、利及千秋的一件大事。手捧这部丛书的部分书稿，读着书中的故事，倍感亲切，深感这部丛书具有资政、育人、存史的社会功能，有着重要的时代和历史价值。它是不忘初心、牢记使命的源头活水，是赞颂共产党、讴歌老区人民的一部精品力作，是弘扬老区精神、传承红色记忆的丰厚载体，是一项继承优秀传统文化、弘扬革命文化、发展社会主义先进文化，坚定"四个自信"的宏大文化工程。它必将成为一种文化品牌，为各界人士了解老区宣传老区支持老区提供一部有价值的研究史料。希望读者朋友们能从中了解并牢记这些为党和民族的利益不断奉献的老区人民，从中得到教益，汲取人生奋斗的精神动力。

新时代赋予新使命，新起点开启新征程。让我们更加紧密地团结在以习近平同志为核心的党中央周围，坚持以习近平新时代中国特色社会主义思想为指导，增强"四个意识"，坚定"四个自信"，做到"两个维护"，弘扬老区精神，铭记苦难辉煌。为实现"两个一百年"奋斗目标，实现中华民族伟大复兴的中国梦作出新的更大的贡献！

迟浩田

2019 年 4 月 11 日

2017 年 6 月，中国老区建设促进会组织全国各地老促会启动编纂《全国革命老区县发展史》丛书，按照"建立中国共产党、成立中华人民共和国、推进改革开放和中国特色社会主义事业"三大里程碑的历史脉络，系统书写革命老区百年历史，深入挖掘革命老区红色文化资源，这对于充实丰富中国革命史籍宝库、在新时代传承红色基因、弘扬革命精神、强固根本，对于激励人们在新的历史条件下夺取中国特色社会主义伟大胜利，实现中华民族伟大复兴的中国梦具有重要意义。

丛书编纂以习近平新时代中国特色社会主义思想为指导，以《中国共产党历史》《中国共产党的九十年》等重要文献为基本依据，以党的领导为核心，以老区人民为主体，以老区发展为主线，体现历史进程特征，突出时代发展特色，坚持辩证唯物主义和历史唯物主义相统一、历史真实性与内容可读性相统一的原则，书写革命老区从站起来、富起来到强起来的光辉革命史、不懈奋斗史、辉煌成就史，把老区人民的伟大贡献、伟大创造、伟大成就、伟大精神充分展示出来，形成一部具有厚重历史特征和鲜明时代特色的精品力作。这是一部培根铸魂、守正创新，既为历史立言，又为时代服务，字里行间流淌着红色血脉、催生着革命激情的传世之作。丛书的编纂出版将成为讴歌党讴歌人民讴歌时代、传播红色文化、为革命老区和老区人民树碑立传的重要载体。

　　丛书按照编年体与纪事本末体相结合、以编年体为主的编写体例确定框架结构；运用时经事纬、点面结合的方式记述史实；坚持人事结合、以事带人的原则处理人与事的关系；采取夹叙夹议、叙论结合以叙为主的方法展开内容。做到了史料与史论、历史与现实、政治与学术统一，文献性、学术性、知识性相兼容。

　　为编纂好《全国革命老区县发展史》丛书，打造红色文化品牌，中国老区建设促进会认真组织积极协调，提出政治立场鲜明、史料真实准确、思想论述深刻、历史维度厚重、时代特色突出、编写体例规范、篇目布局合理、审读把关严格、出版制作精良的编纂出版总要求，力求达到革命史籍精品的精神高度、思想深度、知识广度、语言力度，增强丛书的权威性和社会影响力。各省（区、市）、市（州、盟）、县（市、区、旗）老促会的同志，以强烈的使命感、责任感和紧迫感，勇于担当，积极作为，认真实施，组织由老促会成员、专家学者等参加的十余万人编纂队伍。编纂工作主体责任在县，省、市组织协调、有力指导、审读把关。各方面人员以高度负责的精神和科学严谨的态度，满腔热情地投入工作，为丛书编纂出版做出了重要贡献。丛书编纂工作还得到了党和国家有关部委、地方各级党委政府及有关部门的大力支持和积极参与，社会各界也给予了热情帮助。中共中央政治局原委员、中央军委原副主席、原国务委员兼国防部长迟浩田上将，对老区人民怀有深厚感情，对革命老区建设发展十分关注，欣然为《全国革命老区县发展史》丛书作总序。

　　丛书由总册和1599部分册（每个革命老区县编纂1部分册）组成，共1600册。鉴于丛书所记述的史实内容多、时间跨度长和编纂时间紧，不妥之处，敬请批评指正。

中国老区建设促进会

● 红色印记 ●

大派洲——叶剑英在此创办"仙岛公司"筹办军费。从此，在龙门播下革命火种

龙门革命纪念园

永汉镇低冚村，广东省第一批（60个）精准扶贫红色村之一

永汉镇低冚村李屋围

地派镇芒派村，广东省第一批（60个）精准扶贫红色村之一

十五烈士纪念广场（效果图）

平陵镇白芒坑红军纪念园（效果图）

麻榨镇寨下村红色基坑（效果图）

鳌溪人民革命斗争历史展览室

展览室一角

永汉镇低tai村东三支展览馆

展览馆大厅

平陵镇白芒坑人民革命斗争展览室

白芒坑人民革命斗争展览室部分革命文物展品

龙江镇石墩围革命历史展览馆

石墩围展览馆展览大厅

麻榨镇东埔村南庐遗址

南庐的展览室

永汉镇莲塘村农家书屋

供村民阅读的革命书刊

龙门县政治生活馆

政治生活馆展览大厅

永汉镇低冚村"功臣之路"，
全长 450 米，沿途设置革命战
士、英雄人物雕塑，展示广大
革命同志坚守初心、英勇奋进
的革命精神

低冚伏击战纪念公园

永汉镇低冚村，时年九十九岁的老奶奶王凤英给儿孙们讲述红色革命故事（2017 年拍摄）

● 老区新貌 ●

碧桂园集团广州区域，获赠"传承红色基因，助力乡村振兴"牌匾

在永汉镇油田村落户的"南昆碧桂园大观花园"

蓝天白云南昆山

南昆山内青山绿水的
生态保护区

花木四季常开的桂峰山

清澈长流的桂峰山溪水

麻榨镇东埔村红色水乡新貌

十里水湾旅游度假村

麻榨镇中心村新貌

麻榨镇中心村文体广场

蓝田瑶族乡上东新村民居

上东新村文化广场

整洁的瑶乡山村街道

瑶乡村民告别了祖祖辈辈居住的泥砖瓦房

武深高速公路龙门县蓝田路段

武深高速公路蓝田站

永汉镇低阤村一角，美丽的家园

战火劫难留下的破旧村庄，成为历史

龙华镇双东村，村民新居

山村种莲藕，美化环境，又增加农业收入

麻榨镇，跨越增江河上游龙门河的约坑大桥

龙华镇，跨越增江河上游龙门河的双东大桥

龙华镇西族村，联结龙门河东西两岸村民的西族大桥（2014 年重建）

永汉镇低冚村，联结低冚河南北两岸村民的低冚新桥（2018 年重建）

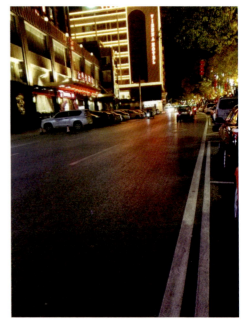

华灯初上，龙门县城环城东路一角

武深高速公路龙田站，此处是龙门县北部山区进入龙门县城的大门（2018年新建）

甘香大桥，是龙门县城联结北部山区的重要通道（2018年重建）

龙门县城新貌

龙门县工业园金沙开发区走上新台阶

坐落于龙门县城东区的华南师范大学附属龙门学校

蓝田瑶家舞火狗（黄伟平）

打禾（谭池发）

小村镇（梁彩欢）

牧牛小伙（曾宝田）

独具特色的龙门农民画反映了老区建设新貌

● 脱贫奔康 ●

村民李珠耀经营的兰花基地

水坑村 18 户贫困村民参股的白鸽养殖场

高沙村林苑民宿一条街

S119 省道高沙路段的"家庭餐厅""土特产商场"

龙潭镇新屋村村民许文杰的家庭工艺作坊

许文杰的家庭工艺作坊生产的各种工艺品

龙华镇革命老区村双东村、许细玲的龙门米粉厂获"巾帼创业示范基地"称号

许细玲的龙门米粉厂的"精磨车间"

龙潭镇革命老区村塘
坑村，张月金的"龙
门牙签"

远销外地的"龙门牙
签"

2003 年挂牌的"龙
门县花竹扶贫电站"
（龙门县 120 个老区
村，从 2003 年以来，
年年分享花竹电站扶
贫红利）

环境优美的花竹电站
（装机容量 2400 千瓦）

麻榨镇革命老区村东
安村官厅村小组的生
态林（面积 16120 亩，
每年获生态林补助 40
多万元）

蓝田瑶族乡革命老区
村上东村（集体）的
生态林（面积 1.5 万
亩，每年获生态林补
助 45 万多元）

上东村光伏发电工程

低冚村光伏发电工程

微信扫描二维码
您立即开展本书的
延伸阅读

龙门县地处广东省中部,珠江北部地区的中心。

龙门县的革命老区的形成,其主要经历是:

一、土地革命时期,龙门县南部地区,叶剑英驻足麻榨东埔村,以远大的战略眼光播下革命火种;龙门县北部地区,地派、县城、平陵山下村一带曾经留下中国工农红军第四师(简称"红四师")的足迹,在龙门人民的心中刻下了红军的形象。

二、抗日战争全面爆发时期,龙门县属于半沦陷的游击区。龙门人民和共产党的抗日队伍,既要面对日本侵略军的残酷"扫荡"、烧杀掠夺,又要应对国民党顽固派的阴谋迫害。在这种严酷的形势下,龙门人民抗日的志气十分坚定。共产党领导的抗日武装从小到大,从几十人的自卫队发展到后来的广东人民抗日游击队东江纵队(简称"东江纵队")增龙博独立大队以及拥有500多人的7个民兵中队。人民群众的抗日活动,也涌现了"铲头坳伏击,土枪土炮打日寇""夜袭四围,大刀砍日军""江厦村击毙日军大佐""石墩围痛打日本兵"等英勇抗日事迹。

三、解放战争时期,龙门是江北地区革命活动中心。中共江北工作委员会("工作委员会"简称"工委")、中共江北地方委员会("地方委员会"简称"地委")机关扎根在龙门。抗日战争胜利后,东江纵队北撤,留下43位武装人员隐蔽在龙门、增城、博罗边区的麻榨、正果、鳌溪、横河等地，同这些地区的农民群众同甘共苦、共患难，紧密联结在一起度过漫长的"白色恐怖时期"。在恢复武装斗争时期，中共江北工委将江北地区分为四个战略区。有三个战略区联结着龙门县：黄柏主管的"从（化）龙（门）新（丰）三县边区"，陈江天主管的"博（罗）龙（门）河（源）三县边区"，王达宏主管的"增（城）龙（门）边区"。三支武装部队联结着龙门县：王达宏领导的"增龙从博人民自卫队（1947 年 3 月—1948 年 2 月）"，马达领导的"龙从人民保乡队（1947 年 2 月—1948 年 2 月）"，黄干领导的"博龙河人民解放队（1947 年 10 月—1948 年 2 月）"。

四、龙门县是江北地区最早获得解放的地区。龙门县是中华人民共和国成立前已经解放的地区。1949 年 8 月 27 日，中国人民解放军粤赣湘边纵队东江第三支队攻克龙门县城，龙门县宣告全境解放。

龙门县的革命老区建设取得了巨大的成就，从一个偏僻落后的山区，建设成为处处青山绿水、焕发生机的红色老区。

总的来说，在交通、电力、教育、医疗卫生、旅游文化、环境卫生以及水利建设、城镇建设等八个方面取得了显著成就。交通方面，公路网络建设上了新台阶。电力方面，实现了现代化电力管理，村村通电、户户照明。教育方面，被评为广东省 2019 年国家义务教育质量检测实施优秀组织单位。实现了小学入学、小学毕业，初中入学、初中毕业"四个 100%"。医疗卫生方面，全县进行了饮用水改革，农村 100% 村民用上了符合卫生条件的自来水。全县三项基本医疗保险参保率 100%，医疗卫生业务各项指标达到规定标准。水利建设方面，建设了总库容 2.43 亿立方米的天堂山水库。全县 130 宗中小型水库山塘，经过全面整治共计加固加宽了 120 公里堤坝。519 公里水渠、水圳实现了三面硬化。

城镇建设方面，龙门县城建设凸显宁静、优雅的山城风貌，乡村小镇建设处处显现绿水青山、空气清新的田园风光，显示出一片新景象。旅游文化方面，龙门县已经获得"广东省旅游强县""广东省旅游特色县""中国最美文化生态旅游名县"等称号。环境卫生方面，建设了"资源热力电厂"，全县实现了城乡生活垃圾无缝对接一体化处理。

在迈向新时代建设方面获得了六大成果：一是获得全国首批"初级农村电气化县"称号；二是获得"广东省旅游强县"称号；三是创建了"龙门农民画之乡"；四是创建了"全国文明县城"；五是7.78万亩（1亩≈666.67平方米，下同）老区荒山经历了60年的辛勤努力，栽种杉树实现了造林绿化；六是23万老区人民摆脱贫困，奔上小康。

历史事实证明，龙门人民不但蕴藏着坚强不屈的革命斗争精神，在社会主义建设年代也发挥着令人惊叹的聪明智慧。英勇顽强的龙门人民不但敢于破坏一个旧世界，在和平建设年代也勇于投身改革开放的大潮，紧跟十九大新时代的步伐，建设新的世界。今日之龙门，战争的硝烟早已散尽。贫穷落后的面貌，已经成为历史故旧。代替它的是处处新村新貌，青山绿水，美丽家园。龙门没有辜负革命老区的称号，龙门人值得自豪，曾经为龙门的革命事业、建设事业作出贡献的老一辈革命者值得我们尊敬，他们都是龙门的骄傲！

沿着从叶剑英在龙门播下的革命火种到今天龙门人承传老区革命精神的主线，本书分6章记述了1925年至2018年的93年间，龙门县的革命老区的形成和发展。龙门县的革命老区从贫穷落后走上繁荣富裕的康庄大道，经历了翻天覆地的变化和发展过程。

本书运用志书体裁编写，但相对于党史、地方志，又有一定特点。其内容是史实的记录，而行文又有一定的描写、议论，有故事情节，有史感，也有可读性。

　　本书编纂过程中，龙门县委、县政府十分重视和支持。并得到省、市老促会的精心指导，得到县政府有关部门鼎力支持帮助。这些重要条件是本书得以编辑出版的主要成因。

龙门县革命老区发展史编委会

2019 年 10 月

第一章

概况

　　龙门县位于广东省中部，珠江北部地区中心，是典型的"八山一水一分田"地区，有青山绿水环绕的革命老区。

第一节 建置历史沿革

至 2020 年，龙门设县有 524 年历史。

秦始皇二十四年（公元前 223 年）置番禺县，龙门属番禺县地。

东汉建安六年（201 年）番禺县析置增城县，龙门属增城县地。

明弘治九年（1496 年）割增城县东北部的西林、平康、金牛三都及博罗县西北部的茅岗（今龙门县龙江），设龙门县，在西林都七星岗建设治县城池。因西林、平康、金牛三都原为增城县的上龙门地区，故以龙门命县名。

自建县至清朝末年，龙门县均属广州府。

1912 年，龙门县隶属广东都督府；1914 年，隶属粤海道；1921 年，隶属广东省；1936 年，隶属第四行政督察区；1947 年，隶属第五（专署）行政督察区。

1949 年 8 月 27 日，龙门县解放，隶属东江专区；1952 年 11 月隶属粤中行署；1956 年 12 月隶属惠阳专区；1958 年 11 月龙门县与增城县合并，称增城县，隶属广州地区；1959 年 3 月归属佛山地区；1961 年 10 月 25 日，恢复龙门县建置，仍隶属佛山地区；1963 年 6 月，归属惠阳地区；1975 年 1 月隶属广州市；1988 年 4 月，划入惠州市管辖至今。

地理位置

龙门县位于广东省中部，珠江三角洲与粤北山区接壤地带。地理坐标为：东经 113°48′26″—114°24′58″，北纬 23°20′06″—23°57′50″。东部、东南部与河源市东源县、惠州市博罗县毗邻；西南部、西部与广州市增城区、从化区接壤，北部连韶关市新丰县。县境南北总长 60.6 公里，东西最宽 61.4 公里。总面积 2295 平方公里。县城所在的龙城街道在县境的中部偏东北，与广州市中心区直距 120 公里（公路里程 137 公里），与惠州市直距 73 公里（公路里程 97 公里）。

龙门县地处珠江三角洲与粤北山区的结合部。珠江三大支流之一的东江在龙门县东边，另一条支流北江在龙门县西边。龙门县处于广州市东北方，属于珠江北部地区。龙门县是典型的"八山一水一分田"地区，地处九连、罗浮两大山系之间，九连山系伸入龙门县境，向东和东南与罗浮山连接，山峦纵横交错，构成"群山之地"。龙门地势从西北向东南倾斜，上小下大，高低悬殊，西北西南高山多，东部和南部为低丘盆地。

多山的地形在革命中，便于革命者藏身，与敌人周旋，保存革命火种。龙门县群山峻岭，交通不便，开展革命斗争的自然条件十分有利，故而为龙门留下了丰富的红色资源。抗日战争、解放战争时期，龙门县是江北地区共产党组织、共产党武装活动的中心。中共江北地委、中共武装江北支队司令部扎根于龙门。

行政区划

1949 年 8 月 27 日，龙门县全境解放，设 4 个区，下辖 1 个镇18 个乡。第一区（附城）辖附城镇（县城）、城东乡、城西乡、城南乡、上北乡；第二区（龙华）辖沙迳乡、龙华乡、路溪乡、茅岗乡；第三区（左潭）辖蓝田乡、地派乡、左潭乡、铁岗乡；第四区（永汉）辖上麻乡、下麻乡、永汉乡、永南乡、永西乡、南昆乡。

1951 年 5、6 月间，从河源县划山下、翁坑、大围、祖塘、晨光、平陵圩、光镇、黄沙等村归龙门县管辖，设平陵乡。1954年，从博罗县划隘子、竹笼等村，并入平陵乡。此后，全县划为5 个区，下辖 1 个镇 19 个乡。第一区（附城）辖附城镇、城东乡、城南乡、城北乡、上北乡；第二区（龙华）辖沙迳乡、龙华乡；第三区（左潭）辖蓝田乡、地派乡、左潭乡、铁岗乡；第四区（永汉）辖上麻乡、下麻乡、永汉乡、永南乡、永西乡、南昆乡；第五区（平陵）辖平陵乡、茅岗乡、路溪乡。

2017 年，龙门县行政区设置 11 个镇（乡、街道、管委会）、179 个村（居委会）、1973 个村民小组。镇级行政区：龙城街道（县城）、麻榨镇、永汉镇、龙华镇、平陵街道、龙江镇、龙田镇、龙潭镇、地派镇、蓝田瑶族乡、南昆山管委会。

经济概况

据龙门县统计局提供的数字显示，改革开放前，1978 年，全县地区生产总值 0.80 亿元，人均地区生产总值 338 元，农业总产值 0.79 亿元，农民人均可支配收入 102 元，全部职工年平均工资 526 元。

改革开放后，全县地区生产总值：2000 年 18.20 亿元，比1978 年增长 21.8 倍；2018 年 174.81 亿元，比 1978 年增长 217.5倍。人均地区生产总值：2000 年 5815 元，比 1978 年增长 16.2倍；2018 年 55476 元，比 1978 年增长 163.1 倍。农业总产值：2000 年 10.20 亿元，比 1978 年增长 11.9 倍；2018 年 42.49 亿元，比 1978 年增长 52.8 倍。规模以上工业总产值：2000 年 4.35 亿元，2018 年 110.05 亿元。农村居民人均可支配收入：2000 年农民人均可支配收入 3360 元，比 1978 年增长 31.9 倍；2018 年农村居民人均可支配收入 19151.2 元。在岗职工年平均工资：2000 年7140 元，2018 年 72326 元。

改革开放前后对比，龙门县的经济建设确实跨进了一大步，但是，却落后于省、市经济发展水平。工业与珠江三角洲地区相比发展缓慢，工业门类少、规模小、能耗高、效益差；企业改革举步维艰，成效不明显，经济总量小。与毗邻的珠江三角洲地区市、县相比，差距较大。

革命老区

龙门县抗日战争、解放战争时期革命遗址、遗迹 308 个，已经树立碑记的革命遗址、遗迹 66 个。纪念场馆 6 个，革命烈士纪念碑 12 座。列入革命烈士芳名册的革命烈士 225 名，在战场上牺牲的革命烈士中，年龄最小的 13 岁，年龄最大的 64 岁。

根据广东省民政厅 1997 年 9 月编印的《广东省革命老区村庄名册》，龙门县抗日战争、解放战争时期的革命老区乡镇有 13 个：麻榨、永汉、沙迳、龙华、路溪、龙江、平陵、左潭、地派、南昆山、铁岗、蓝田、天堂山（在一个乡镇内，老区村庄或老区人口超过半数，经省批准的为老区乡镇）。老区村庄 983 个，老区人口 173180 人，占全县人口的 58.3%，其中抗日战争时期老区村庄 153 个，老区人口 20990 人；解放战争时期老区村庄 830 个，人口 152190 人。2017 年建制 179 个行政村（村委会）中，辖区内有革命老区村庄的有 120 个，占 67.04%。

龙门县革命老区村庄名录如下：

一、抗日战争时期老区村

表 1-1　抗日战争时期老区村一览表

隶属乡镇	区域	隶属村委会	老区村庄名称	人口（人）	耕地（公顷）	山（林）地（公顷）	备注
永汉镇	永汉	鹤湖	丰坑	185	17.33	3.3	

（续表）

隶属乡镇	区域	隶属村委会	老区村庄名称	人口（人）	耕地（公顷）	山（林）地（公顷）	备注
永汉镇	永汉	鹤湖	鹤湖	340	28	6.67	
永汉镇	永汉	鹤湖	虎头	110	9.33	2.67	
永汉镇	永汉	鹤湖	花碗	320	30	8	
永汉镇	永汉	鹤湖	虎头坪	190	14	4	
永汉镇	永汉	釜坑	罗屋	63	5.07	4	
永汉镇	永汉	釜坑	王屋	72	4.53	4.67	
永汉镇	永汉	釜坑	张屋	56	5.2	3.67	
永汉镇	永汉	釜坑	陈屋	43	5	3.33	
永汉镇	永汉	釜坑	吕屋	92	5.93	6	
永汉镇	永汉	釜坑	黄屋	33	2.53	2	
永汉镇	永汉	黄牛冚	王屋	42	2.4	3.3	
永汉镇	永汉	黄牛冚	田心	47	3.67	6.67	
永汉镇	永汉	黄牛冚	大源	52	4.2	6.67	
永汉镇	永汉	黄牛冚	裕丰	59	4.8	6.67	
永汉镇	永汉	黄牛冚	孟屋	80	5.8	6.67	
永汉镇	永汉	黄牛冚	老钟屋	106	8.53	13.33	
永汉镇	永汉	黄牛冚	新钟屋	51	3.13	5.33	
永汉镇	永汉	红星	鸦鹊垄	600	43.33	400	
永汉镇	永汉	红星	福喜浪	150	8.67	66.67	
永汉镇	永汉	锦城	南山	100	10	66.67	
永汉镇	永汉	锦城	六夫	84	2.8	20	
永汉镇	永汉	锦城	李屋仔	100	4.8	66.67	
永汉镇	永汉	雁洋陂	雁洋陂	536	32.53	796.13	
永汉镇	永汉	低冚	八担夫	74	3	333.33	

（续表）

隶属乡镇	区域	隶属村委会	老区村庄名称	人口（人）	耕地（公顷）	山（林）地（公顷）	备注
永汉镇	永汉	低冚	大围	140	8	1000	
永汉镇	永汉	低冚	河背	86	4.67	533.33	
永汉镇	永汉	低冚	岭排	78	4.6	533.33	
永汉镇	永汉	低冚	李屋	109	7.27	600	
永汉镇	永汉	低冚	钟屋	176	11.33	1000	
永汉镇	永汉	莲塘	王屋	35	3	30	
永汉镇	永汉	莲塘	何屋	34	3.53	30	
永汉镇	永汉	莲塘	丘屋	37	3	30	
永汉镇	永汉	莲塘	下龙钟屋	86	12.9	66.67	
永汉镇	永汉	莲塘	上新屋	31	3	333.33	
永汉镇	永汉	莲塘	车凹李屋	56	4.4	333.33	
永汉镇	永汉	莲塘	老王屋	108	6.87	66.67	
永汉镇	永汉	莲塘	新王屋	108	7	13.33	
永汉镇	永汉	莲塘	老钟屋	57	4.07	33.33	
永汉镇	永汉	莲塘	洪屋	55	2.47	20	
永汉镇	永汉	莲塘	陈屋	33	2.5	120	
永汉镇	永汉	寮田	叶屋	422	19.67	266.67	
永汉镇	永汉	寮田	范屋	171	14.67	200	
永汉镇	永汉	寮田	赖屋	73	4.73	100	
永汉镇	永汉	寮田	新屋下	184	13.73	233.33	
永汉镇	永汉	寮田	廖江何瓦	202	9.4	233.33	
永汉镇	永汉	寮田	茶园下	106	7.53	133.33	
永汉镇	永汉	寮田	莫田心	86	6	100	
龙华镇	沙迳	西族	老张屋	103	5.5	100	

（续表）

隶属乡镇	区域	隶属村委会	老区村庄名称	人口（人）	耕地（公顷）	山（林）地（公顷）	备注
龙华镇	沙迳	西族	新张屋	48	6	105	
龙华镇	沙迳	西族	钟屋	40	3	50	
龙华镇	沙迳	西族	温屋	10	0.5	20	
龙华镇	沙迳	西族	老林屋	20	1.5	30	
龙华镇	沙迳	西族	新林屋	15	1	20	
龙华镇	沙迳	西族	社背上屋	30	2	40	
龙华镇	沙迳	西族	社北下屋	45	3	60	
龙华镇	沙迳	西族	林屋	20	1	30	
龙华镇	沙迳	西族	谢屋	25	1.5	50	
龙华镇	沙迳	西族	赖屋	25	1	30	
龙华镇	沙迳	西族	陈屋	40	2	50	
龙华镇	沙迳	西族	太阳光围	78	5	200	
龙华镇	沙迳	西族	塘角埔上屋	60	3	60	
龙华镇	沙迳	西族	塘角埔下屋	100	6	100	
龙华镇	沙迳	西族	张屋	20	1.5	30	
龙华镇	沙迳	西族	吓排围	63	3	60	
龙华镇	沙迳	西族	福段围	41	7.5	70	
龙华镇	沙迳	西族	风门凹围	50	2.5	60	
龙华镇	沙迳	西族	昂坪墩子围	36	2	50	
龙华镇	沙迳	西族	车下塘子围	25	2	60	
龙华镇	沙迳	西族	黄连坝围	48	5.5	100	
龙华镇	沙迳	西族	周老屋	60	2	50	
龙华镇	沙迳	西族	刘老屋	60	3	60	
龙华镇	沙迳	西族	新屋	105	4	100	

（续表）

隶属乡镇	区域	隶属村委会	老区村庄名称	人口（人）	耕地（公顷）	山（林）地（公顷）	备注
龙华镇	沙迳	南窖	屺尾田寮	60	2	10	
龙华镇	沙迳	南窖	新屋吓	102	5	30	
龙华镇	沙迳	南窖	白鸽斗	65	2	10	
龙华镇	沙迳	南窖	格坑排	68	3	20	
龙华镇	沙迳	南窖	杨桃树	70	3	20	
龙华镇	沙迳	南窖	大份围	55	2	10	
龙华镇	沙迳	南窖	赤岭头新基张屋	30	1	10	
龙华镇	沙迳	南窖	历子坑钟木水	50	10	60	
龙华镇	沙迳	南窖	晒禾石	60	3	20	
龙华镇	沙迳	南窖	茅田烂屋	65	2	10	
龙华镇	沙迳	南窖	茅田湖羊角	36	3	20	
龙华镇	沙迳	南窖	园墩岭	101	5	30	
龙华镇	龙华	龙石头	邓村下	1869	76	5066.6	
龙江镇	路溪	陈禾洞	客家围	120	8.1	150	
龙江镇	路溪	陈禾洞	陈坑头	230	15.5	220	
龙江镇	路溪	陈禾洞	沙芬	170	11.3	250	
龙江镇	路溪	陈禾洞	水口	262	15.6	250	
龙江镇	路溪	陈禾洞	格水	89	9.9	150	
龙江镇	路溪	陈禾洞	上合	165	11.1	200	
龙江镇	路溪	陈禾洞	邓山下	107	7.9	150	
龙江镇	路溪	陈禾洞	陈山下	54	3.6	100	

（续表）

隶属乡镇	区域	隶属村委会	老区村庄名称	人口（人）	耕地（公顷）	山（林）地（公顷）	备注
龙江镇	路溪	陈禾洞	邓坑	220	10.6	130	
龙江镇	路溪	陈禾洞	凹下	89	6.9	100	
龙江镇	路溪	陈禾洞	迳口	88	7.1	200	
龙江镇	路溪	何坑头	上角	172	4.6	250	
龙江镇	路溪	何坑头	下角	168	4	270	
龙江镇	路溪	何坑头	中心	125	4.5	275	
龙江镇	路溪	六屯	三兜树	35	4.7	10	
龙江镇	路溪	六屯	白石角	77	10	14	
龙江镇	路溪	六屯	禾塘岭	38	4.7	20	
麻榨镇	鳌溪	中心	坑口新围	163	11.2	533.67	
麻榨镇	鳌溪	中心	坑口老围	252	20	85	
麻榨镇	鳌溪	中心	田心祠堂	190	13.6	120	
麻榨镇	鳌溪	中心	田心老围	122	8.2	560	
麻榨镇	鳌溪	中心	田心新围	107	7.2	450	
麻榨镇	鳌溪	中心	禾斜	382	29.29	246.7	
麻榨镇	鳌溪	东安	官厅	417	24.3	1342.5	
麻榨镇	鳌溪	东安	茅峃	142	9.67	169.1	原茅龙村
麻榨镇	鳌溪	东安	连塘	51	4.67	81.6	
麻榨镇	鳌溪	东安	显塘	250	12.67	269.8	
麻榨镇	鳌溪	东安	塘肚	105	9.93	83.27	原塘土村

（续表）

隶属乡镇	区域	隶属村委会	老区村庄名称	人口（人）	耕地（公顷）	山（林）地（公顷）	备注
麻榨镇	鳌溪	东安	岭头坪	27	4	34.3	
麻榨镇	麻榨	东埔	新城	366	24	93.33	
麻榨镇	麻榨	东埔	坐下	195	16.6	46.67	
麻榨镇	麻榨	东埔	麻车	368	24.73	80	
麻榨镇	麻榨	东埔	祠堂	212	20.8	60	
麻榨镇	麻榨	罗坑	黄泥屈	462	29.53	1370	
麻榨镇	麻榨	大陂	田心	351	15	30.7	
麻榨镇	麻榨	磜下	到坑	167	11.5	166.7	
麻榨镇	麻榨	磜下	山寮峯	136	10.1	160	
麻榨镇	麻榨	磜下	张新屋	68	5.3	120	
麻榨镇	麻榨	磜下	郑新屋	53	7.6	143.3	
麻榨镇	麻榨	磜下	郑老屋	70	7.07	150.4	
麻榨镇	麻榨	磜下	王老屋	59	3.4	120	
麻榨镇	麻榨	磜下	水口屋	60	4.67	80	
麻榨镇	麻榨	河东	井水	115	9.2	10	
麻榨镇	麻榨	坑口	水南派	486	30	150	
麻榨镇	麻榨	约坑	中心围	53	4.27	150	
麻榨镇	麻榨	约坑	牛栏场	98	5.33	166.67	
麻榨镇	麻榨	约坑	巫屋	32	2.2	70	
麻榨镇	麻榨	约坑	石宜吓	61	4	130	
麻榨镇	麻榨	约坑	板岭	41	3.1	100	
麻榨镇	麻榨	约坑	老屋场	78	4.67	150	
麻榨镇	麻榨	约坑	其南湖	91	4.7	150	

（续表）

隶属乡镇	区域	隶属村委会	老区村庄名称	人口（人）	耕地（公顷）	山（林）地（公顷）	备注
麻榨镇	鳌溪	北隅	梅洞	93	8.13	73.33	
麻榨镇	鳌溪	北隅	流公洞	186	11.53	100	
麻榨镇	鳌溪	北隅	冷水塘	360	28.9	240	
麻榨镇	鳌溪	双水	双一	145	10.27	400	
麻榨镇	鳌溪	双水	双二	110	10	400	
麻榨镇	鳌溪	双水	双下	177	20	666.67	
麻榨镇	鳌溪	双水	双坑水	131	7.33	333.37	
麻榨镇	鳌溪	双水	水口	54	4.67	66.67	
麻榨镇	鳌溪	双水	田灯	49	2.93	66.67	
麻榨镇	鳌溪	双水	田新	64	4.33	66.67	
麻榨镇	鳌溪	双水	布顶	96	6.67	200	
麻榨镇	鳌溪	双水	布新	102	6.33	133.33	
麻榨镇	鳌溪	双水	草坪	41	2.67	133.33	
麻榨镇	鳌溪	双水	歧岭下	108	7.67	67.86	
平陵镇	平陵	山下	文坑	538	15	234.47	原白芒坑
地派镇	地派	芒派	雷公背	352	19.67	301.33	

二、解放战争时期老区村

表 1-2　解放战争时期老区村一览表

隶属乡镇	区域	隶属村委会	老区村庄名称	人口（人）	耕地（公顷）	山（林）地（公顷）	备注
南昆山	南昆山	乌坭	乌坭	145	5	666.66	
南昆山	南昆山	乌坭	三夫田	146	2.53	533.33	
南昆山	南昆山	乌坭	上禾仓	94	2	400	

（续表）

隶属乡镇	区域	隶属村委会	老区村庄名称	人口（人）	耕地（公顷）	山（林）地（公顷）	备注
南昆山	南昆山	乌坭	下禾仓	128	2	400	
南昆山	南昆山	下坪	中坪尾	61	0.26	400	
南昆山	南昆山	下坪	下坪	245	1.33	333.33	
南昆山	南昆山	下坪	蕉坑	121	1	400	
南昆山	南昆山	下坪	水口	127	1	333.33	
南昆山	南昆山	下坪	谷尾	91	0.8	333.33	
南昆山	南昆山	下坪	沙坑	65	0.8	533.33	
南昆山	南昆山	上坪	上坪	201	1.8	1000	
南昆山	南昆山	上坪	河排	178	2	1000	
南昆山	南昆山	上坪	中坪尾	156	1.6	1000	
南昆山	南昆山	花竹	犁头石	80	2.53	533.33	
南昆山	南昆山	花竹	万马坪	147	3.33	600	
南昆山	南昆山	花竹	花竹	104	1.4	533.33	
南昆山	南昆山	花竹	二坑	152	2.53	666.66	
南昆山	南昆山	炉下	王牛坪	261	1.06	466.66	
南昆山	南昆山	炉下	二厂	95	0.4	333.33	
南昆山	南昆山	炉下	小香粉	126	0.6	433.33	
南昆山	南昆山	炉下	新村	144	0.87	433.33	
南昆山	南昆山	炉下	竹坝	274	1.33	533.33	
南昆山	南昆山	炉下	玉石	231	3.87	466.67	
油田林场	油田林场	蕉坑	蕉坑	312	12	23.33	
密溪林场	密溪	密溪	盘龙坑	120	4.67	—	
密溪林场	密溪	密溪	黄竹坪	180	7.33	—	
密溪林场	密溪	密溪	欧阳殿	85	1.6	—	

（续表）

隶属乡镇	区域	隶属村委会	老区村庄名称	人口（人）	耕地（公顷）	山（林）地（公顷）	备注
密溪林场	密溪	密溪	清明塘	70	0.47	—	
密溪林场	密溪	密溪	黄屋	32	1.33	—	
密溪林场	密溪	密溪	李屋	79	1.73	—	
密溪林场	密溪	密溪	温屋	168	3.47	—	
密溪林场	密溪	密溪	上邱屋	60	1.13	—	
密溪林场	密溪	密溪	下邱屋	229	12	—	
龙江镇	龙江	良塘	陈田心	123	11.67	20	
龙江镇	龙江	良塘	新庄	153	12.89	33.33	
龙江镇	龙江	良塘	老庄	150	13.4	30	
龙江镇	龙江	良塘	八屯	171	15.27	33.33	
龙江镇	龙江	良塘	树下	90	7.6	50	
龙江镇	龙江	良塘	白庙	188	11.87	8.07	
龙江镇	龙江	良塘	良塘	148	8.67	36	
龙江镇	龙江	良塘	连岩	67	4.2	33.33	
龙江镇	龙江	良塘	连光	186	11	33.33	
龙江镇	龙江	良塘	龙一	73	6.8	33.33	
龙江镇	龙江	良塘	龙二	72	6.07	36.67	
龙江镇	龙江	良塘	龙三	89	8	30	
龙江镇	龙江	良塘	下坐	131	8.93	40	
龙江镇	龙江	石前	高塘	98	12	86.67	
龙江镇	龙江	石前	西门	125	13.33	66.67	
龙江镇	龙江	石前	东门	110	15	66.67	
龙江镇	龙江	石前	木元	176	12.4	80	
龙江镇	龙江	石前	大石	120	9	33.33	

（续表）

隶属乡镇	区域	隶属村委会	老区村庄名称	人口（人）	耕地（公顷）	山（林）地（公顷）	备注
龙江镇	龙江	石前	石前	105	13.67	33.33	
龙江镇	龙江	石前	石陂	75	6.33	20	
龙江镇	龙江	石前	亚布	95	7.67	20	
龙江镇	龙江	石前	胡屋	80	6.67	26.67	
龙江镇	龙江	六子园	老围	144	9.8	13.33	
龙江镇	龙江	六子园	上新	80	9.4	13.33	
龙江镇	龙江	六子园	下新	121	12.8	13.33	
龙江镇	龙江	六子园	粮仓	115	7.67	20	
龙江镇	龙江	六子园	省陂	122	10.67	13.33	
龙江镇	龙江	六子园	张屋	178	15.87	33.33	
龙江镇	龙江	六子园	吴屋	72	15	9.33	
龙江镇	龙江	六子园	阮屋	107	10.67	13.33	
龙江镇	龙江	六子园	新屋	69	9	26.67	
龙江镇	龙江	六子园	担水陂	92	15	26.67	
龙江镇	龙江	广尾	蕉坑	1296	119.07	546.67	
龙江镇	龙江	罗洞	上罗	206	19.4	33.33	
龙江镇	龙江	罗洞	学山	143	9.67	30	
龙江镇	龙江	罗洞	井头	120	9.8	20	
龙江镇	龙江	罗洞	赖屋	151	16.67	23.33	
龙江镇	龙江	罗洞	二角	122	13	30	
龙江镇	龙江	罗洞	四角	145	10.27	13.33	
龙江镇	龙江	罗洞	文塘	175	15.67	16.67	
龙江镇	龙江	罗洞	严屋	148	17.73	20	
龙江镇	龙江	罗洞	公塘	166	10.93	15	

（续表）

隶属乡镇	区域	隶属村委会	老区村庄名称	人口（人）	耕地（公顷）	山（林）地（公顷）	备注
龙江镇	龙江	罗洞	西门	155	—	—	
龙江镇	龙江	罗洞	燕岩	239	16.13	16.67	
龙江镇	龙江	龙江	傅屋	90	6.47	16.67	
龙江镇	龙江	龙江	新陈	62	8.2	28	
龙江镇	龙江	龙江	牟塘	106	4.93	129.5	
龙江镇	龙江	龙江	风门	74	5.8	33.33	
龙江镇	龙江	龙江	长排	88	9.73	53.33	
龙江镇	龙江	龙江	新围	109	9.6	15	
龙江镇	龙江	龙江	老围	74	8.4	15	
龙江镇	龙江	龙江	吕屋	101	7.87	20	
龙江镇	龙江	龙江	林记	85	15.2	15	
龙江镇	龙江	龙江	路新	45	6.33	7.5	
龙江镇	龙江	龙江	路上	152	9.73	7.5	
龙江镇	龙江	龙江	路下	148	11.73	15	
龙江镇	龙江	龙江	上洪	107	16.53	20	
龙江镇	龙江	龙江	下洪	84	6.06	30	
龙江镇	龙江	龙江	沙石	81	6.6	33.33	
龙江镇	龙江	龙江	围乙	204	12.73	16.67	
龙江镇	龙江	龙江	江屋	80	5.06	28.67	
龙江镇	龙江	龙江	龙江圩	109	4.93	16.67	
龙江镇	龙江	龙江	田心乙	123	5.73	13.33	
龙江镇	龙江	龙江	李屋	40	4.93	30	
龙江镇	龙江	龙江	梁屋	66	6.67	26.67	
龙江镇	龙江	龙江	姚屋	72	7	33.33	

（续表）

隶属乡镇	区域	隶属村委会	老区村庄名称	人口（人）	耕地（公顷）	山（林）地（公顷）	备注
龙江镇	龙江	龙江	刘屋	132	10.27	33.33	
龙江镇	龙江	龙江	老陈	46	6.47	20	
龙江镇	龙江	龙江	钟屋	81	8	30	
龙江镇	龙江	岭嘴	余家面	145	16	15	
龙江镇	龙江	岭嘴	岭下	68	5.2	20	
龙江镇	龙江	岭嘴	格陂	192	20.7	60	
龙江镇	龙江	岭嘴	岭嘴	130	13.67	53.33	
龙江镇	龙江	岭嘴	店街	103	7.73	60	
龙江镇	龙江	岭嘴	散屋	72	11.33	43.33	
龙江镇	龙江	岭嘴	老园	76	7.67	60	
龙江镇	龙江	岭嘴	老围	77	8.33	53.33	
龙江镇	龙江	岭嘴	下禾	100	13.33	63.33	
龙江镇	龙江	岭嘴	山口	74	11.67	166.67	
龙江镇	路溪	六屯	六屯	476	41	280	
龙江镇	路溪	沈村	沈村	958	87.53	566.67	
龙江镇	路溪	石下	石下	1121	142.4	820	
龙江镇	路溪	石下	坑田	331	21.33	500	
龙江镇	路溪	甘坑	甘坑	371	45.47	473.33	
龙江镇	路溪	路溪	新田	346	27	72	
龙江镇	路溪	路溪	大坪	345	34.4	126	
龙江镇	路溪	路溪	张角	390	43	67	
龙江镇	路溪	埔心	埔心	536	56.06	410.3	
龙江镇	路溪	埔心	坑尾	432	45.2	402	
龙江镇	路溪	埔心	簕竹兜	612	63.8	474.3	

（续表）

隶属乡镇	区域	隶属村委会	老区村庄名称	人口（人）	耕地（公顷）	山（林）地（公顷）	备注
龙江镇	路溪	埔心	牛迳	766	87.06	713.3	
平陵镇	平陵	山下	山下	1810	108.93	720	
平陵镇	平陵	平陵圩	权利	125	8.47	—	
平陵镇	平陵	平陵圩	加进	149	4.67	—	
平陵镇	平陵	平陵圩	长兴	169	9.67	—	
平陵镇	平陵	平陵圩	竹元	111	8.67	—	
平陵镇	平陵	平陵圩	上仓	140	12.6	—	
平陵镇	平陵	平陵圩	下仓	145	11.07	—	
平陵镇	平陵	平陵圩	西潭	98	8.67	15	
平陵镇	平陵	平陵圩	牛车	134	10.33	15	
平陵镇	平陵	平陵圩	圩镇	4250	15.67	—	
平陵镇	平陵	洞尾	谢屋	265	15.67	66.67	
平陵镇	平陵	洞尾	黄屋	244	15.33	66.67	
平陵镇	平陵	洞尾	温屋	42	2.4	18.67	
平陵镇	平陵	洞尾	苏屋	44	2.67	16.67	
平陵镇	平陵	洞尾	邹屋	40	2.4	11.33	
平陵镇	平陵	洞尾	张屋	30	1.73	9.33	
平陵镇	平陵	洞尾	葛屋	38	2.13	10.67	
平陵镇	平陵	路滩	路滩	536	84	230.67	
平陵镇	平陵	路滩	高树堂	1278	126.47	183.07	
平陵镇	平陵	路滩	白花塘	1011	98.27	90.27	
平陵镇	平陵	祖塘	祖塘	1500	109.8	992	
平陵镇	平陵	祖塘	其舞	978	75.33	233.33	
平陵镇	平陵	祖塘	相记	646	99	106.67	

（续表）

隶属乡镇	区域	隶属村委会	老区村庄名称	人口（人）	耕地（公顷）	山（林）地（公顷）	备注
平陵镇	平陵	光镇	邬泥坎	834	53.73	61.33	
平陵镇	平陵	光镇	光镇	1412	95.6	69.33	
平陵镇	平陵	光镇	泉坑	124	10	33.33	
平陵镇	平陵	光镇	邹屋	310	26.67	33.33	
平陵镇	平陵	晨光	石湖	230	20.67	53.33	
平陵镇	平陵	黄沙	黄沙	2900	280	586.67	
平陵镇	平陵	黄沙	白石	462	33.33	126.67	
平陵镇	平陵	小塘	小塘	500	32.67	34.67	
平陵镇	平陵	小塘	张洞坑	304	56.67	72	
平陵镇	平陵	小塘	坳头	178	10.13	20	
平陵镇	平陵	竹龙	牛尾	219	30	143.33	
平陵镇	平陵	隘子	坪山	160	40	100	
平陵镇	平陵	隘子	油榨下	145	9.87	53.33	
龙潭镇	左潭	石连	增光坑	79	4.8	156.53	
龙潭镇	左潭	石连	园凹	103	5.6	142.67	
龙潭镇	左潭	石连	白屋	126	7.8	229.47	
龙潭镇	左潭	石连	新屋	147	6.67	270.73	
龙潭镇	左潭	石连	河背	30	2.13	156.27	
龙潭镇	左潭	石连	河田一	74	3.4	176.67	
龙潭镇	左潭	石连	河田二	51	3.8	132.53	
龙潭镇	左潭	石连	墩头一	65	4.33	89.6	
龙潭镇	左潭	石连	墩头二	83	4.33	138.53	
龙潭镇	左潭	石连	横坑	57	3.13	170.07	
龙潭镇	左潭	石连	围仔	69	4.53	89.73	

（续表）

隶属乡镇	区域	隶属村委会	老区村庄名称	人口（人）	耕地（公顷）	山（林）地（公顷）	备注
龙潭镇	左潭	石连	田心一	77	4.4	223.33	
龙潭镇	左潭	石连	田心二	60	4.4	112.46	
龙潭镇	左潭	石连	许屋一	98	6.53	200.6	
龙潭镇	左潭	石连	许屋二	97	6.53	170.67	
龙潭镇	左潭	石连	新围	72	4	142.4	
龙潭镇	左潭	石连	老围	56	4.13	136	
龙潭镇	左潭	石连	王屋	52	9.67	42.33	
龙潭镇	左潭	石连	基湖	50	5.2	154.2	
龙潭镇	左潭	石连	叶屋	56	6.13	158.93	
龙潭镇	左潭	石连	竹岭	60	6	212.13	
龙潭镇	左潭	石连	黄牛田	24	2.06	112.93	
龙潭镇	左潭	石连	罗屋	42	4	156.86	
龙潭镇	左潭	下埔	下布一	54	7.06	73.3	
龙潭镇	左潭	下埔	下布二	56	5.8	66.67	
龙潭镇	左潭	下埔	下布三	93	11.33	100	
龙潭镇	左潭	下埔	下布四	67	7.67	80	
龙潭镇	左潭	下埔	下布五	59	5.67	73.33	
龙潭镇	左潭	下埔	黄潭一	75	7.8	53.33	
龙潭镇	左潭	下埔	黄潭二	60	7.8	53.33	
龙潭镇	左潭	下埔	布岙	78	12	46.67	
龙潭镇	左潭	下埔	泥窝一	79	6.4	93.33	
龙潭镇	左潭	下埔	泥窝二	76	7.73	86.67	
龙潭镇	左潭	下埔	九备	52	8.27	53.33	
龙潭镇	左潭	下埔	穴头	67	7.53	66.67	

（续表）

隶属乡镇	区域	隶属村委会	老区村庄名称	人口（人）	耕地（公顷）	山（林）地（公顷）	备注
龙潭镇	左潭	下埔	水口	39	6.2	73.33	
龙潭镇	左潭	下埔	旱夫	52	7.4	80	
龙潭镇	左潭	新寨	独石	168	10	50.53	
龙潭镇	左潭	土湖	王田	172	5.27	76.67	
龙潭镇	左潭	土湖	杜仔	64	7.87	90	
龙潭镇	左潭	土湖	横屋一	82	3.73	80	
龙潭镇	左潭	土湖	横屋二	74	3.73	80	
龙潭镇	左潭	土湖	横屋三	92	8.27	100	
龙潭镇	左潭	土湖	上屋一	51	4.47	73.33	
龙潭镇	左潭	土湖	上屋二	89	7.8	106.67	
龙潭镇	左潭	土湖	下屋一	58	4.73	80	
龙潭镇	左潭	土湖	下屋二	58	49.67	60	
龙潭镇	左潭	土湖	下屋三	54	5.13	50	
龙潭镇	左潭	土湖	下屋四	46	5	46.67	
龙潭镇	左潭	土湖	邓屋	208	18.6	193.33	
龙潭镇	左潭	土湖	红旗一	70	5.27	70	
龙潭镇	左潭	土湖	红旗二	25	1.93	13.33	
龙潭镇	左潭	土湖	新田	47	3.93	33.33	
龙潭镇	左潭	土湖	松山下一	90	6.87	113.33	
龙潭镇	左潭	土湖	松山下二	83	7.93	93.33	
龙潭镇	左潭	土湖	松山下三	90	10.67	100	
龙潭镇	左潭	土湖	茶岭	81	5.93	73.33	
龙潭镇	左潭	土湖	新塘	22	19.13	13.33	
龙潭镇	铁岗	塘坑	潘屋仔	39	2.13	12.8	

（续表）

隶属乡镇	区域	隶属村委会	老区村庄名称	人口（人）	耕地（公顷）	山（林）地（公顷）	备注
龙潭镇	铁岗	塘坑	山下	313	20	120	
龙潭镇	铁岗	塘坑	布岭	226	12.4	74.4	
龙潭镇	铁岗	塘坑	坑尾	103	6.13	36.8	
龙潭镇	铁岗	塘坑	阙屋	44	2.8	16.8	
龙潭镇	铁岗	塘坑	樟洞	56	2.67	16	
龙潭镇	铁岗	塘坑	三丫宙	56	3.87	23.2	
龙潭镇	铁岗	塘坑	矮围	227	15.47	92.8	
龙潭镇	铁岗	塘坑	下围	99	5.33	32	
龙潭镇	铁岗	塘坑	榕树下	357	16.33	98	
龙潭镇	铁岗	塘坑	塘坑	258	17	102.67	
龙潭镇	铁岗	塘坑	老丫山	120	7.07	43.07	
龙潭镇	铁岗	塘坑	桥头	96	6.27	25.6	
龙潭镇	铁岗	塘坑	石陂头	208	17.33	127.33	
龙潭镇	铁岗	塘坑	学草	217	14.67	122	
龙潭镇	铁岗	塘坑	河田	168	13.2	79.2	
龙潭镇	铁岗	塘坑	冷水坑	109	7.47	44	
龙潭镇	铁岗	南坑	刘石厦	232	15.47	120	
龙潭镇	铁岗	南坑	立坑	32	2.07	53.33	
龙潭镇	铁岗	南坑	潘屋岗	194	12.67	283.33	
龙潭镇	铁岗	南坑	干坑	94	5.87	66.67	
龙潭镇	铁岗	南坑	何屋	133	6.4	110.87	
龙潭镇	铁岗	南坑	南坑	608	30.87	530	
龙潭镇	铁岗	南坑	班陂	263	13.07	280	
龙潭镇	铁岗	南坑	程屋	114	6.33	93.33	

（续表）

隶属乡镇	区域	隶属村委会	老区村庄名称	人口（人）	耕地（公顷）	山（林）地（公顷）	备注
龙潭镇	铁岗	南坑	松柏塱	67	2.67	53.33	
龙潭镇	铁岗	南坑	下元	109	5.53	73.33	
龙潭镇	铁岗	南坑	东门塘	129	5	100	
龙潭镇	铁岗	南坑	横湖塘	147	8	93.33	
龙潭镇	铁岗	南坑	上良	94	5.33	66.67	
龙潭镇	铁岗	马岭	瑶峯	217	6.67	533.33	
龙潭镇	铁岗	马岭	樟坑	130	5.8	113.33	
龙潭镇	铁岗	马岭	梅屈	90	4.33	100	
龙潭镇	铁岗	马岭	卜㟍口	68	2	66.67	
龙潭镇	铁岗	马岭	新屋下	79	4.8	133.33	
龙潭镇	铁岗	马岭	梁屋	76	4.27	466.67	
龙潭镇	铁岗	马岭	黄屋	47	2.67	100	
龙潭镇	铁岗	马岭	木头潭	34	2.33	100	
龙潭镇	铁岗	马岭	吊马岭	400	24	400	
龙潭镇	铁岗	马岭	对门光	31	1.33	133.33	
龙潭镇	铁岗	马岭	暗迳	53	1.86	133.33	
龙潭镇	铁岗	马岭	大方尾	181	11.33	226.67	
龙潭镇	铁岗	马岭	杨屋下	603	35.2	640	
龙潭镇	铁岗	马岭	铜锣园	224	11.46	100	
龙潭镇	铁岗	马岭	欧塘	54	2.8	46.67	
龙潭镇	铁岗	马岭	鹅斗	71	3	40	
龙潭镇	铁岗	马岭	罗屋	57	5	333.33	
龙潭镇	铁岗	马岭	磜巷	97	6	133.33	
龙潭镇	铁岗	马岭	横江	63	4	33.33	

（续表）

隶属乡镇	区域	隶属村委会	老区村庄名称	人口（人）	耕地（公顷）	山（林）地（公顷）	备注
龙潭镇	铁岗	马岭	墩头	191	14	66.67	
龙潭镇	铁岗	新屋	白泥塘	29	1.93	203.33	
龙潭镇	铁岗	新屋	三坑	95	8	130	
龙潭镇	铁岗	新屋	大肚巷	105	8.33	166.67	
龙潭镇	铁岗	新屋	普济堂	28	2.27	56	
龙潭镇	铁岗	新屋	新屋	504	26.73	110.67	
龙潭镇	铁岗	新屋	田心	314	17.33	146.67	
龙潭镇	铁岗	新屋	连塘	149	9.47	80	
龙潭镇	铁岗	新屋	生围	333	18.13	38.67	
龙潭镇	铁岗	新屋	茶树下	62	4.8	134.66	
地派镇	地派	芒派	白芒派	2158	123.33	1445.33	
地派镇	地派	地派	黄塘	180	6	98	
地派镇	地派	地派	上下合	339	42.2	352	
地派镇	地派	地派	田心	292	9.33	333.33	
地派镇	地派	地派	南坑	102	3.67	50	
地派镇	地派	地派	沙盘岭	53	2.06	46.67	
地派镇	地派	地派	仓下	206	8.67	146.64	
地派镇	地派	地派	太平山	111	4	66.67	
地派镇	地派	地派	寺湾	407	16.4	170	
地派镇	地派	地派	均隆	284	14.87	180	
地派镇	地派	地派	协和	236	8.67	133.33	
地派镇	地派	地派	罗洞	109	5.53	153.33	
地派镇	地派	地派	白滩	214	7.53	203.33	
地派镇	地派	地派	高围	122	4.8	130	

（续表）

隶属乡镇	区域	隶属村委会	老区村庄名称	人口（人）	耕地（公顷）	山（林）地（公顷）	备注
地派镇	地派	地派	围坪	158	8.13	240	
地派镇	地派	地派	痕水	106	4.93	106.67	
地派镇	地派	地派	横岭	307	12.8	266.67	
地派镇	地派	地派	双围	100	3.87	130	
地派镇	地派	地派	沙坪	89	3	73.33	
地派镇	地派	地派	杉木凹	20	3.6	93.33	
地派镇	地派	地派	上下迳	75	3.2	160	
地派镇	地派	清塘	乌石	151	6.07	40	
地派镇	地派	清塘	瓦岭	203	12.33	73.33	
地派镇	地派	清塘	黄沙湾	110	3.73	30	
地派镇	地派	清塘	桐光楼	111	4	80	
地派镇	地派	清塘	清塘	227	10.53	46.67	
地派镇	地派	清塘	枫树下	117	6.47	66.67	
地派镇	地派	清塘	凤光	130	6.27	100	
地派镇	地派	清塘	寨下	238	10.13	103.33	
地派镇	地派	清塘	径口	163	8.47	113.33	
地派镇	天堂山	陈洞	岩前	283	22.93	232	
地派镇	天堂山	陈洞	塘村	398	28.93	326	
地派镇	天堂山	陈洞	叶屋下	211	11.33	172.67	
地派镇	天堂山	陈洞	土布	25	1.13	20.67	
地派镇	天堂山	陈洞	何布角	90	3.8	74	
地派镇	天堂山	陈洞	新围	142	12.67	96.67	
地派镇	天堂山	上仓	上仓	838	33.13	686.67	
地派镇	天堂山	上仓	溪湾	454	24.73	391.33	

（续表）

隶属乡镇	区域	隶属村委会	老区村庄名称	人口（人）	耕地（公顷）	山（林）地（公顷）	备注
地派镇	天堂山	九牛圳	湖心	822	40.27	797.8	
地派镇	天堂山	九牛圳	塘面	473	22	459	
地派镇	天堂山	九牛圳	英村	195	17.67	189.27	
地派镇	天堂山	九牛圳	车田派	499	25.6	484.27	
地派镇	天堂山	九牛圳	合丫水	225	16.67	218.4	
地派镇	天堂山	九牛圳	九牛圳	500	32.53	485.27	
地派镇	天堂山	九牛圳	茅田	116	4.93	112.6	
地派镇	天堂山	古洞	店村	93	5.07	7.33	
地派镇	天堂山	古洞	高屋	83	4.13	6.47	
地派镇	天堂山	古洞	大围	147	10.8	10.6	
地派镇	天堂山	古洞	江湾	39	2.13	3.33	
地派镇	天堂山	古洞	徐陂下	116	5.13	8.6	
地派镇	天堂山	古洞	西坑	64	5.26	5.33	
地派镇	天堂山	古洞	瑶山	50	2.67	4.27	
地派镇	天堂山	古洞	坑尾	19	1	1.6	
地派镇	天堂山	古洞	高排	18	0.86	1.53	
地派镇	天堂山	古洞	古洞	151	10.87	10.93	
地派镇	天堂山	渡头	渡头	184	24.4	297.93	
地派镇	天堂山	渡头	坑潭	134	12	217	
地派镇	天堂山	渡头	苏村	133	20.33	215.4	
地派镇	天堂山	渡头	新围	166	16.8	268.8	
地派镇	天堂山	渡头	骆村	161	18.2	260.7	
地派镇	天堂山	渡头	寨角	77	6.73	124.67	
地派镇	天堂山	渡头	沥头	28	3.73	45.33	

（续表）

隶属乡镇	区域	隶属村委会	老区村庄名称	人口（人）	耕地（公顷）	山（林）地（公顷）	备注
地派镇	天堂山	渡头	红洞	77	8	124.67	
地派镇	天堂山	渡头	双头	28	2.06	45.47	
蓝田乡	蓝田	新星	山下	87	9.2	166.67	
蓝田乡	蓝田	新星	双下	77	7.33	233.33	
蓝田乡	蓝田	新星	长塘	14	13.4	120	
蓝田乡	蓝田	新星	杨梅塘	432	35.07	1666.67	
蓝田乡	蓝田	新星	山角	75	8.33	33.33	
蓝田乡	蓝田	新星	贞祥	98	6.13	20	
蓝田乡	蓝田	新星	新屋	231	15.2	566.67	
蓝田乡	蓝田	新星	黄田	121	11.2	166.67	
蓝田乡	蓝田	新星	布心	31	3.8	66.67	
蓝田乡	蓝田	新星	古坋	49	3.2	33.33	
蓝田乡	蓝田	新星	余村	32	2.26	100	
蓝田乡	蓝田	上东	东头	89	9.87	166.67	
蓝田乡	蓝田	上东	围仔	113	9	66.67	
蓝田乡	蓝田	上东	孔园背	34	4	60	
蓝田乡	蓝田	上东	连塘	169	14	200	
蓝田乡	蓝田	上东	江湾	100	6.33	133.33	
蓝田乡	蓝田	上东	龙布	95	10.67	333.33	
蓝田乡	蓝田	上东	庚背	44	3.67	133.33	
蓝田乡	蓝田	上东	松柏	230	8.67	266.67	
蓝田乡	蓝田	上东	张坑	210	17	333.33	
蓝田乡	蓝田	上东	三下	162	13.46	300	
蓝田乡	蓝田	上东	黄屋	78	5.8	100	

（续表）

隶属乡镇	区域	隶属村委会	老区村庄名称	人口（人）	耕地（公顷）	山（林）地（公顷）	备注
蓝田乡	蓝田	上东	三和	45	2.33	33.33	
蓝田乡	蓝田	上东	田心	177	14.27	233.33	
蓝田乡	蓝田	上东	西头	162	15.33	100	
蓝田乡	蓝田	到流	下林	119	9.8	233.33	
蓝田乡	蓝田	到流	左村	139	11.13	33.33	
蓝田乡	蓝田	到流	东坑	67	3.67	13.33	
蓝田乡	蓝田	到流	大横	110	11	200	
蓝田乡	蓝田	到流	洪水	171	13.87	180	
蓝田乡	蓝田	到流	倒庄	108	9.6	26.67	
蓝田乡	蓝田	到流	简下	63	11	200	
蓝田乡	蓝田	到流	永新	113	13.87	180	
蓝田乡	蓝田	到流	田尾	157	9.6	26.67	
蓝田乡	蓝田	到流	矮岭	223	7.6	66.67	
蓝田乡	蓝田	到流	沈村	75	6.7	13.3	
蓝田乡	蓝田	到流	河松	72	5.3	100	
蓝田乡	蓝田	到流	龙田	116	10.13	300	
蓝田乡	蓝田	到流	麻坊	175	14.27	233.3	
蓝田乡	蓝田	小洞	老围塘	131	8.27	360	
蓝田乡	蓝田	小洞	下湾	173	8.27	306.7	
蓝田乡	蓝田	小洞	小洞	227	9	386.67	
蓝田乡	蓝田	小洞	新前	139	6.67	480	
蓝田乡	蓝田	小洞	沙河	187	8.33	733.3	
龙田镇	王坪	江冚	超高	135	14	333.33	
龙田镇	王坪	江冚	樟洞	198	19.87	333.33	

（续表）

隶属乡镇	区域	隶属村委会	老区村庄名称	人口（人）	耕地（公顷）	山（林）地（公顷）	备注
龙田镇	王坪	樟潭	高楼派	168	14.53	200	
龙田镇	王坪	王宾	大坑迳	167	5	166.67	
龙田镇	王坪	三洞	上围	235	11	456.67	
龙田镇	王坪	三洞	冼屋	125	6.67	323.33	
龙田镇	王坪	三洞	坑尾	98	6	90	
龙田镇	王坪	三洞	吴屋	64	3.67	53.33	
龙田镇	王坪	三洞	余屋	110	6.67	70	
龙田镇	王坪	三洞	井头	125	6.67	70	
龙田镇	王坪	三洞	棚前	110	5.33	53.33	
龙田镇	王坪	三洞	廖屋	129	6.67	83.33	
龙田镇	王坪	长坑	长坑	272	14.67	1633.3	
龙田镇	王坪	长坑	二磜	76	5.33	133.33	
龙田镇	王坪	长坑	三磜	20	2	166.67	
龙田镇	王坪	长坑	黄竹坑	32	4.67	66.67	
龙田镇	田美	黄珠洞	肖屋	162	2.8	2.33	
龙田镇	田美	黄珠洞	蓝屋	170	2	466.67	
龙田镇	田美	黄珠洞	上麻布	10	2.33	466.67	
龙田镇	田美	黄珠洞	下麻布	35	1.8	200	
龙田镇	田美	黄珠洞	油坑水	49	1.4	133.3	
龙田镇	田美	黄珠洞	苦竹园	69	2.33	266.67	
龙田镇	田美	黄珠洞	黄洞	68	1.67	333.33	
龙田镇	田美	黄珠洞	大沙	78	2.33	266.67	
龙田镇	田美	黄珠洞	上峯	16	1.67	200	
龙田镇	田美	黄珠洞	下洞	58	2.33	133.33	

（续表）

隶属乡镇	区域	隶属村委会	老区村庄名称	人口（人）	耕地（公顷）	山（林）地（公顷）	备注
龙田镇	田美	社厦	下塘	84	3.33	16.67	
龙田镇	田美	社厦	塘边	137	5.8	13.33	
龙田镇	田美	社厦	土楼	133	6.67	13.33	
龙田镇	田美	社厦	安和	230	7.8	20	
龙田镇	田美	社厦	腐竹	46	1.8	10	
龙田镇	田美	社厦	新洞	36	2	10	
龙田镇	田美	社厦	华新	107	6.13	13.33	
龙田镇	田美	社厦	龙江	67	3.87	10	
龙田镇	田美	社厦	刘下	179	8.73	16.67	
龙田镇	田美	社厦	沙围	63	3.13	10	
龙田镇	田美	社厦	新居	55	2.67	10	
龙田镇	田美	社厦	蓝屋	66	4.07	13.33	
龙田镇	田美	社厦	小径	129	6.67	13.33	
龙田镇	田美	社厦	上围	53	2.87	16.67	
龙田镇	田美	社厦	塘东	82	2.87	13.33	
龙田镇	田美	社厦	塘西	99	2.67	13.33	
龙田镇	田美	社厦	社厦	307	13.67	16.67	
龙田镇	田美	社厦	老围	102	5	10	
龙田镇	田美	社厦	高屋	63	2.8	13.33	
龙田镇	田美	社厦	超光	103	4.6	13.33	
龙田镇	田美	社厦	新光	98	2.67	13.33	
龙田镇	田美	社厦	河上	141	10.53	16.67	
龙田镇	田美	社厦	河下	65	3.53	16.67	
龙田镇	田美	社厦	河大	103	4.13	13.33	

（续表）

隶属乡镇	区域	隶属村委会	老区村庄名称	人口（人）	耕地（公顷）	山（林）地（公顷）	备注
龙田镇	田美	社厦	径口	63	4.14	10	
龙田镇	田美	田美	山边	114	6.2	174	
龙田镇	田美	田美	山尾	83	4.4	170.67	
龙田镇	田美	田美	牛上	125	3.6	175.33	
龙田镇	田美	田美	牛中	171	7.4	179.33	
龙田镇	田美	田美	牛下	185	7.6	180	
龙田镇	田美	田美	梁山下	193	6	172	
龙田镇	田美	田美	水口围	156	8.8	180	
龙田镇	田美	田美	苏屋	171	10	177.33	
龙田镇	田美	田美	林屋	105	5.53	176.67	
龙田镇	田美	田美	黄屋	140	8.06	166.67	
龙田镇	田美	田美	格中	144	7.87	192	
龙田镇	田美	田美	格上	73	4.53	158.67	
龙田镇	田美	田美	老围	129	7	175.33	
龙田镇	田美	田美	上围	148	7.87	175.33	
龙田镇	田美	田美	新围	74	3.6	170	
龙田镇	田美	田美	中间围	224	12.67	184	
龙田镇	田美	田美	布隆围	114	6.07	177.33	
龙田镇	田美	田美	围外	110	6.4	175.33	
龙田镇	田美	田美	坑边	176	11.33	173.33	
龙田镇	田美	李洞	南坑	43	3.6	20	
龙田镇	田美	李洞	热水锅	180	16.2	240	
龙田镇	田美	李洞	陈一	117	13.93	266.66	
龙田镇	田美	李洞	陈二	119	14.67	266.66	

（续表）

隶属乡镇	区域	隶属村委会	老区村庄名称	人口（人）	耕地（公顷）	山（林）地（公顷）	备注
龙田镇	田美	李洞	田庄	110	8.33	26.67	
龙田镇	田美	李洞	三合	111	6	20	
龙田镇	田美	李洞	格沥	59	4.2	20	
龙田镇	田美	李洞	大迳	370	17.87	466.67	
龙田镇	田美	李洞	路边	115	12.87	16.67	
龙田镇	田美	李洞	陈田	111	5.67	20	
龙田镇	田美	李洞	李中	83	7.47	66.67	
龙田镇	田美	李洞	詹屋	126	9.33	10	
龙田镇	田美	李洞	井头	124	9.33	266.67	
龙田镇	田美	李洞	朱屋	44	4.27	—	
龙田镇	田美	李洞	新村	89	10.53	6.67	
龙田镇	田美	李洞	大塘	120	9.33	66.67	
龙田镇	田美	李洞	西门	160	12.67	80	
龙田镇	田美	李洞	江屋	78	6.47	6.67	
龙田镇	田美	赖屋	中村	285	18.33	166.67	
龙田镇	田美	赖屋	赖屋	256	14.33	100	
龙田镇	田美	赖屋	朗背	187	14	80	
龙田镇	田美	赖屋	新元	40	3.33	40	
龙田镇	田美	赖屋	乌坭山	43	3	46.67	
永汉镇	永汉	鹤湖	三坑	380	26	466.67	
永汉镇	永汉	鹤湖	陈邹	451	22.67	28	
永汉镇	永汉	鹤湖	龙面	230	2.33	0.09	
永汉镇	永汉	鹤湖	向东	48	16	2	
永汉镇	永汉	鹤湖	唐屋	190	27.33	30.67	

（续表）

隶属乡镇	区域	隶属村委会	老区村庄名称	人口（人）	耕地（公顷）	山（林）地（公顷）	备注
永汉镇	永汉	红星	沙岗	180	15.5	2	
永汉镇	永汉	红星	粦周	59	6	1.33	
永汉镇	永汉	红星	过水潭	515	41	21.3	
永汉镇	永汉	红星	吓岭角	179	10.47	2	
永汉镇	永汉	红星	中村	337	20	10.67	
永汉镇	永汉	锦城	苏田	352	28	50.1	
永汉镇	永汉	锦城	黄龙陂	217	20	13.33	
永汉镇	永汉	锦城	杨屋	899	87.13	96.67	
永汉镇	永汉	前锋	浪头	119	5.8	10	
永汉镇	永汉	前锋	相记	176	11.27	50.67	
永汉镇	永汉	前锋	水口	19	1.27	10	
永汉镇	永汉	前锋	大岭	55	2.27	10	
永汉镇	永汉	前锋	龙新	61	3.67	6.67	
永汉镇	永汉	前锋	新权	70	3.8	30	
永汉镇	永汉	前锋	徐屋	81	5.67	20	
永汉镇	永汉	前锋	店仔	112	7.33	20	
永汉镇	永汉	前锋	韩村	154	8.4	26.67	
永汉镇	永汉	前锋	欧水头	150	4.9	26.67	
永汉镇	永汉	前锋	飞鹅地	181	2.47	33.33	
永汉镇	永汉	新陂	新庄	139	14.8	6.67	
永汉镇	永汉	新陂	叶屋	92	10.53	10	
永汉镇	永汉	新陂	恒益	61	7.13	3.3	
永汉镇	永汉	新陂	岭贝	268	21.13	33.33	
永汉镇	永汉	新陂	龙蔚	317	15.8	13.3	

（续表）

隶属乡镇	区域	隶属村委会	老区村庄名称	人口（人）	耕地（公顷）	山（林）地（公顷）	备注
永汉镇	永汉	新陂	黄龙埔	515	25.13	66.67	
永汉镇	永汉	新陂	荷包窝	214	10.13	3.3	
永汉镇	永汉	大埔	白沙江	287	21.13	40	
永汉镇	永汉	大埔	大村	360	40	46.67	
永汉镇	永汉	大埔	竹元	105	9.13	2	
永汉镇	永汉	大埔	格历	315	27.87	40	
永汉镇	永汉	大埔	新围	280	8.07	2	
永汉镇	永汉	大埔	大埔围	449	22.27	53.33	
永汉镇	永汉	大埔	大昌围	158	10.73	26.67	
永汉镇	永汉	大埔	星墩埔	393	34	60	
永汉镇	永汉	大埔	围背	182	18	33.33	
永汉镇	永汉	大埔	枫木江	231	19.53	33.33	
永汉镇	永汉	大埔	江尾	126	11.27	26.67	
永汉镇	永汉	上埔	埔田	156	10.67	4.67	
永汉镇	永汉	上埔	郑围江	91	7.33	0.33	
永汉镇	永汉	永汉圩	居委会	6352	—	—	
永汉镇	永汉	合口	合口	421	50.93	153.33	
永汉镇	永汉	合口	塘田	297	38.53	133.33	
永汉镇	永汉	合口	大围	1056	153.67	266.67	
永汉镇	永汉	合口	骆村	253	32.33	96	
永汉镇	永汉	合口	山口下	326	36.4	111.2	
永汉镇	永汉	合口	新埔	246	35.47	16.67	
永汉镇	永汉	黄河	岭坑	266	20	266.67	
永汉镇	永汉	黄河	桥㘵	105	8	30	

（续表）

隶属乡镇	区域	隶属村委会	老区村庄名称	人口（人）	耕地（公顷）	山（林）地（公顷）	备注
永汉镇	永汉	黄河	王洞	143	10.6	30	
永汉镇	永汉	黄河	温田庄	230	13.33	30	
永汉镇	永汉	马星	鹤田	213	13.33	266.67	
永汉镇	永汉	马星	鹤新	156	9.33	3.4	
永汉镇	永汉	马星	上新	52	3.4	13.3	
永汉镇	永汉	马星	塘下	116	9.33	16.67	
永汉镇	永汉	马星	田心	165	9.33	80	
永汉镇	永汉	马星	上板	105	6	26.67	
永汉镇	永汉	马星	下板	55	5.33	20	
永汉镇	永汉	马星	车陂	324	21.3	166.67	
永汉镇	永汉	马星	迳口	119	11.67	66.67	
永汉镇	永汉	马星	塘肚	68	4	—	
永汉镇	永汉	马星	山子下	152	11.67	133.33	
永汉镇	永汉	马星	榨前	237	14	233.33	
永汉镇	永汉	马星	热水	244	14	213.33	
永汉镇	永汉	马星	落新	104	6	266.6	
永汉镇	永汉	马星	马桥	244	16.67	66.67	
永汉镇	永汉	油田	钟山下	494	38.07	80.67	
永汉镇	永汉	油田	嘉义庄	925	76.67	123.33	
永汉镇	永汉	油田	李村	685	53.33	50	
永汉镇	永汉	油田	马力山	175	22	53.33	
永汉镇	永汉	油田	叶屋	323	28.2	34	
永汉镇	永汉	油田	黄屋	180	16	33.33	
永汉镇	永汉	见田	万洞	360	48.8	113.33	

（续表）

隶属乡镇	区域	隶属村委会	老区村庄名称	人口（人）	耕地（公顷）	山（林）地（公顷）	备注
永汉镇	永汉	见田	老围	860	80	40	
永汉镇	永汉	梅州	朱屋	71	3.6	16	
永汉镇	永汉	梅州	新车	148	10.2	4	
永汉镇	永汉	梅州	新塘	64	5.87	16	
永汉镇	永汉	梅州	竹一	50	1	46.67	
永汉镇	永汉	梅州	竹二	82	4.6	60	
永汉镇	永汉	梅州	南一	23	3.6	10.67	
永汉镇	永汉	梅州	南二	44	2.53	9.33	
永汉镇	永汉	梅州	南三	42	1.53	9.2	
永汉镇	永汉	梅州	南四	36	0.53	8.67	
永汉镇	永汉	梅州	郭一	33	3	3.33	
永汉镇	永汉	梅州	郭二	32	1.8	3.07	
永汉镇	永汉	梅州	竹河	88	3.33	24	
永汉镇	永汉	梅州	梅州	215	8.27	108.53	
永汉镇	永汉	梅州	黄屋山	124	5	2.67	
永汉镇	永汉	梅州	三丫圳	68	3.3	32	
永汉镇	永汉	梅州	吕屋	118	4.87	17.3	
永汉镇	永汉	梅州	新寮	67	2.4	4.67	
永汉镇	永汉	官田	社湖	575	27.33	30.67	
永汉镇	永汉	官田	南陈	546	20.8	56.67	
永汉镇	永汉	官田	王屋	706	49.33	20	
龙华镇	沙迳	倒滩	老围	227	13.53	33.33	
龙华镇	沙迳	倒滩	新围	123	7.2	30	
龙华镇	沙迳	倒滩	湖口	133	9.33	20	

（续表）

隶属乡镇	区域	隶属村委会	老区村庄名称	人口（人）	耕地（公顷）	山（林）地（公顷）	备注
龙华镇	沙迳	倒滩	凤楼	87	8.33	6.67	
龙华镇	沙迳	倒滩	陈一	96	6.67	10	
龙华镇	沙迳	倒滩	陈二	277	18.33	40	
龙华镇	沙迳	高沙	大塘	246	31.9	233.33	
龙华镇	沙迳	高沙	陂下	91	11.2	120	
龙华镇	沙迳	高沙	上升	111	9.13	80	
龙华镇	沙迳	高沙	联兴居	129	15.13	166.67	
龙华镇	沙迳	高沙	厚英居	212	17.87	200	
龙华镇	沙迳	高沙	中圳	106	7.3	13.33	
龙华镇	沙迳	高沙	丰林口	86	7.27	30	
龙华镇	沙迳	高沙	郑田	91	17.33	37.33	
龙华镇	沙迳	高沙	塘角埔	60	4.73	3.33	
龙华镇	沙迳	高沙	大湖居	102	6	11.33	
龙华镇	沙迳	高沙	下山寮	76	3.87	8	
龙华镇	沙迳	香溪	姜屋	182	13.8	66.67	
龙华镇	沙迳	香溪	廖村	421	25.67	66.67	
龙华镇	沙迳	香溪	钟屋	281	16.33	46.67	
龙华镇	沙迳	香溪	村头	291	16.6	53.33	
龙华镇	沙迳	香溪	下里	109	8.67	80	
龙华镇	沙迳	香溪	上里	356	21.8	66.67	
龙华镇	沙迳	香溪	大岭	226	20.13	66.67	
龙华镇	沙迳	香溪	田心	105	7.6	20	
龙华镇	沙迳	香溪	坑尾	125	10.4	60	
龙华镇	沙迳	双东	林屋	76	5	111.27	

（续表）

隶属乡镇	区域	隶属村委会	老区村庄名称	人口（人）	耕地（公顷）	山（林）地（公顷）	备注
龙华镇	沙迳	双东	黄屋	131	14.73	193	
龙华镇	沙迳	双东	甲坑	52	3.67	76	
龙华镇	沙迳	双东	叶屋	164	13.6	240.9	
龙华镇	沙迳	双东	穆屋	126	10.06	185.6	
龙华镇	沙迳	双东	新屋	119	10.06	175.27	
龙华镇	沙迳	双东	新塘	41	3.53	60.4	
龙华镇	沙迳	双东	樟田	78	6.73	114.87	
龙华镇	沙迳	双东	水头	128	11.47	188.53	
龙华镇	沙迳	双东	廖白	58	4.4	85.4	
龙华镇	沙迳	双东	上围	151	10.6	2.2	
龙华镇	沙迳	双东	刘屋	56	5.27	82.46	
龙华镇	沙迳	双东	山下	120	8.67	176.8	
龙华镇	沙迳	双东	杨屋	148	11.6	218	
龙华镇	沙迳	双东	何屋	53	4.8	78.06	
龙华镇	沙迳	双东	岜尾	55	4.8	81	
龙华镇	沙迳	双东	上彭	60	6.4	88.4	
龙华镇	沙迳	双东	下彭	54	4.13	79.53	
龙华镇	沙迳	双东	吉利	92	6.1	135.53	
龙华镇	沙迳	双东	焕记	72	5.46	105.6	
龙华镇	沙迳	双东	梁二	64	7.2	94.27	
龙华镇	沙迳	双东	下佇	81	6.87	119.33	
龙华镇	沙迳	双东	合成	98	7.07	143.67	
龙华镇	沙迳	双东	张屋	77	6.67	112.73	
龙华镇	沙迳	双东	巫屋	44	3.47	61.8	

（续表）

隶属乡镇	区域	隶属村委会	老区村庄名称	人口（人）	耕地（公顷）	山（林）地（公顷）	备注
龙华镇	沙迳	双东	坑水	51	3.4	4.8	
龙华镇	沙迳	长滩	上林	196	19.6	600	
龙华镇	沙迳	长滩	水口	309	24.67	100.53	
龙华镇	沙迳	长滩	长滩	598	55	800	
龙华镇	沙迳	长滩	上村	75	7.07	33.33	
龙华镇	沙迳	长滩	下湖	144	10.6	20	
龙华镇	沙迳	长滩	上湖	60	3.27	10	
龙华镇	沙迳	长滩	官路下	115	9.93	8	
龙华镇	沙迳	长滩	龙田	52	5.13	6	
龙华镇	沙迳	长滩	茶湖	181	14.93	46.67	
龙华镇	沙迳	马嘶	李屋	178	16	23.33	
龙华镇	沙迳	马嘶	迳口	34	4.27	6.67	
龙华镇	沙迳	马嘶	福昌	90	8	6.67	
龙华镇	沙迳	马嘶	新围	90	7.67	10	
龙华镇	沙迳	马嘶	江下	44	7.67	1.67	
龙华镇	沙迳	马嘶	赤坑	51	6	3.33	
龙华镇	沙迳	马嘶	茶园	46	4.73	0.67	
龙华镇	沙迳	马嘶	马一	254	18	23.33	
龙华镇	沙迳	马嘶	马二	225	16.93	21.33	
龙华镇	沙迳	马嘶	马三	248	17.67	22.67	
龙华镇	沙迳	横槎	洞尾	54	5	11.33	
龙华镇	沙迳	横槎	石田	222	19.33	29.33	
龙华镇	沙迳	横槎	新围	257	25.53	33.33	
龙华镇	沙迳	横槎	田心	44	3.93	7.33	

（续表）

隶属乡镇	区域	隶属村委会	老区村庄名称	人口（人）	耕地（公顷）	山（林）地（公顷）	备注
龙华镇	沙迳	横槎	儒林	296	34.67	43.33	
龙华镇	沙迳	横槎	黄坑	284	32.7	18.67	
龙华镇	沙迳	横槎	亚岭	54	4.27	10	
龙华镇	沙迳	横槎	古岭	108	9.67	14	
龙华镇	沙迳	横槎	田尾	20	2.2	8	
龙华镇	沙迳	横槎	水坑	48	4.53	4.67	
龙华镇	龙华	龙石头	何西坑	140	8	200	
龙华镇	龙华	朗背	葛布	424	32.1	566.7	
龙华镇	龙华	朗背	乜湖	116	8.67	506.6	
龙华镇	龙华	朗背	李屋	111	7.2	366.7	
龙华镇	龙华	朗背	王屋	63	5.6	308.3	
龙华镇	龙华	朗背	邓屋	168	13.46	366.67	
龙华镇	龙华	水坑	水坑	933	78.47	853.5	
龙华镇	龙华	水坑	园村	49	4.6	33.33	
龙华镇	龙华	水坑	柚树下	137	12.67	100	
龙华镇	龙华	水坑	塔岭下	87	7.27	66.67	
龙华镇	龙华	龙华	螺滩	109	77.8	100	
龙华镇	龙华	龙华	牛井	34	3.7	10	
龙华镇	龙华	龙华	大埔头	153	14.07	566.67	
龙华镇	龙华	龙华	圩边	223	13.13	16.67	
龙华镇	龙华	龙华	沙屋	73	5.07	10	
龙华镇	龙华	龙华	上楼	309	23.9	103.3	
龙华镇	龙华	水口	老梁屋	243	10.1	200	
龙华镇	龙华	水口	新梁屋	114	10.8	66.67	

（续表）

隶属乡镇	区域	隶属村委会	老区村庄名称	人口（人）	耕地（公顷）	山（林）地（公顷）	备注
龙华镇	龙华	水口	陈屋	70	7.1	30	
龙华镇	龙华	水口	凹背塘	315	20.07	466.67	
龙华镇	龙华	水口	赖水口	268	22.4	60	
龙华镇	龙华	水口	广宏	125	9.3	33.3	
龙华镇	龙华	水口	木樨	104	11.9	66.6	
龙华镇	龙华	水口	白地	29	1.67	28.6	
龙华镇	龙华	花竹	鱼允	157	7.53	33.3	
龙华镇	龙华	花竹	沙角	101	13.7	106.7	
龙华镇	龙华	花竹	大扶	138	11.7	133.3	
龙华镇	龙华	花竹	下花竹	54	23.09	126.7	
龙华镇	龙华	花竹	上花竹	192	4.4	166.67	
龙华镇	龙华	花竹	浪寮	74	17.87	53.3	
龙华镇	龙华	大坪	飞鹅	74	6.4	166.67	
龙华镇	龙华	大坪	英滩	54	9.27	153.01	
龙华镇	龙华	大坪	朱峯	143	14.27	100	
龙华镇	龙华	大坪	六滩	76	5.27	100	
龙华镇	龙华	大坪	上坝	88	8.9	73.3	
龙华镇	龙华	大坪	大坪	188	19.7	173.3	
龙华镇	龙华	四围	黄牛洞	221	24	200	
龙华镇	龙华	四围	江头	266	24.6	213.3	
龙华镇	龙华	四围	铁岑	231	17.87	213.3	
龙华镇	龙华	四围	黄岭	59	6.07	832.2	
龙华镇	龙华	四围	四大围	1277	122.2	101.3	
龙华镇	龙华	四围	横岭	127	11.4	180	

（续表）

隶属乡镇	区域	隶属村委会	老区村庄名称	人口（人）	耕地（公顷）	山（林）地（公顷）	备注
龙华镇	龙华	四围	竹园	177	24.67	120	
龙华镇	龙华	四围	大埔	73	7.6	300	
龙华镇	龙华	四围	广田	364	27.2	633.3	
龙华镇	龙华	西溪	桥头	397	20.8	633.3	
龙华镇	龙华	西溪	高田	114	8.46	233.3	
龙华镇	龙华	西溪	双坑	169	11.27	233.3	
龙华镇	龙华	西溪	小岭	321	16.67	366.67	
龙华镇	龙华	西溪	圳𠫭	131	9.3	200	
龙华镇	龙华	西溪	沙田	330	18.9	213.5	
龙华镇	龙华	石下塘	牛岗地	41	7.07	233.3	
龙华镇	龙华	石下塘	白鸽坪	60	7.8	213.3	
龙华镇	龙华	石下塘	石下塘	183	28.46	566.67	
龙华镇	龙华	石下塘	下寮	122	16.2	253.3	
麻榨镇	麻榨	南滩	西一	175	18.87	173.33	
麻榨镇	麻榨	南滩	西二	171	18.33	120	
麻榨镇	麻榨	南滩	下一	120	13.13	93.33	
麻榨镇	麻榨	南滩	下二	128	12.33	90	
麻榨镇	麻榨	南滩	下三	166	15.8	98	
麻榨镇	麻榨	南滩	上南山	130	10.33	111.33	
麻榨镇	麻榨	南滩	中秋岭	168	18	146.66	
麻榨镇	麻榨	南滩	东升	127	12.8	71.33	
麻榨镇	麻榨	罗坑	井头	112	9.2	193.3	
麻榨镇	麻榨	罗坑	水背	171	12.47	186.2	
麻榨镇	麻榨	罗坑	曾村	162	12.27	216.67	

（续表）

隶属乡镇	区域	隶属村委会	老区村庄名称	人口（人）	耕地（公顷）	山（林）地（公顷）	备注
麻榨镇	麻榨	罗坑	新联	62	5	180.2	
麻榨镇	麻榨	罗坑	罗坑	262	21.3	270.4	
麻榨镇	麻榨	罗坑	西坑	51	4.3	139.5	
麻榨镇	麻榨	罗坑	大坑	97	11.2	200	
麻榨镇	麻榨	罗坑	枫木林	163	12.4	210	
麻榨镇	麻榨	罗坑	雷公坪	153	12.5	204	
麻榨镇	麻榨	大陂	大坪	117	6.53	100	
麻榨镇	麻榨	大陂	社下	278	17.7	220	
麻榨镇	麻榨	大陂	磜头	165	8.3	143.3	
麻榨镇	麻榨	大陂	塘面	57	3	44	
麻榨镇	麻榨	大陂	田新	49	2.7	44	
麻榨镇	麻榨	大陂	张屋	52	2.5	44	
麻榨镇	麻榨	大陂	赤岭	210	12.4	180	
麻榨镇	麻榨	大陂	新村	110	5.7	86.7	
麻榨镇	麻榨	大陂	圭龙	136	6.3	86.7	
麻榨镇	麻榨	大陂	大禾老田	63	3	56.7	
麻榨镇	麻榨	磜下	新屋下	615	39.3	266.7	
麻榨镇	麻榨	河东	洪屋	140	6.9	56.07	
麻榨镇	麻榨	河东	三庆	140	6.4	56	
麻榨镇	麻榨	河东	河东	214	13.3	85.6	
麻榨镇	麻榨	河东	河西	68	3.9	19.2	
麻榨镇	麻榨	河东	河北	109	6.4	43.6	
麻榨镇	麻榨	河东	西城	77	3.87	30.8	
麻榨镇	麻榨	河东	东山	52	3.3	20.8	

（续表）

隶属乡镇	区域	隶属村委会	老区村庄名称	人口（人）	耕地（公顷）	山（林）地（公顷）	备注
麻榨镇	麻榨	河东	南山	76	4.7	28	
麻榨镇	麻榨	河东	水东	64	4.3	26	
麻榨镇	麻榨	下龙	曾屋	47	5.73	25.07	
麻榨镇	麻榨	下龙	胡屋	57	4.13	30.4	
麻榨镇	麻榨	下龙	禾塘岭	172	10.93	91.7	
麻榨镇	麻榨	下龙	科甲	54	4.13	28.67	
麻榨镇	麻榨	下龙	张屋	70	3.87	37.3	
麻榨镇	麻榨	下龙	岭尾	121	7.67	72.4	
麻榨镇	麻榨	下龙	上石	71	5.33	23.67	
麻榨镇	麻榨	下龙	下一	75	5.73	27	
麻榨镇	麻榨	下龙	下二	64	5.07	22.67	
麻榨镇	麻榨	下龙	温屋	58	4.27	16	
麻榨镇	麻榨	下龙	山口	118	11.6	39.3	
麻榨镇	麻榨	下龙	凤望	105	7.07	35	
麻榨镇	麻榨	下龙	走马	81	4.53	27	
麻榨镇	麻榨	下龙	骆屋	74	5.2	18	
麻榨镇	麻榨	下龙	新屋	20	3.2	8.67	
麻榨镇	麻榨	下龙	田半	47	3.9	15.67	
麻榨镇	麻榨	下龙	龙田	138	8.3	46	
麻榨镇	麻榨	下龙	龙新	144	10.4	61.3	
麻榨镇	麻榨	下龙	岭背	66	5.2	22	
麻榨镇	麻榨	下龙	拖罗	57	4.4	20	
麻榨镇	麻榨	下龙	松桥	90	4.5	30	
麻榨镇	麻榨	下龙	搭坳	73	5.9	24.3	

（续表）

隶属乡镇	区域	隶属村委会	老区村庄名称	人口（人）	耕地（公顷）	山（林）地（公顷）	备注
麻榨镇	麻榨	下龙	墩围	56	5.2	20	
麻榨镇	麻榨	下龙	中心	75	4.8	25	
麻榨镇	麻榨	下龙	墩本	55	4.5	18.3	
麻榨镇	麻榨	下龙	墩新	41	5.2	13.67	
麻榨镇	麻榨	下龙	洋额	56	3.27	18.67	
麻榨镇	麻榨	下龙	陆屋	71	4.4	37.8	
麻榨镇	麻榨	凤岗	西新	78	5.87	23.3	
麻榨镇	麻榨	凤岗	西赤	117	7.07	16.67	
麻榨镇	麻榨	凤岗	刘屋	90	5.9	21.3	
麻榨镇	麻榨	凤岗	罗屋	50	5.1	20	
麻榨镇	麻榨	凤岗	大山口	94	7.27	30	
麻榨镇	麻榨	凤岗	新龙围	53	3.7	10.67	
麻榨镇	麻榨	凤岗	中下洋	52	4.5	13.4	
麻榨镇	麻榨	凤岗	新围仔	17	1.33	3.33	
麻榨镇	麻榨	凤岗	大合龙	170	12.73	16.67	
麻榨镇	麻榨	凤岗	陂新	143	10.2	40	
麻榨镇	麻榨	凤岗	陂口	444	42.67	10.67	
麻榨镇	麻榨	凤岗	牛背坑	146	11.73	60	
麻榨镇	麻榨	凤岗	凤岗围	191	18.27	106.7	
麻榨镇	麻榨	凤岗	坑㘵	101	6.87	53.3	
麻榨镇	麻榨	凤岗	古屋	21	1.53	5.33	
麻榨镇	麻榨	凤岗	林村	35	2.86	6	
麻榨镇	麻榨	凤岗	严洞	35	3.53	16.67	
麻榨镇	麻榨	凤岗	上坑	175	12.67	53.33	

（续表）

隶属乡镇	区域	隶属村委会	老区村庄名称	人口（人）	耕地（公顷）	山（林）地（公顷）	备注
麻榨镇	麻榨	凤岗	下屋	68	5.13	26.67	
麻榨镇	麻榨	凤岗	樟陂	173	16.27	50	
麻榨镇	麻榨	凤岗	黄狼岽	40	4.6	6.67	
麻榨镇	麻榨	坳头	西老	245	16.73	166.67	
麻榨镇	麻榨	坑口	坳头	566	32	97.4	
麻榨镇	麻榨	坑口	田头	160	9.3	53.3	
麻榨镇	麻榨	坑口	坑口	32	2.3	26.67	
麻榨镇	麻榨	坑口	苏村	99	7.33	186.67	
麻榨镇	麻榨	坑口	大陂坑	99	7.33	133.33	
麻榨镇	麻榨	坑口	红星	55	610	666.67	
麻榨镇	麻榨	坑口	田西	31	2	6.67	
麻榨镇	麻榨	坑口	新屋	87	7.3	13.3	
麻榨镇	麻榨	坑口	田中	42	2.67	3.3	
麻榨镇	麻榨	坑口	坪岭	82	7.3	53.3	
麻榨镇	麻榨	桂村	麦屋	329	30	198	
麻榨镇	麻榨	桂村	江下	75	7.33	28.67	
麻榨镇	麻榨	桂村	高礼	255	28.67	216.67	
麻榨镇	麻榨	桂村	双岭	65	7.13	34.67	
麻榨镇	麻榨	桂村	田庄	86	7.33	30.87	
麻榨镇	麻榨	桂村	东坑塘	237	20.33	142.67	
麻榨镇	麻榨	桂村	汉坑	174	19.67	137.33	
麻榨镇	麻榨	桂村	燕江	102	9.07	20.86	
麻榨镇	麻榨	桂村	赤岭	223	20.26	122.67	
麻榨镇	麻榨	约坑	河口	306	22	786.67	

（续表）

隶属乡镇	区域	隶属村委会	老区村庄名称	人口（人）	耕地（公顷）	山（林）地（公顷）	备注
麻榨镇	麻榨	犀牛尾	布滩	96	4.07	60	
麻榨镇	麻榨	犀牛尾	更生	119	5.4	66.67	
麻榨镇	麻榨	犀牛尾	良溪	51	3.4	87.46	
麻榨镇	麻榨	犀牛尾	松山	52	3.6	73.3	
麻榨镇	麻榨	犀牛尾	过坳	71	4.47	80	
麻榨镇	麻榨	横汉	横汉	261	31.27	433.33	
麻榨镇	麻榨	横汉	东溪	58	3.53	106.67	
麻榨镇	麻榨	横汉	龙溪	61	2.87	993.33	
麻榨镇	麻榨	横汉	竹园	62	5.67	168	
麻榨镇	麻榨	南滩	南滩	402	34.67	226.67	
麻榨镇	麻榨	南滩	坳背	55	4	53.33	

第二章
红星初照龙门县

　　大革命时期，龙门县南部地区留下了叶剑英的足迹，土地革命战争时期，北部地区留下了红四师的足迹。

第一节 叶剑英驻足大派洲

1925 年 1 月，粤军第二师师长张民达、参谋长叶剑英，率粤军第二师为先头部队，进行东征。同年 10 月，叶剑英参加第二次东征。

以往几年数次征讨陈炯明，战果不大。这两次东征，几个月时间就把数万之众的陈逆叛军打得落花流水。两次东征胜利，叶剑英坚定了一个信念："非革命不足以图存；非建造有主义、有组织、有力量之党，不足以言革命。"他所说的党就是中国共产党。

两次东进征战中，叶剑英带着警卫连长廖雪安、军需处长廖球（同为龙门县麻榨东埔围人）来到龙门县南部地区，接触了民风纯朴、勤劳勇敢的龙门山区农民。看中了龙门县南部地区，前面有罗浮山作屏障，后面有南昆山作依托，是个屯兵打仗、发动群众开展革命斗争的好地方。第一次东征来到麻榨东埔围（今称麻榨镇东埔村）之后，叶剑英与张民达商量决定，将增江河上游东埔围的一个四面环水、面积 150 亩、名为大派洲的小岛全部买下，将其改名为"仙岛"。在岛上种下 260 棵荔枝，建了房子命名"南庐"，开办了公司，命名为"仙岛公司"。叶剑英亲自在楼房门额上书写了"南庐"二字。通过一系列农商并举的经营活动，开辟了同东埔围以及麻榨山区群众交往的渠道，与他们建立了深厚的感情。

循着叶剑英的足迹，龙门县南部地区逐渐成为抗日战争时期、解放战争时期共产党武装稳固的根据地。

第二节

红四师途经龙门县

1927 年 12 月 13 日，广州起义失败，向东江方向撤退的 1300 余人，在花县改编为中国工农红军第四师（简称"红四师"），徐向前任红四师第十团党代表。12 月下旬，红四师从龙门北面的地派进入龙门县城。

红四师到达龙门县城，受到县城师生及各界人士列队欢迎。

红四师在县城顶新街龙门商会召集官吏、乡绅、富商会议，宣传中国共产党的宗旨和土地革命的主张。

红四师在龙门县城驻扎期间，办了两件事：第一件是抓了 10 多名土豪劣绅，抄了反动官吏朱聘三的商店，没收其投机倒把、囤积垄断的货物，分给贫苦农民。第二件是经师党代表王侃予、师党委书记唐维 2 人介绍，红四师师长叶镛履行加入中国共产党的手续，成为正式中国共产党党员。同时，任命袁裕（袁国平）为红四师参谋长。

红四师离开龙门县城后，取道平陵镇山下村前往河源古岭。1927 年 12 月 27 日，徐向前率红四师第十团在平陵山下白芒坑驻扎。

红四师师部驻地（龙门商会会址）

在花县，徐向前率领的起义部队经常受到地主豪绅民团的侵扰。徐向前用"打狗战术"把疯狗似的民团治服。而到了龙门却是另外一番情景，热情的群众举着旗子夹道欢迎红军战士。在平陵白芒坑农民群众对红军战士更加亲切，送茶水、送口粮，把红军迎进家里住宿。

徐向前在白芒坑同群众关系很密切。白芒坑有个"三眼泉"，是当地群众取水饮用的地方。红军驻扎在白芒坑，徐向前担心群众不够水饮用，带领红军战士将"三眼泉"挖深、拓宽，让群众更加方便挑水饮用。后来，经过抗日队伍、解放军队伍一批又一批战士不断修建，"三眼泉"成为颇具革命传奇色彩的"红军井"。

徐向前的队伍在白芒坑住了3天，许多青年农民纷纷要求参加红军。有一位叫洪月冲的青年，在平陵圩一家店铺打工。红军离村那天，他恰好挑货去了外地，相约参军的青年没有找到他。

徐向前住进农家用过的台凳

回到店铺时，老板告诉他，说是家里有急事，让他赶快回去。洪月冲匆匆回到家里，得知相约一起参加红军的村中兄弟已经跟随部队北上河源。满腔热血的洪月冲，约了两位村中兄弟立即跟踪追赶，一直追到河源县回龙镇还未找到红军，急忙中坐船到了河源县城，接着又往惠州赶。哪知，船没有在惠州停靠，一直开到香港。结果，被"卖猪仔"（贩卖劳工），坐上大火船到了南洋。由于抗日战争全面爆发，洪月冲1939年4月又从千里之外的南洋回到家乡，加入共产党组织的抗日武装，圆了10多年来伴随着他的"红军梦"。

红四师是龙门人民最早接触的中国共产党的武装队伍。直至抗日战争时期和解放战争时期，龙门人民都习惯把共产党领导的游击队称呼为"红军"。

红四师官兵露宿地派圩街骑楼下——龙门农民画模拟场景

县城师生及各界人士数千人在顶新街列队欢迎红四师入城——龙门农民画模拟场景

第三章
抗日烽火在龙门点燃

全面抗日战争时期，龙门县为半沦陷游击区，斗争尖锐复杂。中国共产党在这里建立了革命根据地，带领全县人民走上了抗日救国的道路。

第一节 中共龙门县组织建立和发展

一、建立组织阶段

1938 年冬，中共地下党员王新民、温潮伯以"增城战地服务团"名义，到龙门县永汉镇低㘵、鹤湖找到当地开明人士王捷云、李荫亭、王方平、李达经等人，串联抗日宣传活动。同时物色统战和建党对象。4 位最早接触共产党组织的人士中，王捷云、王方平是鹤湖村人，李达经是鸦鹊垄村人，李荫亭是低㘵村人。

1939 年 6 月，王达尊、王樊培在增城正果参加了设在正果三平约火甲堂学校的"东江华侨回乡服务团"（简称"东团"）。王达尊在此加入了中国共产党。接着，介绍其兄王达宏加入共产党组织。王达宏被党组织派回永汉发展党员，筹建抗日武装。王达尊则继续留在正果担任"东团正果分队"队长。不久，"东团正果分队"改为"东团增龙队"，与永汉"大众救国会"同在共产党组织的领导下开展活动。

1939 年秋，龙门县第一个中共组织——中共永汉特别支部（"特别支部"简称"特支"），在鹤湖村王捷云家成立。支部书记梁永思，党员有王达尊、王捷云、王方平、李达经、王樊培等5 人。隶属中共增城县委员会（"县委员会"简称"县委"）领导。王达宏被中共增城特支吸收为中共党员，加入中共永汉特支。（王捷云、王方平、李达经后脱党。）

中共永汉特支成立后，派梁永思、张国强、王樊培等人到永汉自卫联防队活动。先后发展了王镜、王平、王达群、王立平等10多人加入中国共产党。

1940年5月，袁鉴文带着妻子赵学光从香港辗转东莞、增城，穿过层层封锁，来到龙门永汉，受命组建中共龙门县工作委员会（"工作委员会"简称"工委"）任工委书记。

中共龙门县工作委员会于1940年5月在永汉镇寮田村崇新小学成立。袁鉴文任书记，梁永思为委员，赵学光任组织干事，隶属中共增龙博中心县委领导。

袁鉴文担任中共龙门县工委书记期间，以教师职业作掩护，同妻子赵学光一起住进黄牛冚小学。黄牛冚属贫困山区，地处永汉西部最南端，与增城正果相距15公里，与永汉相距10公里，与寮田崇新小学相隔一座山，只有三四公里。袁鉴文选择黄牛冚小学立足，既方便与设在增城的中共增龙博中心县委联系，又方便到寮田崇新小学聚集，利于隐蔽又利于开展工作。

1940年8月，在中共龙门县工委的领导下，龙门县组建了4个党支部，拥有共产党员41人，其中：寮田党支部15人，梁永思任书记，党员有王达宏、王达尊、王鉴波、王俊朋、王意、王天、王春、王镜、王全、王生、王家富、王统、王佳、李新凤；低冚党支部13人，李绍宗任书记，党员有李友、李深儒、李炯君、李新、李孙胜、李中英、李水林、钟伟平、王立平、王田、王福、关房富；鹤湖党支部8人，王樊培任书记，党员有王平、王毅强、王运、王容、王达勤、李藻华、古钦；鸦鹊垄、黄牛冚党支部5人，李怀昌任书记，党员有钟树房、李达松、李世旺、钟醮房。4个党支部成立后，先后在寮田新屋下炮楼、叶屋园墩岭密林中办了党员训练班。参训党员学习了《共产党员须知》及《党员教材》。

1939 年 8 月，地下党员吴仲（又名吴宪俊），从国民党广东省政府主席主办的行政干部训练班毕业，被派到龙门县城，担任国民党龙门县政府第一区署自治协助员、情报股股长，成为龙门县北部党组织活动的一支力量。袁鉴文担任中共龙门县工委书记期间，化装成商人从永汉到龙门县城与吴仲接头，布置工作任务。龙门县城也成立了拥有 4 名共产党员的党小组，在龙门中学吸收了黄培光、廖尧秋加入党组织，并且培养了一批入党对象。

中共龙门县组织初步建立后，中共龙门县工委针对每位党员的情况进行了安排布置：第一，有一定文化知识的党员安排深入到学校任教。李友珍、王达宏、王达尊、吴伯仲、陈江天、张励、袁鉴文、赵学光、胡须郑、梁永思等分别到大埔围小学、永汉师范学校、寮田崇新小学、黄牛㘵小学、鸦鹊垄小学、麻榨小学任教。他们利用学校的落脚点，开展抗日救亡宣传活动，在农村组织帮耕会、妇女会、儿童团，开办妇女夜校，教妇女识字，帮其搞好夫妻关系、婆媳关系，宣传抗日救国道理。寮田、大埔、鹤湖、鸦鹊垄、黄牛㘵、低㘵等地的妇女夜校越办越好，上夜校读书的妇女越来越多。不管刮风下雨，到了晚上都按时到学校上课。没有煤油点灯就用竹柴火照明。寮田新屋下的妇女到崇新小学读夜校达到四五十人，低㘵李屋妇女夜校一直办到 1945 年秋，国民党顽固派烧毁了李屋围学校才停办。第二，有社会关系的共产党员，利用社会关系进入国民党政府机关任职。李绍宗受组织派遣，利用社会关系进入国民党龙门县政府第二区署（永汉区署）［简称"二区署（永汉区署）"］当录事，收集情报。李藻华通过统战对象刘驾球的介绍，到国民党永汉警察所（简称"永汉警察所"）担任警长，并带领王意、王立平、王运 3 位党员进入永汉警察所担任警员。

中共龙门县工委还指派王达尊、李绍宗、王樊培、王鉴波 4

位党员，在永汉圩开设"天吉号"杂货铺，成为党组织的联络站。

二、停止组织活动阶段

1942 年 5 月，中共南方工委组织部部长郭潜被捕后叛变，在韶关的中共粤北省委遭受破坏。周恩来及中共中央南方局指示：国民党统治区的党组织活动一律停止，执行"隐蔽精干，长期埋伏，积蓄力量，以待时机"的方针策略。根据形势变化，中共增龙博中心县委、中共龙门县工委随之撤销。

1942 年 6 月，龙门党组织进入"停止活动"时期。

中共龙门县工委撤销后，龙门党组织改由龙门县特派员领导。1942 年 8 月，陈江天任龙门县特派员，年底由李绍宗接任，隶属增龙博特派员领导。

"停止活动"将近一年半。这段时期虽然不算很长，但是对龙门党组织的影响很大，造成很大困难。

根据党组织"站稳脚跟，埋伏下来"的指示，通过统战对象刘其敬的介绍，陈江天、陈焕文到茅岗乡保小学教书，霍锡熊（又名石熊）到麻榨的学校教书。吴伯仲、王达尊另辟途径远走韶关。李绍宗留在永汉通过拉宗族关系取得二区署（永汉区署）军民合作站站长李琪翔的信任，进入该军民合作站任副站长。接着，李绍宗推荐王达勤进入永汉警察所任警长。

进入麻榨学校教书的共产党员石熊，受到国民党当局的怀疑。逮捕令交到永汉警察所。王达勤密报李绍宗，李绍宗立即派人通知石熊。石熊安全转移后，王达勤带领警察前往围捕，虚放几枪，谎报石熊已经逃脱。一场可能引发的危机被悄悄解除。

共产党员李友珍以教师职业作掩护，在永汉大埔围小学教书。驻永汉的国民党六十三军有个韩参谋，是情报参谋，实际上是特务。他主动接近李友珍，向李友珍提出恋爱交友的要求。遭到拒绝以后，又换了一副面孔威胁李友珍，说："你的底细我都知道，你是共产党那边的人。不答应，我就整你。"面对这个国民党特务的骚扰，李友珍感到为难。抽身走避，肯定暴露身份；继续留下又很难对付特务的纠缠。党组织了解情况之后，找到永汉有名望的乡绅刘驾球，由他出面指责国民党军队韩参谋威迫女教师，影响学校教学工作。这个韩参谋受到公众的议论和指责，不敢继续纠缠李友珍。不久便离开了永汉。李友珍在大埔围小学站稳了脚跟。

1943年3月，龙门和其他地方一样，遭遇严重春旱和饥荒。中共中央南方局发出了"关心群众、关心战士，领导群众度荒"的指示。李绍宗首先在自己的家乡低冚村，通过耐心的说服教育，取得了钟云波、李金胜等乡绅族老的支持，在低冚大围祠堂召集群众大会，决议对租种"聚和堂"田地的农民实行"二五减租"（原租按75%计算——编者注）。接着，又通过查账、清算，让李金胜退出了侵吞的农贷。在低冚村的带动下，寮田、鹤湖、鸦鹊垄、丰坑等地村民纷纷仿效低冚的做法，开展了减租减息生产自救，度过灾荒。

"停止活动"期间，龙门党组织没有受到破坏。所有党员、干部都严格遵守党的纪律，自觉执行党的指示，没有投敌，没有叛党，严密保护了党组织，党组织牢牢地扎稳了脚跟，党员同志也经受了一次锻炼和严格的考验。

三、恢复发展阶段

1943年12月2日，广东人民抗日游击队东江纵队（简称"东江纵队"）成立。司令员曾生、政治委员尹林平、副司令员兼参谋长王作尧、政治部主任杨康华。公开发表由他们四人署名的

《东江纵队成立宣言》，庄严宣告东江纵队是东江人民的子弟兵，团结在抗日救国的共同目标之下，拥护中国共产党的政治主张，接受中国共产党的领导，为打败日本帝国主义，建立新中国而奋斗。

随着抗日战争形势的发展变化，龙门县的党组织转向恢复活动阶段。

1944 年春，平陵白芒坑村中共党员洪月冲、洪月明、洪亚仁、洪木安、吕普英 5 人，以舞醒狮为名进行串联活动。成立有 30 多人参加的农民协会（简称"农会"）。洪月冲任会长，洪月明任副会长。接着，又组织 40 多名青壮年建立民兵自卫队。洪月明任队长，洪佳、洪木安任副队长。

1944 年 8 月，邬强率东江纵队抗日先遣队经龙门北上抗日前线。在永汉驻扎时，东江纵队官兵走上街头公开演讲，展示了东江纵队战士威武的风采，群众情绪空前活跃，奔走相告："见到红军了！见到红军了！"

1945 年 1 月，中共广东省临时工作委员会（简称"中共广东省临委"）领导机关迁往罗浮山，作出《关于开展广东工作的决定》，提出：巩固增城、龙门、博罗根据地，进一步建立增城、龙门、从化、新丰之间的南昆山根据地。

抗日战争形势迅速发展，龙门党组织领导的武装不断扩大：鹤湖村有 2 挺机枪掌握在王达群手上；鸦鹊垄有 20 多支步枪、几支短枪掌握在李敬生、李达松手上；寮田的武装掌握在王达宏手上；低冚的武装掌握在李绍宗手上。鳌溪、油田、五境（麻榨约坑、犀牛尾和沙迳西族、南窖、高沙统称五境）等地方都在酝酿公开建立共产党的抗日武装。

1945 年 2 月，东江纵队副司令员王作尧率队到鳌溪，打开国民党粮仓。在鳌溪党组织的配合下，把 300 多担（1 担＝50 千克，下同）粮食分给贫苦农民度春荒。

永汉、鳌溪等地共产党组织活动引起国民党顽固派的注意。龙门县国民党三民主义青年团（"三民主义青年团"简称"三青团"）头子丘峥找李绍宗谈话，先是威逼，要李绍宗跟他一起干。接着，又恐吓李绍宗说："你跟王达宏关系特别好，要注意。"

紧急关头，王达宏、李绍宗到博罗福田找到黄庄平作了汇报。接着，由陈江天引领面见王作尧。王作尧当即批准龙门党组织公开建立共产党的武装抗日队伍，列入东江纵队建制，命名为"广东人民抗日游击队东江纵队增龙博独立大队"（简称"增龙博独立大队"）。

1945年2月20日，共产党的抗日武装增龙博独立大队在永汉低冚大围祠堂宣告成立。武装队伍成立后，李绍宗以特派员身份将龙门县党组织关系全部移交给独立大队政治委员袁鉴文。李绍宗回忆这段历史时说："龙门的党组织，在抗日战争的风火中诞生。在风云突变的紧要关头，公开组织党的武装队伍，时机掌握是适当的，方向是对的，应该成为龙门革命斗争光辉史迹的重要组成部分。"

从增龙博独立大队成立那天起，龙门党组织领导的抗日武装由秘密转向公开，把斗争推进到新的阶段。这段时期突出了以武装斗争为主，使党的工作围绕武装斗争而开展，很多地方的党组织都是通过武装斗争发展起来的。

第二节

抗日武装组建和壮大

一、秘密领导的抗日武装

1938 年 10 月 12 日，日军在惠阳大亚湾登陆，随即分左、中、右三路向广州推进。15 日，惠州沦陷。21 日，日军占领广州。在广州读书的青年王达宏、王达尊、刘灿辉、范汝钧等人回到家乡永汉。因受广州抗日救亡运动的影响，回到家乡又目睹日机狂轰滥炸平民百姓，激发了他们抗日救亡的热情。于是在永汉圩刘灿辉的铺子（"天吉号"杂货铺）成立了以王达宏为首的"大众救国会"，宣传抗日救国。

1939 年底，日军大规模北上，发动第一次粤北战役，意图攻占韶关。为阻止敌人北进，当时国民党军一五一师在吕田、黄牛冚、铁扇关一带山地至地派一线修筑阵地，双方剑拔弩张，战争一触即发。日军北进之后，为了牵制敌人，中共党员林道行（博罗县人）等和"大众救国会"一道，组织 200 多人的队伍，与一五一师并肩作战，在铁扇关、黄牛冚截击敌人。与此同时，中共永汉特别支部书记梁永思，沿着增龙古道一线发动群众，组织民兵捆扎稻草人，并给稻草人穿上破衣服，沿山坳处摆设，以作疑兵。这次铁扇关截击战打得十分激烈，为中国军队赢得第一次粤北战役作出了不可磨灭的贡献。林道行的队伍也是最早进入龙门县境内的共产党抗日武装。

1940 年 1 月，中共增城县委书记郭大同到永汉，召开特支扩大会议，提出组织共产党领导的抗日武装。随即在低冚大围祠堂成立由 50 多人组成的"永汉抗日自卫队"。王达宏任队长、王谦铭任副队长。下设三个小队，王俊鹏、王达群、钟树房任小队长。后来，李绍宗也加入自卫队任小队长。为使这支队伍得到社会各界人士的支持并取得供给，中共永汉特支做了大量统战工作，取得了当地爱国人士刘驾球、范汝钧、范伯璀、王特生等人的支持，共同组建了永汉自卫联防委员会，并将"永汉抗日自卫队"改名为"永汉自卫联防队"。同时，在低冚店仔设立税站，对从惠州海边运输食盐经低冚到派潭、从化的客商收取盐税，补充部队的给养。

中共永汉特支为了加强永汉自卫联防队政治工作，派梁永思、张国强、王樊培等人到联防队活动，先后发展了王镜、王平、王达群、王立平等人加入中国共产党。

1940 年 3 月，永汉自卫联防队已发展到 100 多人。中共增城县委经过统战工作，将联防队编入国民党六十三军（军部驻南昆山）属下的随军杀敌大队，成为随军杀敌大队的一个中队。中队有 30 多名共产党员，成立了党支部，王达宏任党支部书记。

杀敌中队刚刚入编，就在增城博罗交界的围下设伏，歼灭了增城走私头目何文田的武装走私队伍，缴获长短枪数支，钨矿、鸦片等走私物资一批，制止了钨矿资源流入广州沦陷区为日寇所用。

1940 年 4 月，中共党员肖光星、梁正带领国民党东江第三游击队挺进纵队的一个中队，在罗浮山刘屋村举行武装起义，遭遇国民党顽固派武装追杀。中共增龙博中心县委指示王达宏领导的随军杀敌中队，将肖光星、梁正等 32 人（其中共产党员 26 人）接应护送到永汉上莲塘，接着又转移到低冚瓦屋。这支队伍后来编为"增城抗日游击基干队"，进入增城沦陷区开展抗日游击活动。

王达宏领导的随军杀敌中队士气高涨，纪律严明。在正果、永汉、麻榨等地活动，既担负繁重的作战训练任务，又帮助群众开荒种地，宣传抗日救国。国民党特派员叶铁魂到中队"视察"后，断定这支武装是"赤色队伍"，首先派国民党军一五三师一个营跟踪监视，接着切断部队一切给养，强令解散队伍。

1940 年 6 月，王达宏领导的随军杀敌中队被迫解散。100 多名杀敌中队的武装人员回到家乡之后，分散活动，手中依然掌握着枪支，等待时机重建武装队伍。

二、公开建立抗日武装

1945 年 2 月 21 日，王达宏、李绍宗带领永汉寮田、低冚等地200 多名青年农民齐集低冚大围祠堂，宣告成立共产党领导的抗日武装。这支武装名为"广东人民抗日游击队东江纵队增龙博独立大队"（代号：金龙大队）。王达宏任大队长，陈江天任政治委员，下设 2 个中队。东江纵队司令部派林江任大队参谋，谢光、罗克分别担任 2 个中队的指导员。李绍宗最初以中共龙门特派员身份在增龙博独立大队协助工作。袁鉴文任增龙博独立大队政治委员以后，李绍宗将龙门县党组织关系全部交给他，专职任增龙博独立大队参谋。

增龙博独立大队在龙门吹响了"打败日本帝国主义，建立新中国"的战斗号角，刚一成立就得到永汉、麻榨、沙迳、龙华等地群众的拥护和支持。王家富组织了寮田、低冚民兵中队，张健民组织了五境民兵中队，李观佑组织了龙华民兵中队，陈木组织了沙迳民兵中队，廖球组织了香溪民兵中队，黄万福组织了油田民兵中队，邓茂华组织了鳌溪民兵中队。7 个民兵中队，共计有脱产民兵 500 多人，配合独立大队开展军事行动，与独立大队并肩战斗。

面对势如洪流的抗日热潮，龙门的国民党顽固派不但不支持帮助，反而对增龙博独立大队实行"围剿"。

1945 年 3 月，国民党军一五三师一个团进驻永汉，采取东西合击战术进攻寮田、低冚、黄牛冚、上莲塘、釜坑抗日根据地，企图一口气把这支共产党的抗日武装扑灭、并吞。

增龙博独立大队面对国民党顽固派军队的疯狂进攻，退守南昆山、观音潭。得到东江纵队第一、第五支队策应解救，撤至罗浮山整训。1945 年 6 月，增龙博独立大队经过休整之后，从罗浮山回到永汉西部根据地。国民党顽固派一五三师一个团，纠合增龙反动武装 1000 多人，对独立大队再次"围剿"。

独立大队留下一个中队在永汉西部山区与国民党顽固派军队周旋。令李敬生中队走出外线，在龙华、油田、五境民兵中队的配合下，袭击沙迳乡公所，处决了反动气焰嚣张的乡长廖家钦。随即向北挺进，攻打龙华乡公所。然后，向南转移，在五境、油田阻击尾随跟踪的国民党顽固派教导团。

国民党顽固派教导团是"拉壮丁"组成的新兵队伍，同平陵反动武装凑合共有 1200 多人，绝大部分士兵无心对自己同胞开枪打仗。在五境、油田遭到打击后，狼狈撤回龙门县城。

8 月，林锵云、王作尧、杨康华率东江纵队第五支队、军政干校学员、文艺宣传队等 1200 余人，从罗浮山出发，向粤北挺进。上级命令增龙博独立大队护送过境龙门。林锵云、王作尧、杨康华率领的部队，从鳌溪进入龙门，经约坑，在东坑渡过龙门河，转入高沙、油田，经铁岗安全进入从化、新丰。增龙博独立大队出色地完成了护送任务。

1945 年 8 月 15 日，日本帝国主义宣布无条件投降。国民党顽固派采取了更加残酷的手段"围剿"增龙博独立大队及抗日根据地的群众武装。低冚李屋村、虎头坪村以及王达宏、黄万福、李观佑、李炳熔（容）、李敬生等人的房屋被烧毁。增龙博独立大队官兵、民兵家属被抓进监牢。国民党顽固派还到处悬赏：抓到王达宏、李绍宗、王樊培的赏银 5000 万元（相当于 200 担稻谷），杀了他们的赏银 2500 万元。

9 月 16 日，增龙博独立大队编入东江纵队第四支队隶属江北指挥部领导。直至 1946 年 6 月，东江纵队北撤山东，这支武装队伍经历了上百次战斗，活动在永汉、麻榨、鳌溪、路溪以及增城的派潭、正果，博罗的罗浮山、何家田等地方。在残酷、激烈的斗争中，9 位革命英雄献出宝贵的生命：

蔡英（女），增龙博独立大队卫生员，在釜坑阻击战牺牲。

钟水容，增龙博独立大队战士，在低冚战斗中被俘英勇就义。

李辉，增龙博独立大队班长，在勒竹坑战斗中受伤被俘，在增城监狱中牺牲。

莫萱（女），增龙博独立大队民运干部，在正果欧冚五斗田被捕，在永汉英勇就义。

阎星光（女），增龙博独立大队民运干部，与莫萱一起被捕、就义。

李云，增龙博独立大队民运干部，与莫萱一起被捕、就义。

林权，增龙博独立大队民运干部，与莫萱一起被捕、就义。

钟云，增龙博独立大队民运干部，与莫萱一起被捕、就义。

张发柱，增龙博独立大队民运干部，与莫萱一起被捕、就义。

第三节 党群齐心奋勇抗战

1937 年农历八月二十四日至二十六日，日机滥炸龙门县城，炸毁店铺民房 500 多间，七成店主、居民失去居所；炸死平民 20 多人，数十人受伤。永汉、平陵、龙华圩镇村庄处处遭到日机反复轰炸，民房被毁，弹坑累累。国仇家恨激起龙门人民英勇地踏上抗日救亡的征途。

惠州、增城、广州相继沦陷，龙门成为抗日战争游击区。抗日战争期间，日军到龙门进行上规模的"扫荡"共计 17 次之多。日军每一次"扫荡"都野蛮残酷地掠夺、烧杀。因此，遭到龙门人民一次比一次更加激烈的抵抗。中国共产党、爱国乡绅、人民群众开辟了广泛的具有各种特色的抗日战场。

一、铲头坳伏击，土枪土炮打日寇

1944 年夏，平陵白芒坑村民自卫队，抓获一名为日军探路的汉奸，在他身上搜出了日军军用地图。老百姓义愤填膺，将汉奸乱棍打死。

平陵圩驻扎着一队日军，经常派出一支数十人的队伍到山下村一带骚扰抢掠。老百姓对这支日军恨之入骨。白芒坑村民自卫队和平陵乡联防队，都是共产党领导的抗日武装。自卫队队长洪月明、联防队队长刘少长都是共产党员。

洪月明同刘少长商定要给巡逻日寇一次沉重的打击。1944 年

10 月的一天，他们选定铲头坳为伏击战场，一队数十人的日寇巡逻队果然中了埋伏，大摇大摆走进铲头坳伏击圈。洪月明一声令下，自卫队、联防队武装用土炮、土枪、单响步枪一齐向日寇开火。铲头坳地势险要、山高林密。日寇中了埋伏，心慌意乱一边反击一边撤退，抬着两具死尸慌忙离开战场。不久，日寇撤出平陵。

二、夜袭四围，大刀砍日军

抗日战争期间，龙门县左潭活跃着一支抗日大刀队。队长廖香南是一位爱憎分明的农民，他具有正义感，有强烈的爱国心。

1944 年 6 月的一天，一支 600 多人的日、伪军，由从化县进入龙门，经铁岗、左潭至龙华一路"扫荡"一路掠夺民居村庄。廖香南带领 100 多名手持大刀的抗日勇士，隐蔽跟踪他们。天黑时分，这支日、伪军住宿龙华四围塘尾、上屋等村庄。

廖香南带着大刀队勇士趁着黑夜潜入四围村，用浸过毒药的箭，不动声色干掉了敌人的岗哨和巡逻兵，随即冲进驻扎有日、伪军的四围祠堂，手起刀落，一刀一个，像砍西瓜一样，把睡梦中的几十个敌人砍得人头落地，尸首分离。被惊醒的敌人抱头高声乱叫，随即响起杂乱的枪声……廖香南一声口哨，队员们拿着缴获的枪支齐齐撤离祠堂，在外围队员的掩护下，安全返回左潭。

夜袭四围，廖香南和队员们用大刀杀死日、伪军官兵 30 多人，缴获步枪 20 多支，弹药一批。队员茹潮兴与日、伪军厮杀时受伤，队员们用担架抬着他连夜赶回家中，但因伤势太重抢救无效不幸牺牲。

三、江厦村击毙日军大佐

1944 年 7 月 2 日，日军由增城开往龙门，沿途抢掠。当天下午 4 时，日军先头部队已到达龙城附近的周田村。周田村与江厦村相距只有 2 公里。江厦村民商议，周田村至龙门县城，江厦村是必经之地。大队日军经过，必然进村洗劫。商议决定，村中老幼妇孺立即上山躲避。组织 60 多名青壮年，分成两队，一队埋伏在潭仙公庙正面田坎，另一队埋伏在新庄坳小山侧。两队人马互相策应，利用熟悉地形的有利条件抗击日军。

当日黄昏时分，一队日军神气十足，毫无戒备，沿着蜿蜒的山路，向潭仙公庙缓缓而来。埋伏在潭仙公庙田坎下的一队人马首先开火，出其不意给日军迎头痛击；埋伏在新庄坳的另一队人马接着开火。日军首尾受敌，加之夜幕降临，视野不清，纷纷就地占领山头被动应战。江厦村两队人马乘势追杀，经一个多小时战斗，在夜幕掩护下撤往深山。

战斗打响后，日军 1500 多人陆续来到江厦村，占领了村庄前面的大小山头。日军害怕再次遭受袭击，在山头露宿，不敢进村。

7 月 3 日早上 5 点钟左右，日军在山上向江厦村发射了 20 多发炮弹。因为村民早已躲避，村内空无一人，所以无人伤亡。日军随之进村洗劫，村民财物、家畜被掠夺一空，直至当天下午日军才离去。

村民回到被洗劫一空的村子，发现 8 处地方焚烧了大堆柴火，炭灰中夹杂着日军残骸骨灰。在小山侧还有一处日军设置的新坟。挖掘发现，埋葬的是一具用日本国太阳旗裹着的日军军官尸体，脚上穿着大皮靴，两只手臂被截肢（可能用于烧化骨灰便于携带）。村民们把这具仍未腐臭的尸体抬到县城太平门外广场向群众展示。国民党龙门县县长汤灿华研究了这具日军尸体的穿戴和军衔，认定被江厦村民击毙的是日军大佐军官。而前述 8 堆柴火焚化的除了其中 1 堆推测为这名大佐军官的截肢外，应还有 7 名日军。

江厦村民在与日军的战斗中有 3 人受伤。村民谭采受重伤，抢救无效，不幸牺牲。

四、石墩围痛打日本兵

茅岗乡石墩围是爱国乡绅刘其敬的家乡。刘其敬是抗日战争时期龙门县参议员，也是中共地下党员吴宪俊的好朋友。

1944 年 7 月初，刘其敬在家中得到消息：在增城驻扎的一队日军已经进入龙门，可能经过茅岗从路溪往博罗、惠州方向调动。刘其敬把掌握武装的村民找来商议。

石墩围的四围筑了又厚又高的围墙，还有坚固的四角碉楼。全村有成百名成年男子，有 30 多支长短枪、1 万多发子弹。刘其敬对村民们说，日军这次进扰，可能经过石墩围。如果敌人胆敢进村侵扰，就把他们痛打一顿！

7 月 6 日凌晨，7 个日本兵来到石墩围，只见大门紧闭，四周寂静无声。3 个日本兵在右侧碉楼挥掌猛烈拍门。刘其敬写了一张字条，上书"不要骚扰百姓"6 个字，让人传递给挥掌拍门的日本兵。日本兵对刘其敬传出的字条不理不睬，仍然恶狠狠地捶拍大门。另外 4 个日本兵则跑到左侧大门又是一阵乱敲乱拍。突然一声枪响，一名日本兵应声倒地。接着，一阵密集的枪声，7 名气焰嚣张的日本鬼子全部在围墙前毙命。

日军遭到打击，一名日本军官像疯狗一样，指挥刀一扬，领着数十名日本兵向石墩围碉楼直冲。这名日本军官在靠近碉楼时就被击毙。日本兵第一轮冲锋被打垮。接着，第二轮、第三轮冲锋他们又留下一大堆尸体。

战斗从早上打响，日本军队一次又一次冲锋，死伤 100 多人。下午，日军调来炮兵，将石墩围围墙击破几处。300 多名日军有的从围墙缺口涌入，有的架起竹梯攀上墙头冲进村庄。刘其敬指挥村民同日军展开巷战。村民们劝他进入地洞躲避。他说："我不能离开大家，要打一起打，要死一起死！"在刘其敬的激励下，村民们节节抵抗毫不畏敌。村民刘炳光枪法好又勇敢，瞄准一个打一个，弹无虚发，毙伤日军二三十人。他在激战中左腿受重伤，仍坚持战斗至阵亡。村民刘王舜左手臂被枪炮打断，叫妻子用田瓜瓢敷住伤口坚持战斗，用另一只手提着竹篮给前线的村民送弹药，直至被炮弹再次击中，壮烈牺牲。村民刘焕先护着刘其敬寸步不离，在激烈的搏杀中，同刘其敬一起壮烈牺牲。

石墩围最终被日军攻破。兽性大发的日军，逼村民刘应石带路逐家逐户抓人。刘应石不从，被日本兵踢倒在刘其敬尸体旁，用刺刀猛刺其头部致死。村民刘珍运之子，被日军发现身上缠着子弹带，把他捆绑着用刺刀一刀一刀割，刺割了50多刀致死。戴着项圈（俗称颈环，五六岁的小孩带着辟邪——编者注）的小孩刘细九，被日军抓住项圈悬空打转。项圈断裂后小细九摔倒在地，惨叫一声毙命。一旁的日本兵却以此为乐，哈哈大笑。村民刘全安也被日军当场残忍杀死。日军把抓到的其他村民押到村前禾塘，用刺刀、用枪托、用锄头，又刺又撞又扑击，杀害了25人。村前的禾塘成了刑场，到处留下一摊摊血污，惨不忍睹。

傍晚，龟缩在5公里外广尾学堂附近的援军——国民党河源保安大队，在当地乡绅、群众的强大压力下，进入茅岗火烧排山上吹响军号；六子园村民钟新泉等人，架起机枪向石墩围方向猛烈射击；附近村庄群众响起了紧密的铜锣声。枪声、军号声、铜锣声响成一片。日军害怕陷入大批军民增援队伍的重围匆忙撤离石墩围。他们拥着100多名死伤日军，一窝蜂从路溪窜入博罗。

石墩围战斗，日军死伤100多人，石墩围村民在战斗中牺牲15人。村子被攻破后，25人惨遭杀害，9人被捆绑拉夫。被拉夫的9人中，刘七妹与另外3位村民行至博罗横河树头岭，趁着越过一条小河的时机挣脱捆绑，用石块击毙押解日本兵逃脱回家，其余 5 人下落不明。全村被烧毁房屋 47 间，被掠夺宰杀生猪 30 多头、耕牛 3 头、马 3 匹，家私财物不计其数。

村民刘珍云，在石墩围被攻破后，被日军抓捕行灌水刑。日军在他身上搜出了几万元现金和"盐票"（买盐的提单。抗日战争时期国内食盐奇缺，"盐票"是最值钱的票证——编者注）。日军见他个子高身材肥大，又有马匹，误认他是个"大人物"，强迫他到水井边洗净身躯后，绑在一张长木凳上，准备生剖。所幸村外枪声铜锣声大作，日军匆忙撤离石墩围，刘珍云侥幸生还。

4

第四章

红色种子，在白色恐怖中生根

　　龙门的解放战争时期，分四个阶段。

　　第一阶段：从 1945 年 8 月 15 日，抗日战争胜利，至 1946 年 10 月，是白色恐怖时期。

　　第二阶段：从 1946 年 11 月，中共广东区党委作出恢复武装斗争决定，至 1947 年 12 月，是恢复武装斗争时期。

　　第三阶段：从 1948 年 1 月，贯彻中共中央香港分局"迎接大反攻，加强农村斗争"指示，至 1948 年 12 月，是"大搞"时期。

　　第四阶段：从 1949 年 1 月，中国人民解放军粤赣湘边纵队成立，至 1949 年 8 月 27 日，攻克龙门县城宣告龙门全境解放，是走向胜利时期。

　　本章主要讲述前三个阶段。

第一节 白色恐怖笼罩

抗日战争时期，共产党抗日武装在龙门县永汉、麻榨、沙迳、龙华、路溪等地建立了拥有 153 个村庄（自然村）和 1.4 万多人的根据地。各个根据地村庄都有农会、民兵、妇女会组织。

1945 年 9 月 2 日，中国人民取得了抗日战争的伟大胜利。国民党广州行营主任张发奎执行反共内战政策，拒绝承认中共广东武装力量的存在，宣称广东只有"剿匪"。在白色恐怖笼罩下，龙门县共产党抗日武装根据地的战火没有停息。

1945 年 9 月下旬，永汉低冚李屋村、鹤湖虎头坪村及王达宏、黄万福、李观佑、李炳熔（容）、李敬生等东江纵队指战员的家园，被国民党第十二集团军教导团及龙门县政工团的军队放火烧毁。

10 月，国民党一五三师在永汉圩八角亭，公开枪杀东江纵队增龙博独立大队民运干部莫萱（女）、阎星光（女）、李云、林权、钟云、张发柱等 6 人，他们都曾是抗日战士。

11 月，国民党一五三师庞钏团 2000 余人，在庞钏率领下，从铁岗开赴永汉，气势汹汹进攻低冚、寮田、莲塘等根据地。在根据地活动的东江纵队第四支队第一大队为避免冲突，向增城转移。

同月，周伯明、吴杰仁率东江纵队江北指挥部 300 余人，从博罗向龙门路溪转移，在何坑头遭到国民党一五四师围堵，牺牲

40 多人。

1946 年 1 月初，东江纵队第四支队及增龙县委机关阮海天、袁鉴文、陈李中等领导人进驻下莲塘。16 日晚转移到寮田何屋仔。18 日午夜，遭到国民党军队 2000 余人跟踪追袭。在危急中，阮海天等领导人得到村民群众的帮助，从村后一个靠山的小窗口跳出屋外，钻出重围，安全转移。国民党军队没有抓到阮海天等领导人，将何屋仔、下莲塘两个村子纵火烧成废墟。

经过 50 天的谈判，国共两党于 1946 年 5 月 21 日达成广东中共武装北撤山东的协议。6 月 30 日，东江纵队北撤离开家乡故土，远赴山东烟台。

国民党当局背信弃义，拒不执行保证东江纵队复员人员安全的协议。1946 年 7 月，东江纵队刚刚踏上北撤山东的征途，国民党军队立即对龙门县的抗日根据地实行"清乡""围剿"。对根据地的中共党员、东江纵队复员人员、农会会员、民兵和进步群众限期"自新"登记，并加紧迫害爱国民主人士和进步学生，镇压民主运动。同时，推行征兵、征粮、征税。永汉、麻榨、沙迳地区东江纵队复员人员在与党组织、部队失去联系的情况下，处境十分困难。有的替人打工或当牧工放牛；有的白天耕田种地或打杂谋生，夜晚露宿山头；有的上山打柴烧炭；有的投亲靠友寄人篱下。虽然形势恶劣，但大家做好经受"十年黑暗"的思想准备，意志坚定，忠心向党，没有叫苦，毫无怨言。

在白色恐怖的日子，根据地的群众同共产党员、东江纵队复员人员、农会干部、民兵抱团取暖，靠得更加紧密。面对艰难的环境，根据地老百姓与共产党共患难、同生存，息息相关、心心相连。

东江纵队江北指挥部有位指导员名叫林汉（又名林伟冠，中华人民共和国成立后任佛山市财贸办副主任兼外贸局局长——编者注）在路溪何坑头被国民党军队追杀，颈部受重伤。何坑头村民冒着生命危险，把他藏在禾秆堆里躲过敌人的搜捕。脱险后，村民李盘基找了房子把他安顿下来，找草药为他治伤。在粮食奇缺的环境中，李盘基把自己吃的省出来，让他吃饱。由于伤势重，林汉起不了床，李盘基悉心伺候他大小便，直至后来通过各种渠道把他送到香港治疗。老区群众的心血，让这位曾经被认为已经牺牲的同志奇迹般活了下来。

1946 年 11 月，中共广东区委员会（"区委员会"简称"区党委"）作出恢复广东武装斗争的决定。"十年黑暗"终究没有成为现实，仅仅一年多时间就冲破黑暗，迎来曙光。

恢复武装斗争

中共广东区党委于 1946 年 11 月作出恢复武装斗争的决定。地处江北中心的增龙根据地首先吹响了恢复武装斗争的号角。

遵照中共广东区党委的指示，在江北地区隐蔽没有北撤的东江纵队武装人员马达带领林锦、叶发到从化塘基背一带活动，向新丰遥田一带发展，打通与北江的联系；黄柏、徐文、丘松学组织建立"东江复员人员自卫队"，以派潭小迳为基地，背靠永汉南昆山，在增龙博边区一带活动，以反"三征"（征兵、征粮、征税）为突破口，开展武装斗争。

一、"东纵星火"，在江北地区燎原

东江纵队北撤前，中共广东区党委撤销了中共江北地方委员会（"地方委员会"简称"地委"），设立江北地区特派员，留下 43 名武装人员，分别隐蔽在龙门麻榨、博罗象头山、增城小迳，由谢鹤筹、欧初领导。欧初在增城正果白面石、乱石坑以及龙门麻榨基坑三地设立了隐蔽的据点，以基坑郑叶昌家为接头地点，联系各地的武装。

后来，欧初去香港汇报工作，江北地区隐蔽的武装人员由杨添统领。杨添遭到暗杀身亡，领导江北隐蔽武装人员的担子落在黄柏、马达两人身上。中共广东区党委决定恢复武装斗争，江北地区这批隐蔽的武装人员成了革命斗争骨干，燎原的星火点燃，

三年后发展成为拥有 6000 多人的中国人民解放军粤赣湘边纵队东江第三支队。

二、打响恢复武装斗争的第一枪

1946 年 12 月，王达宏从香港回到龙门永汉，重组武装队伍，打响了龙门地区恢复武装斗争第一枪。

东江纵队北撤，王达宏患病没有跟上北撤队伍，留在香港治疗。他从香港《华商报》获知广东恢复武装斗争的消息。病愈后，他顾不上没有接上党组织关系，立即从香港返回永汉。

王达宏从香港启程时，只带着原来的警卫员黄炳曾。他们乘坐广九火车，在石龙车站下车之后，连夜步行北上，直至第二天凌晨抵达家乡。

白色恐怖统治下的龙门，让王达宏刚回到家乡就闻到了一股异常的气味。他顾不上调理刚刚病愈的身体，就搬进山里住宿。白天睡觉，晚上回村挨家串户走访，同群众结交朋友，对村民嘘寒问暖。经过深入发动串联，聚集了王镜、王鉴波、廖李科、王统、王意、王兆桑、王定针、王龙仁、王新、赖新、罗仔等 10 多位中共党员、东江纵队复员人员，并组织成立了"反恶政大同盟"。

东江纵队北撤后，永汉国民党特务王雨梅疯狂迫害中共党员、东江纵队复员人员，打击民兵骨干、农会干部，还让其母亲黄婆以居家养身作掩护，在寮田侦察中共组织活动，监视农会干部、东江纵队复员人员。群众对王雨梅的特务活动又恨又怕，纷纷要求拔掉这颗"钉子"，除掉心腹之患。王达宏"反恶政大同盟"成立之后办的第一件事，就是抓捕王雨梅的母亲黄婆并执行枪决，抄没其家产。王达宏以"人民锄奸团"名义，张贴惩处黄婆的布告，打响了恢复武装斗争的第一枪。

处决黄婆的枪声，震动了龙门、增城，唤起了农会干部、民兵、东江纵队复员人员的斗志。增城正果的陈集中、陈广佑，永汉黄牛氹、鸦鹊垄的钟扬、李月生、李松达、叶春、洪广友、罗华章等10多人，很快就归队，加入"反恶政大同盟"。

王达宏组织武装队伍，碰到最大的难题是缺乏枪支弹药。东江纵队北撤时，曾将一挺机枪交给廖兴掩藏。廖兴接受任务后，做了一个木箱，又自己掏钱到街上买了油纸封包，把机枪埋在他家的粪屋地下。廖兴这时挖出这挺机枪一看，完整无缺，只是表面生了一层锈。这是王达宏部队第一挺机枪，战士们把它看得比自己的生命还重要，特别爱护它。因为枪身有锈点，大家戏称这挺机枪是"痘皮嫲"。

有了机枪，还要有更多其他枪支才有战斗力。王达宏变卖家中田产购买了10多支短枪，又动员相关人员贡献了几支步枪。接着，陈李中说服老家宗亲把祖上的一挺机枪交给部队。这时，王达宏的武装队伍已发展到30多人，拥有2挺机枪、20多支长短枪。

三、黄柏、王达宏携手，扛起恢复武装斗争大旗

1947年2月23日，黄柏的"东江复员人员自卫队"与王达宏的"反恶政大同盟"携手，联合行动，袭击从化石坑乡公所。战斗仅进行了10多分钟，石坑乡公所自卫队全部投降。俘乡自卫队副队长以下17人，缴获步枪17支。

黄柏、王达宏抗日战争时期同在东江纵队第四支队。黄柏是第四支队罗浮山大队大队长，王达宏是第四支队增龙博独立大队大队长。东江纵队北撤后，负责王达宏组织关系的袁鉴文去了马来亚。王达宏等不到接通关系，就急着从香港回到永汉。

黄柏与王达宏的会合纯属巧合。那天，王镜带着王达宏的命

令去派潭购买枪支。半路上碰见"东江复员人员自卫队"在雁洋陂活动的徐文。互相了解情况之后，王镜立即带领徐文返回永汉，在寮田廖屋山脚下会见王达宏。两人认真研究了共同开展武装斗争活动的意见。接着，黄柏、王达宏便作出小迳、永汉两支队伍联合行动的决定。

端掉石坑乡公所以后，黄柏、王达宏的队伍接着又到灵山。在派潭地下党员刘华的配合下，一弹不发使灵山乡公所十七八人的自卫队全部缴械投降，接着开仓分粮。灵山、樟洞坑、雁洋陂的群众连夜到灵山仓库搬运稻谷，至凌晨两三点钟灵山粮仓2000多担存粮全部分到群众手上。

黄柏、王达宏的联合行动在小迳、灵山取得胜利后，接着来到永汉打了一场漂亮仗。

永汉警察所属下有一个警察中队。东江纵队北撤后，这个警察中队很嚣张，大搞白色恐怖，镇压群众，迫害地下党员，打击东江纵队复员人员以及民兵、农会干部和进步群众，还配合国民党军队抓壮丁、抢粮食、敲诈勒索。群众对此恨之入骨，纷纷要求打击这股作恶多端的反动势力。

经过反复研究和部署，王达宏通过李敬生以宗亲关系争取了警察中队班长李安做内应，摸清了警察中队的内部情况及活动规律和行动口令。接着，又通过统战策略，取得永汉"西水"（永汉河西侧，客家人居多的地区——编者注）开明乡绅刘驾球的支持，并争取了"东水"（永汉河东侧，讲白话的本地人居多的地区——编者注）乡绅刘子番的中立，孤立了反动气焰嚣张的国民党警察所所长刘道芳。做好这些工作之后，黄柏的队伍从派潭小迳按约定时间赶到永汉寮田廖屋与王达宏的队伍再次会合。

永汉警察中队有50多人，兵力几乎与黄柏、王达宏的队伍相等。黄柏、王达宏对攻击永汉警察中队进行了周密的部署：由曾亮、洪广友带领突击组，从警察中队的驻防地赵家祠正面突击；丘松学、徐文带领机枪班和步枪班随后掩护冲锋；王河鸡带领爆破组，从赵家祠后面炸开后墙突入攻击；王镜带机枪班和步枪班在大通桥西侧警戒"东水"反动地主武装增援。

当晚 11 时，黄柏、王达宏联合武装队伍从寮田廖屋出发，12 时战斗打响。突击组首先从赵家祠正门冲击。敌人的哨兵发现攻击队伍来势勇猛，放了一枪立即弃枪逃走。驻扎在赵家祠内的警察中队士兵被枪声惊醒准备抵抗，做内应的班长李安立即命令本班士兵停止抵抗，其他班的士兵遭到猛烈火力攻击也纷纷放下武器举手投降。战斗仅进行 10 多分钟，永汉警察所所长刘道芳及警察中队 50 多名武装警察全部被俘无一漏网。缴获机枪 1 挺，步枪、短枪 30 多支。黄柏、王达宏联合武装队伍无一伤亡。

捣毁了永汉警察所和警察中队后，联合行动武装队伍抓紧时机，乘势向永汉圩边的隔沥粮仓进发，将国民政府储存在隔沥粮仓的粮食分发给正在挨饥抵饿的农民群众。接着，又到"东水"把振东的粮仓打开。派潭、正果、麻榨的群众走 20 多华里（1 华里＝0.5 公里）路加入分粮队伍。两三万人参加分粮，开仓、分担、挑运，白天络绎不绝，晚上火把通明，场面壮观。经过两天一夜，始终保持着良好的秩序。分到粮食的群众个个喜上心头，声声感谢共产党。

开仓分粮之后，联合行动武装队伍在永汉高桥风雨亭张贴布告，枪毙了罪大恶极的刘道芳，50 多名武装警察经教育后全部释放回家。

四、成立中共江北工委统一领导江北地区武装斗争

1947 年 3 月，中共江北工委在南昆山成立。黄庄平任书记，黄佳任副书记，黄柏、陈江天为委员。

中共江北工委成立前，江北地区恢复武装斗争，形势向好。派潭小迳的黄柏部队和永汉寮田的王达宏部队，两支武装队伍联合行动捣毁石坑乡公所，捣毁永汉警察所及警察中队，打开灵山粮仓，永汉隔沥、振东粮仓分粮赈济饥荒群众，得到广大群众的积极支持和热烈响应，队伍迅速发展壮大。博罗何家田、龙门鳌溪两地，黄干与霍锡熊、曾光的队伍，深入鳌溪、何家田各个村庄活动，组织东江纵队复员人员学习中共广东区党委关于恢复武装斗争的指示，动员他们归队。很快，这支武装发展到40多人。龙门地派的黄云龙得到从化县塘基背村共产党员巢桥的指示，在地派的黄塘、罗洞、围坪等村动员伍广兴、黄锡平等20多人，成立农民自卫队。此外，博东、河东、新丰县遥田一带，有邓子廷和曾光、黄干、马达等领导的武装队伍活动。

为了统一领导，统一指挥恢复武装斗争，中共江北工委成立后，立即作出决定：第一，中共江北工委统一领导博罗、增城、龙门、清远、佛冈、从化、花县等县的党组织和武装斗争工作。第二，在中共江北工委的统一领导下，各个地区分散发展。积极开展反"三征"、破仓分粮、减租减息的群众运动。第三，恢复发展党的组织，建立民兵、农会组织。加强统一战线工作，分化瓦解敌人。摧毁国民党基层组织，打击地方反动武装，在斗争中发展壮大队伍。第四，依靠老区，发展新区。建立南昆山、桂山、象头山、罗浮山等山区根据地。中共江北工委还决定，增（城）龙（门）从（化）博（罗）边区的队伍以"增龙从博人民自卫队"的名义活动，王达宏任队长，徐文任副队长，罗声任指导员；博东一带的队伍以"东江人民解放军独立第十大队"的名义开展活动，邓子廷任大队长，曾光任政训员；河东地区的队伍以"博（罗）龙（门）河（源）人民解放队"的名义开展活动，黄干任队长。

中共江北工委还作出部署，把江北地区分为 4 个战略区，黄庄平负责全面工作，黄柏主管军事。战略区分别由黄柏负责从（化）龙（门）新（丰）三县边区工作；黄佳负责清（远）从（化）佛（冈）三县边区工作；陈江天负责博（罗）龙（门）河（源）三县边区工作；王达宏负责增（城）龙（门）边区工作。

五、低冚伏击战，江北地区恢复武装斗争第一仗

低冚伏击战，发生于 1947 年 3 月 16 日，是江北地区恢复武装斗争第一仗，也是一场我弱敌强、以少胜多的歼灭战。

1947 年 2 月 23 日和 3 月 12 日，黄柏、王达宏的武装队伍先后袭击了从化石坑乡公所、永汉警察所。公开处决了罪大恶极的永汉警察所所长刘道芳，打开了国民党的粮仓，发放了数千担粮食赈济挨饿的贫苦农民，威震增、龙、从、博几个县的广大地区，也震慑了广东国民党反动统治集团。广东国民党反动派从广州抽调一个警备营，连同增城、龙门两县县警大队及地方反动武装1000 多人，由增城县县长彭济义、龙门县县长张超然亲自率领队伍，于 3 月 15 日直奔派潭、永汉。一路从永汉往西向低冚、雁洋陂进击，一路从派潭往东向灵山、樟洞坑进击。妄图一举扑灭黄柏、王达宏的武装。

黄柏、王达宏避开敌人的锋芒，将武装队伍转移到低冚观音潭的深山密林隐蔽，寻机反击敌人。

敌两路夹击扑空。驻扎在永汉督战的增城、龙门县县长，担心自身驻地空虚，遭受突然袭击，下令龙门县警察大队一个中队及地方反动自卫队的一个中队，回防永汉护卫大本营。

黄柏、王达宏获悉情报，得知敌人从雁洋陂回防永汉，便选择在低冚围剧、眠牛山一带伏击敌人。

为确保胜利，部队作了精心部署：曾亮带领突击组及地雷组

在围剧张屋村前埋伏，负责爆破地雷和突击敌人；徐文带领机枪组在围剧张屋村后密林中埋伏，掩护曾亮突击组冲锋破敌；丘松学带领一个机枪组在围剧张屋村右侧小山嘴埋伏，堵截敌人往永汉方向的逃路；陈集中、李胜带领一个机枪组在围剧张屋村左侧岭排村后山埋伏，堵截敌人往雁洋陂方向的退路；王镜带一个机枪组在围剧张屋村隔河对面眠牛山埋伏，与丘松学的机枪组构成十字火力网，打击向低凹河掩蔽的敌人；黄柏、王达宏在围剧张屋村后山顶指挥全局。同时，在低凹通往雁洋陂的山路设置瞭望哨，观察、监视从雁洋陂向永汉回防的敌人。

1947 年 3 月 16 日中午 11 时，敌龙门县警中队及自卫中队 100 多人，从雁洋陂沿着崎岖曲折的山路大摇大摆向着永汉方向行进。敌兵走进低凹伏击圈，只听一声信号枪响，地雷猛烈爆炸。接着是密集的机枪声、步枪声、手榴弹爆炸声响成一片。曾亮带领突击组向乱成一团的敌兵直插猛冲。敌龙门县警中队毕竟是经过军事训练有一定作战经验的队伍，一阵惊慌失措之后，很快回过神来，迅速占据了低凹河，利用河坎掩护，负隅顽抗。黄柏、王达宏的队伍人少，弹药不足，僵持的局面对他们十分不利。为了扭转战场形势，迅速结束战斗，黄柏当机立断，带领岭排村后的陈集中、李胜机枪组，越过低凹河迅速占领眠牛山右侧小山坡，致使掩蔽在低凹河的敌兵完全暴露在机枪组的射程之内。在机枪组猛烈打击下，敌人惊慌失措，军心动摇。县警中队长带着机枪班几个人丢下部队，沿着低凹河向永汉方向逃窜，其余敌人举手投降。

经 2 个小时激战，低凹伏击战取得完全胜利。战斗中，小鬼班王龙仁持一支曲尺短枪冲进敌群。面对 5 个敌兵，他仅剩一颗子弹却毫不畏惧。敌人欺他孤身一人又是小个子，企图顽抗。王龙仁眼灵手快，抢先一枪把向他举枪射击的敌人击毙，随手夺过敌兵的枪支，将 4 个敌兵俘虏。共产党员、机枪班班长廖李科，新婚刚过三日，就主动请缨上战场。在眠牛山阵地，他端起机枪，走出掩体，奋勇打击向阵地冲击的敌人，最后壮烈牺牲。

低峒伏击战，黄柏、王达宏武装队伍 54 人对敌 100 多人，以少胜多：毙敌 5 人，伤敌 15 人，俘敌 34 人。缴获机枪 1 挺、长短枪 30 多支。此役的重大胜利，大大地鼓舞了老区人民群众的斗志，沉重打击了国民党反动派的嚣张气焰，为江北地区恢复武装斗争奠定了良好的基础。

低峒伏击战战场遗址

六、增龙从博人民自卫队在恢复武装斗争中发展壮大

1947 年 5 月，增龙从博人民自卫队在迅速发展壮大的形势下，编成 3 个中队。王镜、洪广友、陈集中分别任中队长。同时，恢复了党组织生活，在中队建立了党支部。

经过整训、编队，王达宏率领队伍北出南昆山，开赴铁岗。

铁岗乡公所反动自卫队只有 10 多人，作风很腐败。他们断定王达宏的部队在永汉破仓分粮之后，一定会转向铁岗。他们先把粮仓的稻谷私下卖了一部分，将钱落入自已腰包，并巴不得王达宏部队早日前来破仓，乘机了却那笔中饱私囊的糊涂账。王达宏部队刚到铁岗，乡公所自卫队的 10 多人早已闻风而逃。

增龙从博人民自卫队，在"龙从人民保乡队"李忠小队的协助下，打开铁岗粮仓，发动几千群众行动，不到一天时间就把两三千担粮食分到贫苦农民手上。铁岗群众眼见王达宏的部队一身正气，纪律严明，一心一意为贫苦百姓办事，与国民党的腐败贪婪相对比有天壤之别，于是很快全心全意拥护王达宏的队伍。他们把部队同志当作亲兄弟，主动接触，送茶送水，甚至把家里仅有的鸡蛋拿出来慰问部队。铁岗的工作很快打开局面。

接着，徐文率增龙从博人民自卫队王镜中队到麻榨、正果开展工作。与王国祥罗浮中队一起，歼灭了麻榨社下反动自卫队，在麻榨基坑、大陂、田心围、磜下以及正果酥醪、白面石、三平约、兰溪等地开展反"三征"，组织农会、民兵活动。钟达明被任命为中共增龙特派员，带领武工队，在增龙从博人民自卫队的配合下，在永汉、麻榨、沙迳大部分乡村摧毁国民党乡、保、甲基层组织，恢复中共组织活动，建立农会、民兵组织，建立不挂牌的红色政权或挂着国民党的牌子听共产党指挥的"两面政权"。

在党组织领导下，增龙从博人民自卫队进一步巩固了南昆山、雁洋陂、釜坑、低冚、寮田、上下莲塘、黄牛冚、新陂等西部山区根据地，并控制着五境、永汉、油田以及麻榨大陂、磜下、基坑和正果白面石、酥醪、三平约、兰溪等地的山区乡村。

同时，活动于博（罗）、龙（门）、河（源）交界地区的朱湘祺、张奕生在平陵、茅岗组建了"铁流队"；活动于龙门北面龙（门）、从（化）交界地区的江北人民自卫总队领导龙景山、袁可风，在蓝田组织了"玉龙队"，组建了农会、民兵大队；活动于龙门东面龙（门）、博（罗）交界地区的"博龙河人民解放队"领导黄干、钟奇在路溪陈禾洞、何坑头和麻榨鳌溪组织训练民兵、农会干部，发展党组织，一边巩固老区，一边发展新区；马达率领的"龙从人民保乡队"深入地派、左潭、铁岗，开展减租减息斗争，并组织农会、建立民兵组织。龙门县武装斗争恢复，并成燎原之势。

1947 年 11 月，北撤山东解放区的李绍宗，克服了千里南漂的艰难困苦，奉令回到龙门再次与王达宏携手合作，充实了增龙从博人民自卫队的领导层。

1947 年 12 月 28 日，王达宏、李绍宗率增龙从博人民自卫队打响坳头伏击战。这场伏击战是增龙从博人民自卫队在恢复武装斗争中主动发起的战斗。

1947 年 3 月，中共江北工委成立。不到半年时间，恢复武装斗争的烽火燃烧了大半个龙门县。共产党组织开展反饥饿、反"三征"、开仓赈济饥民的活动，得到广大群众的响应和热烈支持。国民政府征兵、征粮、征税处处遭到对抗、抵制。国民党龙门县县长张超然企图挽回颓势，于是亲自带领大队人马到麻榨"督征"。

王达宏、李绍宗得到情报之后，经过认真分析，断定张超然在麻榨大吹大擂之后，一定会转向永汉再刮"督征"的妖风。王达宏、李绍宗勘察地形后，决定在麻榨至永汉的中途点坳头设伏打击张超然"督征"的行动。

坳头伏击战出动的武装队伍主要是增龙从博人民自卫队陈集中、洪广友两个中队加上王兆舞、李达松两支武工队共 200 多人。

战斗打响那天，上午 10 时，国民党龙门县警察、征粮队凑成一队人马果然出现在麻榨至永汉的大路上，朝永汉方向大摇大摆行进，领头的人骑着一匹白马。按照预定方案，地雷一响，埋伏在大路两边的战士立即冲锋。经过激烈的战斗，生擒了那位骑白马的领头人，击毙了机枪射手并缴获了一挺日式"钩仔机枪"。

这次战斗，毙敌 6 人，伤敌数人，俘敌 20 多人。缴获日式机枪 1 挺、白马一匹、步枪 30 多支。增龙从博人民自卫队战士范兴牺牲，2 名战士负伤。原以为骑白马的领头人是国民党龙门县县长张超然，经过审问查清是个大队长。狡猾的张超然，担心遭增龙从博人民自卫队的伏击，向永汉行进时，把队伍分成两段，让骑白马、带日式"钩仔机枪"的一个排走在前面。张超然混杂在队伍后头慢慢跟进。走在前头的队伍遭到伏击，他立即掉头回审麻榨，挨到天黑抄小路经沙迳狼狈逃回县城。

提起那挺日式"钩仔机枪"也有一段故事。低峒伏击战，就是这挺"钩仔机枪"最凶，打死打伤了几位战士，又让枪手侥幸逃脱，战士们十分记恨它。这次坳头伏击，战斗一打响，英勇的战士王龙仁被安排在突击组。他动作敏捷，作战勇猛，冲进拥着日式"钩仔机枪"的敌群，将机枪射手击毙，一把夺过这挺机枪。缴获了日式"钩仔机枪"，战士们感到很解恨，王达宏也十分高兴，总结战功的时候特意将一枚金光闪闪的金戒指奖给王龙仁。

全力开展"大搞"

1948年1月13日，叶成超带着黄庄平给中共江北工委的密写信件，从香港辗转回到中共江北工委机关所在地永汉低冚观音潭，交给陈李中。

密信内容是："收缴地主武装，开展农村土地改革，扩大队伍，扩大地区，迎接大军南下。"当时，黄柏、陈江天、王达宏带领部队在外面活动、打仗，工委会议难以召集，陈李中立即把指示信翻印后分头交到各部队。

王达宏在增城派潭小迳活动，接到指示信后，立即召集增龙地区负责人徐文、钟达明、李绍宗、罗声、崔佳权开会，决定将增龙从博人民自卫队主要力量集中在永汉"大搞"革命斗争。

一、低冚大围祠堂"谈判"，解除国民党永汉自卫队反动武装

1月下旬，增龙从博人民自卫队武工队队员王达群、何深、王鉴春、王平4人，按照王达宏的指示，通过秘密手段，把国民党永汉自卫队（简称"永汉自卫队"）头子陈清扬"请"到低冚大围祠堂"谈判"，晓之以利害，告之全国各地解放战争发展的形势。经过王达群等人的耐心教育，陈清扬认清了形势，认识到追随国民党反动派与人民为敌只有死路一条。他下令解散拥有200多人的永汉自卫队，向增龙从博人民自卫队缴交全部武器。

逼使永汉自卫队和平解散，交出武装，震慑了增龙地区反动武装。永汉地区在农民群众的配合下，收缴了反动武装组织10多挺机枪和300多支长短枪。

紧接着，黄柏带领龙从人民保乡队在地派圩召集群众大会宣布收缴地主武装，实行土地改革，分田给农民。群众大会之后，在地派收缴长短枪300多支，在左潭石莲收缴长短枪20多支，在蓝田收缴长短枪50多支。

丘松学、袁可风带领所属部队夜袭龙门、新丰交界的板岭炮兜村反动地主堡垒，缴步枪10多支，将没收地主的牲口、粮食分给贫苦农民。

博龙河人民解放队在平陵和路溪收缴长短枪10余支。

李觉、朱湘祺率部队在平陵竹头龙地主徐道记家，缴步枪数支、子弹数百发，并没收其财物赈济贫苦农民。

二、麻榨龙田围处决反动头子何立贤，"大搞"推向纵深发展

2月5日，徐文、李绍宗带领增龙从博人民自卫队陈集中、洪广友、王国祥3个中队到麻榨龙田围收缴反动地主武装。

龙田围是地主武装的坚固据点，三面环水，设置了4个炮楼。而且，地主武装有严密的组织。徐文、李绍宗的部队官兵化装成赶赴麻榨圩期的群众在龙田围附近集结，一个班的战士刚刚进入村子，大门就被紧紧关闭。进入村子的战士在熟悉情况的人指引下，迅速占领了前头的炮楼，与村外3个中队的人马控制了整个村子。徐文、李绍宗同村中绅士何造林谈判，何造林同意打开大门让部队进入村庄。对缴交枪支的事，何造林说做不了主，把何立贤请了出来。何立贤是国民党的乡长，也是远近闻名的恶霸。他断然拒绝缴交枪支。徐文、李绍宗当机立断，当场枪毙何立贤。

何造林以及村中几个头目惊慌失措，把 5 挺机枪、40 多支步枪、数千发子弹全部缴交出来。

突破龙田围据点后，徐文、李绍宗部队接着在麻榨东埔收缴了 2 挺机枪、20 多支步枪；在井头、西楼、南滩等据点收缴了机枪 2 挺、步枪 80 多支。一个多月的行动，永汉、麻榨两地共计收缴机枪 12 挺、步枪 400 多支、手枪 100 多支。永汉地区的寮田、低冚、鹤湖、油田和麻榨地区的鳌溪还进行土改分田，没收地主 2 万多担粮食分给贫苦农民。

龙门各地开展"大搞"以后，不但扩大了共产党组织活动地区，武装队伍也大大地得到扩充。

永汉寮田组织了王瑞举民兵中队 50 多人，有步枪 40 多支；油田黄业钦民兵中队有 60 多人，有步枪 40 多支；梅州南冚张振民兵中队有 50 多人，有步枪 40 多支；沙迳高沙陈木民兵中队有 50 多人，有步枪 30 多支；东山、西溪梁天河民兵中队有 60 多人，有步枪 30 多支。永汉高桥、丰坑李应标、王立均民兵常备队，雁洋陂丘观容民兵常备中队，麻榨基坑、到坑、河东、大陂民兵常备中队，共 300 多人编入增龙从博人民自卫队，扩大、充实了王镜中队、洪广友中队、陈集中中队以及李达松武工队。

在龙门、博罗交界地区，谢光带领练英、骆瑜在路溪陈禾洞、何坑头，麻榨鳌溪，龙华邓村、黄竹坳，沙迳南窖，博罗何家田等地区，建立了中国共产党中心支部并组织了农会，扩大了活动地区，加强充实了领导力量。

黄柏、马达在地派组织了地派民兵常备队 50 多人，编入龙从人民保乡队汤姆生队；在左潭，袭击了左潭乡公所，处决国民党龙门县参议员谭国臣、乡长谭国升，缴获长短枪 20 多支。

在路溪，朱湘祺带领博龙河人民解放队 1 个中队在盘陀坐伏击护送国民党龙门县县长张超然的敌军，毙伤敌排长等 10 多人，俘敌 10 人。张超然侥幸逃脱。

"大搞"迎来了党组织机构、武装队伍组建的大变动：

1948 年 3 月，经中共中央香港分局批准，粤赣湘边区党委决定，撤销中共江北工委，成立中共江北地委。黄庄平任书记，陈李中任副书记，黄柏、王达宏、陈江天为委员。

江北地区的中共武装部队，改编为广东人民解放军江北支队（简称"江北支队"）。司令员黄柏，政治委员黄庄平，副司令员王达宏，副政治委员陈李中，政治部主任陈江天。支队下辖 4 个团：博龙河（河东）地区编为一团，曾光任团长，黄干任政治委员。下辖刘彪、吕育大队，黄珍宝、张奕生大队，钟奇大队，李觉、王育文大队，罗芳独立中队。增龙地区编为二团，团长徐文，政治委员钟育民，下辖王镜、孔德恒大队，洪广友（洪腾）大队，陈集中、李达松大队，王国祥、雷鸣大队，蓝德、蓝柏大队，朱骥大队。龙从地区编为三团，团长丘松学，政治委员马达，下辖钢炮队、卡宾队、汤姆生队。清（远）、从（化）、花（县）、佛（冈）地区编为四团，团长黄渠成，政治委员罗光。

接着，中共增龙县委成立，由钟育民、钟达明、徐文、李绍宗、罗声组成，钟育民为书记。中共龙从县委亦随后成立，由马达、丘松学、何欢组成，马达为书记。中共河东县工委改设为中共河东县委，由黄干、何励、曾光、谢光组成，黄干为书记。

经中共江北地委批准，龙门县人民政府成立，县长李绍宗。

随着"大搞"的深入发展，龙门地区已经显露出大片红色江山的雏形。

三、反"围剿"，江北支队司令部机智突围

"大搞"时期，龙门地区扩大了共产党组织活动的基地，也大大扩充了共产党武装队伍。江北是广州的近郊，龙门是江北地

区的中心。局势发展让广东国民党当局感到坐立不安，主政广东的国民党反动派宋子文把"清剿"的重点放在江北地区，重点之中的重点放在增龙地区。

1948 年 3 月底，宋子文调集甲级编制、美式装备的国民党广州行辕独二团及保安总队第八团、第九九旅两个团、交警队、杨衍冲保安总队以及各县县警队，加上地主武装、反动自卫队总计兵力 5000 ~ 6000 人压向龙门及增龙、龙从、龙博、龙河边界地区。

当时，江北支队刚刚建立，2000 多人的武装队伍，分布在增龙、龙从、龙博、龙河等地，力量分散，队伍又来不及整顿训练。要迎战三倍于支队之敌，有如乌云压顶，形势十分严峻。

国民党军队"进剿"增龙，首先选择在永汉鹤湖、范屋、十字路等乡村驻扎，形成三点掎角之势，封锁低㟖、寮田、釜坑、雁洋陂、上下莲塘、黄牛㟖等地的通路，割断永汉西部山区与油田、五境、鳌溪的联系。接着，兵分四路：第一路由永汉向低㟖进犯，矛头直指雁洋陂；第二路由寮田、黄牛㟖、上下莲塘、釜坑向雁洋陂东面进逼；第三路由永汉向南昆山西部进攻，直插磨谷田袭击牛牯嶂山下观音潭江北支队司令部；第四路从增城派潭向灵山、樟洞坑进攻，控制牛牯嶂制高点，切断观音潭江北支队司令部向增城派潭、福和的退路。

国民党军队依仗人多、武器精良，来势汹汹。江北支队忙于农村减租减息、土改分田的群众运动，对国民党军队的进攻缺乏足够的准备，处于被动防御的态势。敌人在哪里进攻，部队就在哪里反击。敌人什么时候进攻，部队就什么时候反击。

江北支队王镜、孔德恒大队在低㟖整编队伍，发动群众。国民党第一九六师"9661"部队一个营，乘夜扑向低㟖。王镜、孔德恒大队靠着熟悉地形、有老区群众支持的优势，奋力反击。战斗从黄昏一直打到第二天拂晓。天亮后，敌人带着伤亡人员撤回永汉。江北支队二团、江北支队军政训练班在雁洋陂整训。国民党广州行辕独二团申江营纠集龙门县警队、反动武装1000多人进犯，企图一口吃掉这两支队伍。二团和军政训练班团结奋战，打得十分英勇，军政训练班指导员刘华英勇牺牲。经过两天激战，敌人带着大批伤亡人员退出战场。国民党第一九六师"9661"部队还会同由土匪改编的周天禄部队及增城地方反动武装1000多人，进攻派潭小迳。中共增龙县委书记钟育民带领警卫排，县委成员罗声带领洪广友大队和李月生的独立队伍，奋起反击。小迳民兵英勇配合，使用步枪、土炮打击敌人。敌人撤退时，纵火焚烧民房。我部队指战员不顾疲劳，同民兵一起，从战场转向火场，抢救民众财产。

磨谷田、观音潭、雁洋陂叶屋背靠大山，是与南昆山牛牯嶂连成一片的深山区。这个地方山高林密，偏僻隐蔽，被称为"三宝殿"，其中观音潭是江北支队司令部所在地。国民党军队大举进攻江北地区。江北支队司令部司令员黄柏、政治委员黄庄平带领部队在外面御敌作战，副政治委员陈李中留守机关。

就在战斗部队刚走后不久，陈李中突然接报："敌人袭击司令部。"当时，司令部的警卫班只有两个人打过仗，非武装人员100多人，包括一个报社，一个电台，还有一个关押着9个犯人的监狱。陈李中感到形势十分严峻：拖着100多名非武装人员，男男女女，又担又挑，有文件，有电台，有关押着的人员，稍有差错，司令部可能让敌人一锅端，100多人全部当俘虏。

经过认真分析研究，陈李中认为，部队具有山高林密的地利、熟悉环境的天时、不畏强敌的人和，完全有把握突围。陈李中决定，从司令部的后山开通两条小路让非武装人员安全转移。开路行动忙到天亮，陈李中把警卫员李木水叫到身边亲自叮嘱他：到司令部前面一个掩体警戒，发现敌人要顶住，至少要坚持 15 分钟，才有人赶往支援。早晨八点半钟左右，没有发现敌情。王参谋派了一位士兵接替李木水警戒。这位战士刚参军三天，李木水对交班很不放心。迟疑之际，李木水突然发现前面树林群鸟乱飞，显然是敌人进山的征兆，急忙跑回司令部报告。陈李中下令李木水立即返回司令部前面的掩体阻击敌人，接着下令机枪班急赴支援。

李木水原来在连队当班长，打过很多仗，有丰富的作战经验。司令部特意从连队选拔他来当警卫员。他回到警戒掩体，眼前的敌人已经进入 10 多米的距离。他提起那支 20 响快掣驳壳，稳稳地射出一梭子弹，把敌人打得赶忙缩头退却。被打退的是走在前头的敌人尖兵。

前头打响了枪声，陈李中按照事先设定的预案，采取紧急措施疏散非武装人员。李木水毕竟是有丰富作战经验的老兵，这一次表现十分出色。第一次把敌人打退之后，他独自一人守在掩体后，毫不畏惧。敌人畏畏缩缩，第二次冲上来。李木水又是稳稳的一梭子弹，准确射进往山上猫腰冲锋的敌群，把敌人再次压了下去。再打，驳壳枪卡壳，他迅速退下来，拿了步枪又往前冲。

李木水两次阻击敌人，赢得了十分宝贵的时间。在机枪班的掩护下，陈李中带领留守人员撤出司令部，向牛牯嶂深山转移。敌人进占江北支队司令部，见只有几间空空的房屋、草寮，还有一条架在屋顶上的发报天线。敌人毁了天线，一把火烧了房屋、草寮后撤兵回营。事后，反动报纸吹嘘"消灭了中共江北支队司令部""缴获电台"云云。其实江北支队司令部没有损失人员，没有损失武器，关押人员也没有逃跑。只是据点让国民党军队纵火烧毁了，也是一个很大的损失。

江北地区、龙门各地军民在反"围剿"中团结合作，边打仗，边练兵；边打仗，边发动群众实行减租减息生产自救。广大群众对共产党加深了认识，党也增强了凝聚力。共产党的武装队伍更是越打越坚强。面对这种态势，国民党对江北地区变本加厉，强化军事打击，提出"肃清平原，围困山区"的口号，实行第二次"围剿"。以"驻剿""搜剿"及烧、杀、抢等极端残酷的手段镇压老区群众，迫害民兵、农会干部，残杀游击队战士、共产党员。短短几个月时间，龙门地区大小战斗多达百余次，每次战斗都很激烈。共产党员、革命战士前仆后继惨烈牺牲，老区村庄被焚毁，老区群众的财物被抢掠一空。

江北支队一团警卫员黄新民护送县委领导，途中与国民党军队遭遇。受伤后仍坚持战斗，主动吸引敌人火力，掩护县委领导脱离险境。战斗到最后，黄新民被凶残的国民党军队放火活活烧死。

江北支队民运干部刘祖发在雁洋陂做民运工作，组织农会会员、民兵支援部队反击国民党"围剿"，不幸被捕。面对威逼利诱和严刑拷打，刘祖发坚贞不屈。国民党军把他杀死，剖尸破腹，将内脏挂在村前的树上以威慑群众。

江北支队二团副官王鉴春与税站人员叶景、范金在上莲塘峁尾活动，遭国民党军队包围袭击。他们顽强抵抗，打退敌人一次又一次进攻。国民党军放火烧屋，他们冒着枪林弹雨浓烟烈火英勇突围。叶景在突围战斗中牺牲，王鉴春负伤与范金一起被俘。王鉴春、范金在永汉圩被押赴刑场。他们慷慨激昂，沿街高唱游击队战歌，高呼"共产党万岁！"国民党军队用汽油把他们活活烧死。

江北支队临时医院掩蔽在雁洋陂叶屋后山茂密的丛林中，遭到国民党军队包围袭击。医院负责人郑兰率领全体医务人员和伤病员英勇突围。18岁的女卫生员王瑞容为掩护伤员突围，用手榴弹与国民党军队搏斗，壮烈牺牲。

江北支队交通站交通员李统，送信途中在渡船上遭遇国民党军队而被捕。李统把信件撕碎抛入河中，让滔滔河水冲走。面对国民党军队的严刑拷打，李统不吐露丝毫信息，在国民党军队的刺刀下壮烈牺牲。

国民党广州行辕独二团申江营一个连，联合永汉自卫队200余人前往下莲塘"搜剿"，在寮田叶屋村桥头遭到江北支队二团中队长王兆燊地雷阵袭击，死伤40多人。国民党军队于是将叶屋村焚毁，全村群众的财产被抢掠一空。

四、塘角埔、杨梅潭战斗取得胜利，江北地区的斗争形势显现转机

1948年9月，中共江北地委根据全国解放战争发展形势，作出了"巩固原有基础，相机发展，大胆开辟新区，建立新的基地"的决定。为落实这一决定，抽调了两支队伍：一支由中共增龙县委书记钟育民和杜娟带领伍灼培、伍焕林、罗育文等在广九铁路沿线新塘、仙村、石滩一带活动，建立据点，建立党组织，建立交通网络站；一支由江北支队二团副团长朱骥、副政治委员崔佳权，以先遣总队队长和政治委员名义，带领谭勉、陈光然、李志刚、王芝、钟沛等开赴广州近郊番禺北部帽峰山、增城西部油林山、从化南部天山和水山一带，以帽峰山为中心进行活动，牵制国民党对增龙山区的"围剿"，并且配合全国解放战争形势，迎接大军南下，解放广州。两支队伍都属江北支队二团编制，但由中共江北地委、江北支队直接领导（见第101页注释）。

1948年9月17日，国民党广州行辕独二团申江营连同地方王同仇、刘镜、王忠仔的反动武装共1000余人，前来"围剿"在五境集中整训的江北支队洪广友大队和二团陈集中大队、李达

松大队、张球中队、徐清中队。李绍宗奉令率领这支 500 多人的队伍反击敌人。在塘角埔与敌人激战一整天，击溃敌人 1 个连，击毙 1 名副连长及其以下官兵 20 多人。江北支队亦牺牲排长 1 人、战士 15 人，伤 8 人。

塘角埔战斗是增龙地区反"围剿"以来规模最大的一场阵地战。这场战斗不但打退了敌人的进攻，煞住敌人的嚣张气焰，而且显示了江北根据地的军事实力正在加强，军民的志气已在高涨，预示着战争形势的转折。

接着，国民党广州行辕独二团出动了 2 个营兵力，连同龙门县警队、永汉反动武装共 1000 多人，再次进攻永汉西部山区。江北支队二团部队在观音潭被围困 5 天，缺粮 3 天。战士们饿着肚子打仗，攀登悬崖峭壁、翻越高山峻岭。在南昆山三斗米突出重围之后，徐清中队、张球中队奉命往北向敌人兵力薄弱的从龙地区挺进；洪广友大队、陈集中大队往东向博龙地区战略转移。

1948 年 12 月 10 日，黄庄平、马达指挥江北支队三团李忠中队、黄汶中队、黄云龙中队，二团徐清中队、张球中队共 400 多人、10 多挺机枪，在从龙地区北部广韶公路杨梅潭路段截击国民党广东省政府派往新丰接任县长的张汉良。这场战斗打得干脆利落，仅 40 分钟，全歼敌军，活捉匆匆赴任的国民党新丰县县长张汉良。战斗中三团战士谭火、严李保牺牲，叶发、林火荣负伤。

张汉良被俘后，先是监禁在地派密溪，后转送江北支队司令部。鉴于其知识分子出身，历史上没有"反共反人民"的劣迹，被俘后有悔改之意，经教育表示不再为国民党统治当局效力，江北支队司令部对其从宽处理。张汉良获释回家，并以《自悔》为题，赋诗一首："一生劳碌感茫茫，徒为他人做嫁妆。斗米折腰长抱恨，归耕畔野补亡羊。"张汉良秘书贺正明及一名副排长，在战地上表示愿意加入共产党的武装队伍，被编入江北支队三团。

杨梅潭战斗的胜利，进一步鼓舞了江北军民的志气，使江北地区的斗争形势获得转机，是江北地区反"围剿"，由被动转向主动的重要标志。

［注：先遣总队开赴广州郊区番禺北部以后，工作进展很快。在油麻山、黄旗山、南香山一举成立了中共增西工委，谭勉、卢章容任正副书记，温容桂为委员；油麻山、禾塑、石径等老区恢复建立农会，组织了拥有 600 多人 300 多支枪的民兵队伍；大敦组建了后备游击中队，拥有一挺机枪和几十支步枪；从南组织了陈光照中队，陈光照任中队长，孔德南任副中队长。朱骥、崔佳权还做了不少统战工作，争取了国民党原营长吴汉猷携枪几十支加入队伍，组成油麻山中队，范定任中队长，吴汉猷、廖任桂任副中队长，温容桂、廖任福为正副指导员。同时，还争取了曾任国民党独九旅旅长、增城县县长的刘起时的支持。1949 年 7 月 21 日，总队在禺北冯迳吓村召开领导干部会议，被国民党广州警备总队包围袭击。在突围战斗中，朱骥、崔佳权、黄超华（女）、丘坤、陈光照、李新发等 7 位同志壮烈牺牲。胡振荣、钟沛、周仔等 4 位同志被捕，广州解放前夕，被杀害于广州流花桥。

朱骥、崔佳权牺牲后，许明、李志刚、孔德南领导这支队伍坚持斗争。江北支队司令部决定，撤销先遣总队的番号，改设禺北办事处，许明为办事处主任，李志刚、孔德南为副主任，不再属二团建制。这支队伍后来发展成为一个营，下辖 4 个连和 1 个警卫排。他们还以帽峰山、油麻山、竹山冚为据点，组建了 8 个民兵中队、16 个民兵后备中队，配合南下大军解放广州。］

第五章

解放龙门　根绝匪患

　　1949年8月，龙门全境解放，其后，龙门人民开展了轰轰烈烈的灭匪斗争。

解放战争进入 1949 年，淮海战役已经取得胜利，蒋介石发表元旦文告宣布下野，主政广东的宋子文随之下台。1949 年 2 月 15 日，广东人民解放军江北支队改编为中国人民解放军粤赣湘边纵队东江第三支队（简称"东江第三支队"）。司令员黄柏，政治委员黄庄平，副司令员王达宏，政治部主任陈李中，副主任刘汝琛。在增龙从博边界活动的原江北支队一、二、三团，相应编为东江第三支队一、二、三团。

东江第三支队第二团活动于增龙地区，李绍宗任团长，陈李中兼任政治委员（后钟达明），朱骥任副团长，崔佳权任副政治委员，罗声任政治部主任。他们于 3 月在五境族坑召开大会，举行宣誓就职仪式。东江第三支队第二团成立后，龙南办事处改设永汉区人民政府。王达尊任区委书记兼区长，郑叶昌任副书记，王达群任副区长。同时成立永汉、永西、永南、上麻、下麻、南昆等乡人民政府，各乡设立常备武装工作队。

1949 年 3 月 11 日，中共江北地委作出《关于反"扫荡"军事斗争的决议》，提出了粉碎敌人的进攻，建立本区以博（罗）、河（源）、龙（门）为主的斗争基地的作战方针。东江第三支队通过认真总结斗争经验，也提出：集中优势兵力，主动寻找战机，打击敌人，歼灭敌人有生力量，化被动为主动，掌握战争主动权，从根本上粉碎敌人的进攻。

第一节

上坪大捷，振奋江北，稳定龙门

1949 年 3 月 16 日，东江第三支队司令员黄柏指挥部署一、二、三团集中训练的主力部队 800 余人，进行了震动江北地区的上坪歼灭战。

上坪，地处博罗横河与公庄之间一个狭长的袋形小盆地，是横河通往公庄、平陵必经之地。两面高山夹着一条山坑，长约一千米、宽三四百米，四周林木茂密，小盆地有几个小山村，住着二三十户人家。

上坪歼灭战是东江第三支队成立后主动出击的一场战斗，作战部署十分严密。在兵力部署方面，遵照粤赣湘边纵队司令部"集中优势兵力，打歼灭战"的指示，集中刘彪、梁陈华大队，洪广友、朱湘祺大队，王镜大队的两个中队，王兆骅的飞虎队，钟扬的白虎队和张振的西虎队共 800 多人，配备 50 多挺机枪。在战术方面，利用上坪两面高山中间一个狭长小盆地的有利条件设伏：刘彪大队负责东面山区，突击队掩蔽在山下丛林及东面入口处的小村子；洪广友大队负责西面山区，突击队掩蔽在小盆地中心的村子及山边的丛林。后续部队在半山腰的密林里掩蔽。截击部队在小盆地西面尽头山脚下掩蔽。小盆地中间路段埋设 20 多枚连环地雷。另外，刘彪大队的副大队长李汉威带领一个连负责阻击柏塘、显村方面增援之敌。指挥部设在东面山顶，黄柏带领徐文负责全面指挥，王达宏带领曾光在西面山负责前沿阵地指挥。

3 月 16 日上午，国民党广州行辕独二团申江营营部、炮兵排和一个加强连，连同地方反动武装共 200 多人，在营长申江带领下，从红头岭进入上坪，大摇大摆进入伏击圈。黄柏的信号枪一响，20 多枚连环地雷连声爆炸，几十挺机枪密集扫射，加上手榴弹、掷弹筒一齐施威，爆炸声、枪声震裂山谷。敌人遭到突然的猛烈袭击无处藏身，企图架炮、架重机枪进行垂死顽抗，但无法建立掩体，急忙集中兵力冲向山边的村子，企图抢占村子负隅顽抗。在村子埋伏的突击队迎头杀出，冲入敌阵，杀得敌人东逃西窜，全线崩溃，举枪投降。敌营长申江带着警卫队 9 名士兵躲进山边竹林，被东江第三支队严密包围。在密集的火力控制下，指挥部让俘虏兵带信给申江，向他明确指出共产党的政策是优待俘虏，只要放下武器投降，就保证其生命安全。迫于强大的威力，申江及其警卫队停止抵抗缴械投降。

东江第三支队仅用 40 分钟就解决了战斗，取得上坪大捷：全歼国民党广州行辕独二团 1 个营部、1 个炮兵排、1 个加强连以及

陈禾洞邓屋祠堂——关押申江营战俘处遗址

地方反动武装 2 个中队。毙敌 39 人，伤敌 37 人，俘虏营长以下 180 人。缴获八二炮 1 门、六〇炮 2 门、重机枪 4 挺、轻机枪 10 多挺、长短枪 200 余支、电台 1 部、枪榴弹和弹药一大批。

国民党广州行辕独二团申江营，自 1948 年 3 月进入江北地区，一直充当"围剿"革命根据地的急先锋，骄横霸道，作恶多端，欺压百姓，大肆屠杀革命战士、共产党员。增龙地区革命根据地的群众对申江营恨之入骨。眼见申江这条恶狗及 180 多名俘虏像丧家之犬，垂头丧气被押解到龙门县路溪陈禾洞邓屋祠堂关押，人民群众无不欢欣鼓舞，奔走相告，人人拍手称快。

东江第三支队司令部坚决执行党优待俘虏的政策。经过思想教育之后，申江营的俘虏数十人自愿留下，加入东江第三支队队伍。对申江及其余人员给予路费，释放回家。根据地人民群众对共产党的政策、措施表示理解、支持。

上坪大捷，歼灭了敌人的有生力量，彻底打垮了敌人对江北地区的"围剿"，并且从防御转为进攻，从根本上扭转了军事上的被动态势，增龙地区革命斗争局面随之发生积极变化。

上坪大捷之后，龙门根据地军民乘胜出击，展开迅猛的军事攻势和政治攻势，瓦解地方反动武装。龙门县人民政府县长、东江第三支队二团团长李绍宗发表谈话，警告地方反动分子不要再为即将灭亡的蒋介石统治集团卖命，放下屠刀，弃暗投明，向人民赎罪求得新生是唯一的正道。

在强大的军事、政治力量威慑下，永汉地区王立均、王立贤、曾小颜等反动自卫队武装纷纷起义或再次回归革命队伍；在永汉、麻榨、正果一带称王称霸、曾经嚣张一时的地主武装王同仇联防队十九中队，在武工队的策反下，集体起义；龙门北部地区，反动武装龙门县自卫队总队副总队长黄碧泉带领 10 多人携枪向蓝田办事处主任刘毅投诚。谭达强、胡容仙在龙城北部江厦、三洞、王宾、花围、西埔、凌角塘等村庄组织了 120 多人的武装队伍，接受东江第三支队三团的指令，在凌角塘光岭庙举行"火箭队"成立大会。此外，地派、蓝田、左潭、铁岗、田尾、城北、城东等乡人民政府宣告成立，龙门县解放区进一步扩大，革命根据地进一步巩固。

1949 年 4 月，中国人民解放军百万雄师渡过长江，南京解放，南京国民政府宣告灭亡。

攻克正果，增龙根据地转守为攻，关闭龙门通往广州的大门

第二节

正果，是增城北部山区最大的圩镇，是增城东北的屏障；也是国民党反动派防守增城，稳定广州的战略要地；更是国民党反动派军队进攻永汉及龙门、博罗革命根据地的基地。国民党广州行辕独二团从 1948 年 3 月进入江北地区之后，一直驻扎在正果，直至 1949 年 3 月申江营被歼灭，才从正果撤离。

正果，背靠佛爷山，西临增江河，东侧田野开阔，是易守难攻的据点。从龙门永汉进入正果只有两条路：一条是沿增江河东岸的羊肠小道南下，左边是延绵不断的小山包，右边是水深宽阔的增江河；另一条是沿龙增公路南下，在正果对岸的番丰渡口乘渡船过河。

国民党广州行辕独二团从正果撤退后，驻守正果的国民党军队是广州保安总队、广州警备总队的 2 个连。还有从永汉逃到正果的地主武装"高佬元"自卫中队，以及乡公所、警察所的武装，共计 300 多人。

1949 年 7 月 13 日，东江第三支队司令员黄柏、政治委员黄庄平、副司令员王达宏率五团、独三营、二团陈集中大队、三团二平中队共 800 多人攻打正果，战前作了周密部署：黄庄平、王达宏带领预备队、通讯班及八二炮炮兵班在佛爷庙后面的高山负责全面指挥；李绍宗带领王镜、王赞明独三营从北面向佛爷庙后山的碉堡攻击，打下碉堡后，攻击佛爷庙敌人总部；徐文、王国

祥带领五团从东侧进入正果圩歼灭在佛爷庙右侧增江河渡口的控制永汉方向的水路、陆路守敌（一个排），沿江向南进击，控制驻扎在正果当楼的"高佬元"自卫中队，扫除乡公所、警察所的武装，然后转头向北从正面攻击佛爷庙，与王镜部队夹击敌军总部；陈集中带一个中队在正果圩南面石马山阻击增城北上的援敌。

7月14日凌晨1时，战斗打响。五团从白面石出发直插正果圩。以一个排的兵力警戒驻守当楼的"高佬元"自卫中队。主力队伍向驻扎在正果渡口的敌军包抄进击。突击队冲进敌人营地，遭到敌人顽抗。突击排排长徐文阶负伤，副班长、机枪射手王秋弟和弹药手牺牲，突击队暂时受阻。敌人乘势冲出营地，往佛爷庙总部后撤。五团立即组织力量追堵拦截，毙敌10多人，缴获10多支步枪，一部分敌兵逃进佛爷庙。攻克了渡口据点的敌兵之后，五团接着从正面攻击佛爷庙敌军总部。同时，分出部分兵力搜捕向圩内逃窜的残敌，收缴乡公所、警察所20多人的枪支。

五团从东侧直插正果圩的同时，北面李绍宗指挥的王镜、王

正果渡口战役遗址

赞明独三营也打响了进攻后山碉堡的战斗。部队从隐蔽的这边山头往下冲，又从山下往上仰攻对面山上的大碉堡。当战士们冲到距碉堡三四十米时，敌人以强大的火力封锁了前面山腰，致2位战士阵亡。冲锋受挫，队伍被阻在两山之间的低坳。天亮后组织了几次突击都未奏效，一直相持到下午3点多钟。

北面进攻受阻，五团正面进攻佛爷庙也打得十分艰苦。佛爷庙正门有30多级石阶，石阶下面是敌人的暗堡。五团突击队在敌人的暗堡前受阻，直到天亮仍然没有进展。天亮后，部队的指挥员详细观察了敌情，原来，在佛爷庙30多级石阶的正门，敌人设置了1挺日式机关炮、1挺重机枪、2挺轻机枪构成的4个火力点，居高临下护卫着佛爷庙正面大门；石阶下面的暗堡有2挺机枪控制着佛爷庙大门前面一段300多米的开阔地段。如果强攻，会造成很大伤亡。五团突击队选择了与佛爷庙近邻的几座民房，分布6挺机枪构成密集的火力网，封锁佛爷庙正面所有门窗、射击孔，隔断大门与暗堡的联系，将敌人的火力点控制在突击队机枪的有效射程内，将敌人置于挨饿、挨打局面。之后，五团的政治干部立即抓紧时机开展政治攻势。一方面，对前沿阵地的敌兵喊话，宣传共产党优待俘虏政策，瓦解敌军士气；另一方面，通过俘虏带信联络，与敌方广州警备总队大队长谭生谈判。

谭生派他的秘书作谈判代表，谈判代表表示同意放下武器，并提出三点要求：第一，放下武器后，立即释放他们返回广州。第二，准许他们埋葬阵亡官兵，治疗受伤人员。第三，给一定的时间，让他们全体官兵换衣服、整理队伍，举行投降缴枪仪式。五团主持谈判的领导严正申明，第一、第二两点要求都在共产党优待俘虏政策范围之内，完全可以做到。至于第三点，则敦促敌人迅速放下武器，不要拖延时间。谈判代表要求给他饱餐一顿，返回佛爷庙。碉堡、暗堡的敌人知道双方已经进行停止战斗的谈判，军心动摇，士气低落，大部分敌兵已经放下武器，停止射击。五团突击队乘机冲进敌营，谭生下令搭枪架投降。五团部队进入佛爷庙敌人总部，王镜独三营也同时进入佛爷庙后山的大碉堡，收缴敌人武装。

进攻佛爷庙的战斗结束，俘谭生和政训室主任以下官兵 160 多人，缴获日式机关炮 1 挺、重机枪 2 挺、轻机枪 6 挺、步枪 90 多支、短枪 10 多支、弹药及其他军用物资一大批。

正果佛爷庙——国民党广州警备总队谭生大队大队部驻地

五团部队攻克了佛爷庙，驻守在当楼的地主武装"高佬元"自卫中队却顽固死守，拒绝投降。当晚，五团部队立即将兵力转向当楼，包围"高佬元"自卫中队。第二天早晨，增城敌军前来增援，龟缩在当楼的"高佬元"自卫中队乘机突围。五团部队与增城援敌展开激战，"高佬元"带领自卫中队突出包围，向增城逃窜。五团平西队一个班在反击增城援敌中，被敌人重兵包围，全班 12 人在班长率领下坚持与敌人搏斗，班长与 10 名战士英勇牺牲。吴泉身中 9 弹，带着重伤顽强地爬着回到部队。

攻克正果之后，东江第三支队领导接着率领独三营及二团队伍返回永汉，乘正果胜利之威清除了龟缩在马蹄岗的刘镜残余武装。

正果大捷。永汉全境宣告解放。黄庄平、王达宏、李绍宗带领部队回到永汉西部根据地，在低凹大围祠堂隆重召开庆功大会。大围祠堂门口高高搭起"功臣门"。根据地老百姓扬眉吐气，兴高采烈。永汉西部根据地各个村庄赶来参加庆功会的群众频频聚首，络绎不绝，见到凯旋的亲人子弟兵，无不热泪盈眶。

庆功会上东江第三支队领导亲自为战斗英雄牵马，把英雄战士送上主席台，为英雄战士戴上无比光荣的大红花。

艰难困苦的战斗，终于赢来了胜利。战役的胜利鼓舞着老区人民。

攻克正果、永汉全境解放后，龙门通往增城、广州的通道被切断。龙门县城已处于东江第三支队的包围中。国民党龙门县县长关耀中，眼见大势已去，赶忙找到黄溪村地主谢明轩当代县长，自己卸任之后悄悄溜出龙门。

第三节 进军县城，龙门县全境宣告解放

1949 年 8 月 26 日，东江第三支队领导人黄柏、黄庄平、王达宏率领独三营及二团、三团、五团部分队伍共 800 多人，从永汉北上经茅岗进军龙门县城。

龙门县城，位于龙门河畔，城内有 7 个山冈相连，称为七星岗。七星岗遍布岗楼工事，在七星岗的两座庙宇也被改为堡垒，有军队常年驻守。龙门县城面积 5 平方公里，一条三五米宽的排水渠环绕在县城西边，从王坪至龙门中学汇入龙门河，这条排水渠也被用作军事作战的护城壕沟。

根据潜伏在国民党龙门县政府会计室的情报人员巫峰、古风报告，国民党龙门县县长关耀中悄悄溜出龙门之后，驻守龙门县城的国民党军队刁营长的一个营 500 多人也接着离开了龙门县城，潜逃到其他地方。留在县城的武装只有廖碑石的县警大队 100 多人，从各个地方逃到龙门县城的反动地主武装 100 多人，连同县政府的官员总共 300 多人。

攻城战斗于 8 月 26 日晚上打响。集结于城北凌角塘的陈清、陈福记中队首先从县城东南进攻，攻破了城东的碉堡，俘敌 10 多人；原本在城北一带活动、熟识县城地形的谭达强中队，从城北古㠀口进攻，直插龙江街、城隍庙，在龙江街口靠近城隍庙的一座三层楼房（龙江街 52 号——编者注）活捉代县长谢明轩，俘敌 30 多人；集结于城南甘香的东江第三支队独三营及二团部分队

伍,在李绍宗的带领下,从甘香渡过龙门河进入东门口,直扑伯衡小学(位于现县城第二小学——编者注),歼敌县警大队驻扎在伯衡小学的两个排。部队紧接着向纵深推进,很快占领国民党统治龙门县的老巢龙门县公安局、龙门县政府。

8月27日,廖碑石率县警大队残部龟缩在公安局后山七星岗,企图依仗山上的岗楼、战壕负隅顽抗,等待援军。东江第三支队司令员黄柏下令停止攻击,让廖碑石的上司、同僚、小妾、随从一齐出动,劝他停止对抗,放下武器投降。在强大的政治攻势下,廖碑石感到大势已去,众叛亲离,挣扎亦徒劳,无可奈何地选择了投降。

龙门县城龙江街52号,活捉国民党代县长谢明轩之处

当日,中共龙门县委成立。第一任县委书记为钟达明。县委机关进驻龙门县环城南路18号。龙门县人民政府机关进驻龙门县城城南里1号。第一任人民政府县长为李绍宗。

1949年8月27日,龙门县宣告全境解放!龙门县是江北地区第一个获得全境解放的县。

经历了艰难困苦,浴血奋战的龙门英雄儿女永远记住"1949年8月27日"这一天。

龙门县全境解放之后,中共龙门县委、龙门县人民政府带领全县人民群众,立即掀起了轰轰烈烈的支前迎军运动。筹集粮食数万担、生猪上千头、柴草及战马饲料一大批;出动几万民兵和群众抢修龙门通往增城、广州的桥梁道路；以民兵为骨干，组织了一批有觉悟有活力的运输队、担架队，满腔热情迎接南下大军。

1949 年 10 月 1 日，中国人民解放军第四野战军四十四军一三一师侦察排到达龙门县城。东江第三支队二团驻龙门县城中队与一三一师侦察排在龙门县城欢庆中华人民共和国诞生，高歌欢唱《没有共产党就没有新中国》《解放区的天是明朗的天》。

10 月 11 日，中国人民解放军一三一师主力部队到达龙门县城，得到东江第三支队部队的密切配合，龙门全县人民群众的大力支持，顺利进军增城、广州。13、14 日，增城、广州相继宣告解放。

平息匪乱，根绝匪患

一、平息铁岗匪乱

1949 年 11 月 11 日，铁岗匪首许悦礼、钟绍文纠集反动地主、反动会道门及其外围组织"大刀会"千余人，围攻铁岗乡人民政府，杀害乡干部及其家属等共 16 人，制造了惨烈屠杀共产党员、区乡干部的暴乱事件。

许悦礼、钟绍文制造谣言："铁岗乡政府已经准备好 500 条麻绳，绑 500 个壮丁去前线当炮灰，替共产党打人海战术。神保佑我们打倒共产党，打倒乡政府。"许、钟匪首强迫"大刀会"会徒斩鸡头、割手指，歃血为盟，被蒙骗、裹胁的群众达 1000 多人。

1950 年 1 月下旬，东江军分区副司令员黄柏、龙门县人民政府县长李绍宗、人民解放军三六七团政治委员郑戈令组成剿匪指挥部，由郑戈令负责全面指挥。1 月 21 日，解放军三六七团二营、炮兵连、龙门县大队共 1000 多人进军铁岗，经过一天战斗，毙伤匪特及"大刀会"头目 40 多人，俘虏"大刀会"会众 500 余人。匪首许悦礼、钟绍文侥幸逃脱。

1950 年 4 月，人民解放军四十四军三八八团由从化良口连夜急行军 80 余里穿越大山奔袭铁岗，以神速的动作，天亮前包围了重新占据铁岗乡政府的匪徒，俘虏匪徒 500 多名。经过认真清查，除匪首钟绍文之外（逃脱后潜逃香港），许悦礼、戴礼等 30 多名罪大恶极的匪首，全部落入法网，受到法律制裁。铁岗匪乱从此根绝。

二、平息茅岗匪乱

1950 年 3 月 24 日上午 8 时，钟志鸿带领 80 多名土匪、特务、暴徒，围攻茅岗乡人民政府。拘押了乡政府的干部，收缴了乡政府的机枪 1 挺、步枪 40 多支、短枪 22 支、公粮 400 多担；策划了"冬防队"叛变，带走机枪 1 挺、步枪 20 余支，收缴了民兵的步枪 9 支。将茅岗乡人民政府门前的国旗五星红旗降下，升起了国民党的"青天白日"旗。释放拘押的乡政府干部之后，钟志鸿公开煽动群众："蒋介石快要反攻大陆，各个地方已经起来复乡。明天缴路溪的枪，再去龙华、平陵，然后攻打龙门。"

暴乱事件发生后，龙门县县长李绍宗从剿匪部队（东江军分区八团）急调一个连于 3 月 25 日分三路从黄沙、平陵、龙华成包围之势直插茅岗。暴乱匪徒见剿匪部队来势勇猛，慌忙逃窜，四处藏匿。

钟志鸿逃往香港，继续策划暴乱。指挥土匪头子李亚连从增城二龙潜回龙华河唇黄牛洞，组织"广东省民众自卫反共救国军突击纵队"。

1950 年 4 月下旬，剿匪部队在茅岗乡群众的协助下，全歼李亚连纠集的 100 多名匪徒。李亚连、沈君培等匪首随之落网。缴获机枪 7 挺，步枪 216 支，子弹 3906 发。收回被劫夺公粮 184 担。茅岗匪患从此平息。

第六章

艰苦奋斗　打下坚实发展基础

　　刚解放的龙门县，经济没有基础，文化教育落后，是个一穷二白的烂摊子。乡村极端贫困，处处是烂桥、烂路、烂村庄、烂田、烂河、烂山冈。小小的县城破败不堪，没有医院，没有银行，没有自来水，没有电灯照明，没有工厂，没有车站，没有书店，没有电话。龙门正是百业凋敝，百废待兴。

　　中华人民共和国成立后，在中国共产党和人民政府的领导下，龙门人民发扬革命精神，经过清匪反霸斗争，巩固了红色政权；经过土改运动、合作化运动把农民群众组织成为集体经济主体，开展社会主义建设。在此过程中，根据龙门实际，努力兴办民生事业，积极发展地方工业，改善农业生产条件，开发利用山区资源。在经历了30年艰苦奋斗之后，改变了一穷二白的面貌，为改革开放、经济腾飞打下了坚实的基础。

第一节 努力兴办民生事业

一、办第一家公办卫生院

1949 年前，龙门县没有医院，县城只有三家西医私营诊所，都是门店式经营，没有病房，没有医疗设备，药物奇缺。还有几家中药店铺有老中医坐堂看病。在群众观念中，它们只是中药铺，不属于诊所。

1949 年 8 月 27 日，龙门县宣告全境解放。中国人民解放军粤赣湘边纵队东江第三支队在龙门的后方医院，随部队进入龙门县城，驻扎在县人民政府大院背后的旧坳村。1950 年 7 月，该医院迁址城北同善堂（今谷行街 133 号龙田镇干部职工住宅小区东侧）；1952 年 12 月，移交龙门县人民政府管理，称"龙门县卫生院"，成为龙门县第一家公办卫生院。设置 4 间病房共 8 个床位，有显微镜一架、医务人员 13 人。1956 年 11 月改称"龙门县人民医院"。

1961 年，龙门县恢复与增城县合并前的建置。龙门县人民医院在县城东较场西侧（今西林路 1 号）新建的医院大楼，被用作龙门县委机关办公大楼。医院则迁至原龙门县工委机关大院（今城南里 61 号）。1964 年，县委机关接受群众的意见搬出新建医院大楼，撤回原址。龙门县人民医院则迁入新建医院大楼。

至 1978 年，全县乡镇（场）都办了医院，基层医院共计 15

家。县属医疗机构也先后增加了龙门县中医院、龙门县妇幼保健所、龙门县慢性病防治站、龙门县卫生防疫站、龙门县康复医院、龙门县结核病防治所等。全县医疗单位建设用地 71595 平方米，拥有病床 455 张、卫技人员 866 人。

二、办第一家国有银行

1948 年时，龙门物价上涨，纸币贬值。是年三四月间，龙门县商会的邓賧初发行"商会纸"，折成"谷票"代替银行货币在全县流通。几个月后，"商会纸"突然作废，货币流通陷入停顿，广大群众生产、生活遭受严重影响。

中华人民共和国成立后，龙门县第一家国有银行于 1950 年 8 月成立，称中国人民银行龙门县支行，设址县城木匠街兰园（今门牌 20 号）。

为了稳定物价和流通市场，中国人民银行龙门县支行发行人民币。1951 年至 1952 年，先后在永汉、平陵、麻榨、龙华、左潭、地派设立 6 个营业所，以人民币为本位，办理各项存款、贷款、现金收支和结算业务。

1964 年 1 月，人民银行分设中国农业银行龙门县支行，下设麻榨、永汉、南昆、沙迳、龙华、龙江、路溪、龙城、蓝田、左潭、铁岗、地派、平陵 13 个营业所，负责管理支农资金、办理农业信贷及农村集体经济社队会计辅导业务。

三、办第一间公办书店

龙门县第一间公办书店，称新华书店龙门支店，于 1950 年 2 月创办。

1949 年前的龙门县城只有居民 3000 多人，走遍 11 条街道小巷，没有书店，也没有专业经营文化用品的店铺。

刚刚解放的龙门县，百业凋敝，百废待兴。县人民政府首先考虑的是全县儿童、学生要有书读，所以把办书店从而解决孩子们读新书的问题作为重要工作。

该书店创办人是县人民政府委派的原附城区副区长刘毅，书店设于龙门县城蓆街（今门牌 20 号）。

1951 年冬，书店迁址县城顶新街，改称"龙门新华书店"。

1957 年，书店扩大经营，迁址县城顶新街西端（今门牌 2 号）。1967 年，再次扩大经营迁县城高街西端（今门牌 72 号）。

1973 年，县城新兴路（今门牌 9 - 3 号）新建了新华书店大楼（四层），设门市部、售书阅览大堂，环境整洁宽敞、清静优雅。

四、办第一个电话所

中华人民共和国成立前，龙门县只有龙增（龙门—增城）、龙河（龙门—河源）两条电话线路，两台电话交换机分别设于县城国民党县政府机关和沙迳国民党第九区公所。

中华人民共和国成立后，龙门县第一个专业电话所设于县城县委机关大院门外右侧大榕树下的一栋二层砖瓦楼房，称"龙门县电话所"。建所初期，全部家当是从国民党县政府接收的一台陈旧的 20 门电话交换机、4 部手摇电话，该所实际上是白手起家。建所初期，范连云（中国人民解放军原粤赣湘边纵队东江第三支队情报人员）任所长。

1950 年 3 月，架通县城至永汉、龙华、左潭线路。

1951 年 2 月，架通县城至平陵线路，延伸了永汉至麻榨、左潭至地派、平陵至龙江线路。

1951 年 7 月，设立县城、平陵、永汉电话交换站，共有电话交换机 3 台（60 门）、手摇电话机 39 部。

1952 年 5 月，增设左潭、龙华、麻榨、地派等 6 个电话交换站，全县五个行政区的区级机关单位全部通电话。

1952 年 7 月，电话所与邮政局合并，成立龙门县邮电局。

当年通电话使用手摇电话机，通过交换机和人工接线寻找通话的对方。每次通话，接线要耗费很长时间。靠架在线杆上的线路传播音波，音量不大又不清晰，很费时间又很费人力。而通话设备的成本却很高，普通百姓家庭难于享用。在土地改革、合作化运动中，下乡干部广泛宣传"建设社会主义新农村就是'楼上楼下，电灯电话'"。当年，对于家家户户农民拥有电话的前景，大多数农民都感到难以想象。

1979 年，龙门县开始使用自动（拨号）电话机（载波机），手摇电话机、人工接线交换机被淘汰。

五、建第一座汽车客运站

龙门县的汽车运输交通历史始于 1934 年。当年，修筑了简易的龙增公路（龙门至增城）、龙河公路（龙门至河源）。1937 年全面抗日战争爆发，龙门境内公路在战争中遭到严重破坏，汽车客运无法开展。因此，龙门的客运经营时间非常短暂。

中华人民共和国成立后，1951 年修复了龙增公路、平陵至芒埇下公路。当年的公路是沙土路，路面坑坑洼洼，河道、溪流、坑沟上架设的全是木桥、木涵，汽车交通晴通雨阻。龙增公路龙华路段因增江河阻隔，只能到对岸转车运输。因此整体来说，自行车搭载成为那时客运往来的主要交通形式。县城东较场北面龙眼树下（今龙门县老干局用地）两间低矮的小平房，就是当时自行车交通联络、接客地址。

1955 年，龙门汽车运输站成立，办公地址设于县城太平门外右侧，是由原生猪、三鸟交易市场改建而来的几间平房，而客运汽车候客地点仍然与自行车接客站在一起。

1965年，龙门县第一座汽车客运站建成投入使用。这个客运站建在县城城东路（今龙城供电所用地），设置了宽敞整洁的候车室、规范的售票窗、货运仓、停车场，标志着龙门县汽车运输走上了正常轨道。

1970年，龙门汽车客运站迁址县城东部郊区林村，成为开拓西林路的第一个建筑物。

六、建第一条县城新街道

龙门县城解放后的第一条新建街道称"新马路"，建于1958年。

新马路如今称东门路。1958年新建的这条街道，从高街西端（今东门路38号）至龙门电信大楼风景河小桥，全长约800米。

新马路北端原为肉菜市场。当时市场北面是旧城墙拆除后改建的土路。这条土路从市场一直通向县人民政府旧址大院东门，保留着明显的旧城墙痕迹。从土路进入市场要走下三级台阶，肉菜市场设于旧城墙外边。

原来的肉菜市场，往南有一条狭窄小街道，称"青云街"，有几家卖咸杂、酱醋的小店铺。从青云街再往南便是狮岭（山冈名）西面荒郊。

1954年，肉菜市场迁往太平门外新建场地（今万家福超市所在地）。

1955年，县粮食局在青云街南端狮岭下建设储粮仓库（今东门路20号）。

1956年，县供销合作总社沿狮岭西南面建设了办公大楼（今县委、县政府办公大院）。

1957年，县商业局在新建粮仓对面（今东门路5-1号）建设县城第一栋职工宿舍。接着，县邮电局在其右侧建设了邮电大楼。新街道的模样至此基本形成。

1958 年，县人民政府动员县城居民、职工、干部参加义务劳动，清路基、献碎石，人人动手为建设新街道出力。因为这条马路是龙门县城第一条混凝土马路，而且路面很宽，街道很直，人们就称它为"新马路"，并正式成为路名。1981 年，新马路改名东门路。

新马路最兴旺的时期，要从 1967 年龙门县百货公司迁入新建百货大楼（今东门路 36 号、38—1 号）算起。1968 年，龙门县革命委员会成立，选择了县供销合作总社办公大楼作为办公大院。在该处后来成为县委、县政府办公大院之后，中国人民银行龙门支行、中国农业银行龙门支行、县粮食局、县商业局、县邮电局先后迁入新马路建起办公大楼或营业大厅。新马路成为当时人气最旺的街道。

七、建第一座联结县城南北岸的大桥

龙门县第一座联结县城南北岸，通往西部、北部山区的大桥，称龙城大桥，于 1971 年建成通车。

西林河从西向东穿越龙门县城，将之分为南北岸。建大桥之前，县城北岸与南岸交通往来主要靠水背渡、甘香渡、水西渡、下寮渡 4 个渡口。水头园埠头至县城东门口埠头（今新龙门宾馆）称甘香渡，是最繁忙的渡口。雨水季节，河水涨、河面宽、水流急、河水深，一条小渡船只能乘载 10 多人，靠一个船工撑渡，每次来回将近半个小时，费时费力又不安全。而由县城通往左潭、铁岗、地派等西部、北部山区的汽车运输，受西林河阻隔，因没有桥也没有汽车渡口，要经城西走五六公里至鸬鹚渡口，利用驳船载渡车辆和乘客。多少年来，建大桥联结南北两岸交通，成为群众生产、生活迫切需求。

龙城大桥是 4 跨浆砌石拱桥结构，桥长 145.9 米，工程造价 27 万元。建桥期间动员了县城机关干部、职工参加围堰清基、缴交手工碎石材料等义务劳动。

1980 年 7 月，龙城大桥北端桥头增建 15.75 米的立交桥，沟通沿江路（今称环城东路）。大桥总长增至 161.65 米，改称甘香大桥。

2017 年 5 月，甘香大桥拆除重建。2018 年 10 月，重建的新桥竣工通车。

积极发展地方工业

一、办第一家印刷厂

中华人民共和国成立初期，龙门县有一家小小的印刷厂，称德合华印刷厂，设在县城蓆街。严格意义上说，这只是一家印刷小广告、小票据的家庭作坊。

这家印刷厂的门面是个小店铺，入门右侧放一张木板柜台，作接洽客户用。工场设在店铺中间低矮、狭窄、光线阴暗的小阁楼上。全部设备就是一台残旧的脚踏印刷机，一张长条桌子摆放着排版的字粒。字粒数量极少，一半是铅铸，一半是木刻。为客户印刷一份100字左右的招贴或广告，要花三四天时间。有时，字粒缺失，要找刻制印章的店铺刻制补充，更要经六七天才能印好交付客户。

1952年，县财政科投资办了龙门第一家地方国营印刷厂。

初期，这家印刷厂设址于县城谷行街北端与龙江街、顶新街交会的一间夹角二层楼的公产店铺。楼下作为厂房，设排版车间、切纸车间、印刷车间；楼上作为仓库和员工宿舍。

县财政科的干部对印刷工艺全是外行，只好到广州购买别人正在使用的旧设备，连带技术人员一并用高薪雇来，包安装设备、包培训员工。广州来的陈师傅在厂里住了一年多，培训了熟练的员工，等经营上了轨道才返回广州。

随着印刷行业不断发展，这家地方国营印刷厂几度拓展、搬迁。1956 年 11 月与德合华印刷厂合并成为"公私合营龙门印刷厂"。1970 年迁址东较场南端（今西林路 3 号），称"龙门印刷厂"。

二、办第一间发电厂

龙门县第一间发电厂，是县城的龙昌米机发电厂。

龙昌米机是一家以低速柴油机为动力，经营碾米的加工厂，设于县城太平门外（旧址在今城东路农业小产品市场）。中华人民共和国成立后，作为"官僚资产"被县政府接收，由县财政科管理。

1951 年，按县政府领导指示，龙昌米机在厂内加装了发电机设备，利用原有柴油机建造了发电车间。最初，发电只当作兼营业务，供电范围仅限于县委、县政府、县公安局三个机关单位照明用电。供电时间为晚上 7 时至 12 时。白天加工碾米，晚上发电照明。后来，加工碾米被小型直出碾米机逐渐代替，供电范围慢慢扩展到街道、商铺、居民，发电业务也从兼营转变为主营。

1961 年冬，龙门县第一座小型水电站（装机容量 160 千瓦）——龙平渠水电站动工兴建，1963 年春建成投产，开启了"龙门县初级农村电气化"的征程。

三、建第一座自来水厂

龙门县第一座自来水厂于 1973 年 10 月建成供水，年供水量 8000 立方米，用户 300 户。

最初，自来水厂供水设施建于县城七星岗旧坳山顶，引用西林河水。当时，西林河龙门中学河段筑了一道拦水坝，形成自来水厂引用西林河水的源头。

建自来水厂以前，龙门县城 60% 居民饮用河水。当年西林河北岸南门街口至县委会旧址（今新龙门宾馆）地段，有三个水埠头，是县城各单位和居民取水、洗涤的主要场所。饮用井水的单位、居民约占 40%，大都在商业区内。顶新街原龙门商会、龙江街 52 号、谷行街原金昌店铺、卖箩街、饼街都有公用水井。城北沙井围有一眼山泉称沙井，也是各单位、居民取水、用水的场所。

1980 年，自来水厂铺设水管 3700 米，用户增至 2000 户，年供水量 60 万立方米。

四、建第一家水泥厂

龙门县第一家水泥厂，设址于平陵镇原平陵公社光镇大队白石墩，称平陵水泥厂，于 1965 年 12 月创建。

平陵水泥厂建厂之初，设计生产能力为年产 400 标号硅酸盐水泥 3000 吨，是龙门县发展水泥产业的第一步。经 1972 年、1976 年两次扩建，生产能力增至 2.2 万吨。1982 年改普通立窑为中心通风塔式机立窑，设备能力增至 14 万吨，年产量达到 7.17 万吨。

改革开放以后，龙门县的水泥生产呈现国营、民营、集体一起上的格局。平陵、沙迳、龙江多个地方都在办厂。到了 2000 年，水泥产业成为龙门县支柱工业产业，共有水泥厂 14 家，年产水泥 58 万吨。

五、建第一家氮肥厂

龙门县第一家氮肥厂于 1975 年 5 月筹建，1978 年 1 月投产，厂址设县城东区青溪戴屋岗。

当年办氮肥厂，在龙门是一件轰动全县的大事。为了保证项目顺利进行，调集了县属机关干部、厂矿技术人员、工人及农业基本建设人员 1000 多人参加兴建。

氮肥厂原设计能力为年产合成氨 3000 吨，投产当年产量 3754.1 吨。后来，扩大了生产规模，到 1980 年时生产能力提高到 5000 吨，1984 年时碳酸氢氨产量达到 7080.4 吨。

当年，办氮肥厂的宗旨是支援农业生产。氮肥厂为了能生产出氮肥支援农业生产，甚至可以不计盈亏。办厂 7 年间亏损了 721 万元。改革开放以后，农业生产进行了全面的结构改革，农业生产使用的肥料也提升了档次。氮肥厂已经不能适应形势发展的要求。1985 年 4 月，经县政府研究决定，氮肥厂停产。

第三节

改善农业生产条件

一、24 年建 49 座水库

中华人民共和国成立前，龙门县没有水库，在茅岗乡（今平陵镇）黄沙山岜（今黄沙水库上游）有两个小山塘，蓄水量约 2 万立方米，灌溉面积约 50 亩。

1954 年 11 月，龙门县开始兴建第一座水库，称旱河水库，位于在永汉镇莲塘村。水库集雨面积 7.2 平方公里，坝高 13.5 米，坝长 78 米，库容 241 万立方米，溢洪道宽 40 米，灌溉面积 2200 亩。该库于 1955 年 3 月建成蓄水。

从 1954 年兴建第一座水库，至 1978 年 24 年间，全县建成中小型水库 49 座，共计集雨面积 294.1 平方公里，库容 18258 万立方米，灌溉面积 131926 亩。

49 座中小型水库，全部都是土坝，共计坝长 5914 米，平均坝高 15 米。这些土坝及溢洪渠道，全靠人工用锄头、铁钎、担干、粪箕等挑土、凿石筑成。

1964 年修筑的南昆七星墩中型水库，历时八个月，工程最紧张的时期，每天出动 6000～9000 人。全部工程共计投入劳力 79 万工，完成土坝土方 46.2 万立方米，石方 12.9 万立方米；开挖引水入库渠道完成土方 6.6 万立方米，石方 13 万立方米。这些靠的都是工人们的一双双手。

南昆山七星墩水库的建设，是龙门人民为改善农业生产条件而艰苦奋斗的缩影。

二、修筑 93 公里长龙平渠

1955 年 4 月，龙门连续 8 个月天旱不雨，遭遇了百年一遇的干旱灾害。全县受旱农田面积 21.2 万亩，受旱最严重的平陵镇黄沙村，用人工挑水浇地播种，用九驳手摇水车提水灌溉、插秧。全县出动干部、群众 5 万多人抗旱，出动水车 800 辆、戽斗 7200 只、天车（竹筒水车）65 座、柴油抽水机 5 部，拦河 85 处，开圳 429 条，筑陂 986 座，打井 650 口，立夏前仍有 47% 的水田无水插秧。

经历了这场严峻的抗旱斗争，县委、县政府决心带领全县人民修筑可大面积解决干旱问题的龙平渠。

1956 年 10 月，龙平渠引水工程动工兴建。渠首陂位于西林河上游一区城北乡（今龙城街道黄竹沥村）万屋上侧菜浦滩。全渠长 93 公里，其中主干渠 30.1 公里，平陵支渠 23.8 公里，龙江支渠 39.1 公里。引水流量每秒 6.68 立方米，灌溉龙城、平陵、龙江等地农田，受益面积 63088 亩。

1957 年春，龙平渠引水工程建成通水。共计完成土方 99.88 万立方米、石方 4.08 万立方米，投入劳工 57.53 万个劳动日。出动工人最多的一天达到 9509 人。全县干部、群众不怕苦不怕累，服从大局，不计个人利益，坚持艰苦奋斗，确保工程顺利完成。

龙平渠引水工程至今仍然是龙门县工程量最大、渠道最长、灌溉面积最多的引水工程。人民群众称之为"丰收渠""幸福渠"。

三、办修造厂生产农业机械

龙门县第一家农械厂，设址于龙门县城太平门外右侧荒郊（今新兴路彩龙商业街），1956年筹建，1957年投产。

中华人民共和国成立初期，龙门县的制造业是一片空白。农业生产用的犁耙、锄头、镰刀靠县城及各圩镇的"打铁铺"手工打造。当年，龙门流行一首歌谣："布谷声声叫，田里水漂漂。农民阿哥呀，弯背插秧苗。"真实反映了龙门县广大农村使用旧式农具沿袭传统耕作方式的情景。

1966年，农械厂改名农机修造一厂。1969年建成农机修造二厂。两厂厂房面积共计7470平方米，拥有员工150多人，其中技术人员6人。主要设备有铸造炉1座，车、刨、钻、铣、磨床等机床30多台，空气锤1台，剪铁机2台。农机修造厂担负着推动农业机械化的任务，主要生产插秧机、脚踏打禾机、电动打禾机、粉碎机、碾米机、手扶拖卡等各种新型农业机械。除生产上述产品外，两厂还承担维修拖拉机厂的任务。

在农业机械化及农业新科技的推动下，龙门县水稻生产从传统的耕作方式转变为机械化耕作方式，"面朝黄土背朝天"成为历史。

四、办糖厂淘汰土糖寮

龙门县第一家糖厂于1957年筹建，1958年1月投产，设址于离龙门县城5公里的郊区青溪（地名），1970年改称青溪糖厂。

青溪糖厂建厂以前，龙门县城周边水西、甘香、水背、鸬鹚、城西、菱角塘、王坪、西埔、沙塘、黄宾、旧梁、江厦、花围、塘下、戴屋等地有16个土糖寮。这些土糖寮沿用传统的较为落后的生产方法，用两头耕牛拖拉转动一座巨大的石盘磨，将一条条甘蔗压榨出水汁来，然后将蔗水汁放进一口大锅煎煮成糖膏，再将这些糖膏一勺一勺倒在铺垫了草蓆的地盘上晾干、固化，最后切割成片糖。

这种原始落后的制糖方法，既要耗费大量劳动力，而且生产环境不卫生、不安全。更为突出的问题是，用牛拉石盘磨压榨甘蔗，只能榨出七八成水汁，还有两三成水汁无法利用而白白浪费。创办新糖厂，早已成为蔗农翘首盼望的大事。

青溪糖厂建厂初期年产红糖 200 多吨。经过几次重大的技术改造，淘汰了土糖锅生产工艺，更新了锅炉、压榨机等设备，大大提升了生产能力。

1973 年，建永汉甘化厂，地址在永汉三角夫，日榨甘蔗 200 吨。永汉甘化厂主营制糖，兼营制纸，进一步推动了全县甘蔗种植。

第四节

开发山区绿色资源

一、油田林场绿化荒山7.78万亩

油田林场位于南昆山东段，东连沙迳，西靠铁岗，东北部与左潭交界，西部、南部与油田村李村、蕉坑村接壤，面积63平方公里。解放战争时期，这里是有革命老区的油田村的大片荒山。

油田林场于1958年创办，以种杉为主，兼种松、油茶、柑、橘。1958—1978年，投入建场、造林资金185万元；至1987年，

昔日荒山如今绿树成林

共修建林区公路 42 公里、林道 22 公里、防火线 34 公里，架设电线 20 公里，新建房屋 3500 平方米。经过多年坚持不懈造林绿化，油田林场 7.78 万亩荒山成为绿色海洋、杉林基地，绿化造林的典范；也成为山美、水美、生活富足的新山区。

二、南昆山林场成为"北回归线绿洲"

南昆山林场位于龙门县西部，东接永汉，北连铁岗，西靠广州市从化区，南邻广州市增城区，面积 129 平方公里。

1958 年 5 月，国营南昆山林场成立。全场山地面积 18.22 万亩，有林面积 16.2458 万亩，其中用材林面积 10.2357 万亩，竹林 3.4318 万亩。森林覆盖率 89.16%。

南昆山林场地势西高东低，场内山峦起伏，平均海拔 650 米，海拔 1000 米以上的山峰有 10 座，其中天堂顶海拔 1210 米，为县境最高点。由于山高，地处偏僻，历史上交通闭塞，生产、生活资料运输向来只靠人力挑担。国营南昆山林场成立后的第一件大事就是修筑公路，沟通对外交往。永汉至南昆的下坪公路，盘旋于高山峻岭，坡陡弯多。该路全程 32 公里，全靠锄头、沙耙和人工挑担修筑；1958 年 5 月动工，1960 年建成通车。

南昆山林场一直坚持护林和保护自然生态。办场以来，建成小水电站 6 座，装机容量 3630 千瓦；建立了 2.5 万亩国家自然保护区。18.22 万亩山地林区，历史上没有发生过森林火灾。北回归线从南昆山穿过，南昆山林场被称为"北回归线绿洲"，享誉中外。这为改革开放后南昆山建立国家森林公园、打造"中国氧吧"打下坚实的基础。

三、青年林场成为龙门年橘种植示范场

龙门年橘是龙门县特产，中国国家地理标志产品。如今，龙

门全县年橘种植面积72829亩。

青年林场位于龙门县南部龙华镇水口村长潭（土名），东至龙江镇路溪，南至龙华朗背村，西至龙华水口村，北至龙江镇斜塘村，属丘陵地区。场地面积3.8平方公里，营林面积5250亩。

1954年，龙门县24名农村青年响应县委、县政府号召落户二区（今龙华镇）垦荒造林，以种植油茶和营造杉林、竹林为主创办林场。

1962年该场转为国有经营，定名青年林场。1964年开始大面积种植柑、橘，引进橙、柑、橘优良品种34个，选育出良种年橘"龙选2号"和暗柳橙"龙青2号""龙青3号""椪柑56－1号"等，连片种植柑、橘面积达510亩。青年林场在技术、资金、种苗等方面支持农民发展水果生产，成为发展龙门年橘的示范场。

四、密溪林场保护利用优质用材林

密溪林场位于龙门县北部，东连蓝田，西接地派，南靠天堂山，北邻韶关市新丰县，面积30.5平方公里。

密溪以境内林密水丰、小溪流多而得名，地势北高南低，海拔400至700米，属高寒山区地带。场内海拔500米以上的山峰有10座，与地派、蓝田交界的寒山顶海拔956.8米，为全场最高点。

密溪林场用材林积蓄量每亩平均6.22立方米，是全县单位平均积蓄量最高的林区。由于地处边远山区，交通闭塞，中华人民共和国成立初期，大量优质木材被当作柴薪、木炭烧掉。

1958年，密溪从农业高级合作社转变为国营林场，以林为主，兼营种养加工业。林业以生产松树和杂树的中径材以及杉树的规格材为主，向国家提供优质木材。农田也不荒废，435亩稻田坚持两造耕作，保证全场员工粮食自给有余。同时，利用平缓的山地种植青梅、柑、橘460多亩，茶叶210多亩。还办起了水电站、木材加工厂、竹木工艺厂等。

1968年，蓝田至地派公路建成通车，贯通了密溪林场的交通。这里向西进入地派镇可到广州市从化区；向东通往蓝田乡可到韶关市新丰县。密溪林场打开山门，林业生产、自然生态保护一步一步走向新台阶。

7

第七章
改革开放　老区面貌发生巨变

改革开放后，特别是党的十八大以来，龙门的交通、电力、教育、医疗卫生、水利建设、旅游文化、城镇建设取得了很大的成就，环境卫生、乡村容貌发生了巨大变化。获得了"初级农村电气化县"和"广东省旅游强县"称号；创建了"龙门农民画之乡"和"全国文明县城"。

第一节 基础设施建设和社会事业发展

改革开放后，特别是党的十八大以来，龙门县基础设施建设取得了很大成就。全县交通、电力、教育、医疗卫生、水利建设、旅游文化、城镇建设、环境卫生、乡村容貌等各项事业，都发生了巨大的变化。

一、开通东南西北出域通道，逐步形成高速公路交通网

中华人民共和国成立前，龙门县是交通闭塞的地区。公路不通车，靠木帆船运输。龙门至广州来回走一趟要花费两个多月时间。中华人民共和国成立后，公路通了车，但桥梁路况很差。"六烂"（烂桥、烂路、烂村庄、烂河、烂田、烂山冈）当中有"两烂"（烂桥、烂路）直指公路交通。龙门至广州的班车要花一天时间，早上七点钟开车，下午五点多钟才能到达。遇上雨季，桥断、路烂从而交通中断是常事。

改革开放以来，龙门的交通状况发生了根本性的变化：

龙门至广州的公路经过多次升级改造，成为龙门县主要的干线公路。20 世纪 80 年代，增龙公路由等级外沙土公路改造为三级公路沥青路面，木桥梁改建成为钢筋混凝土桥；2003 年由三级公路改建为二级公路。同时新建了龙门县城至龙华的路段。

20 世纪 80 年代，新建了龙门县城至南昆山 40 公里的龙南公路；南昆山至从化的 30 公里温南公路从西部通往县外；新建了龙

门县城经左潭、地派，至塘广坳与国道 105 线相接的 43 公里的省道 353 线；新建了龙门县城经蓝田至新丰，从北部通往县外的 49 公里龙蓝公路国道 220 线；新建了永汉经麻榨、鳌溪，至博罗横河从东部通往珠三角地区的县道。对外，东南西北公路通道全部开通；县内从县城通往全县 11 个乡镇（林场）的公路亦全部建成通车。

1993 年，龙门至惠州的金龙大道建成通车。

近年来，省、市、县大力加强乡村公路建设，投入 2.236 亿元，修建了 412 公里乡村硬底化公路，实现了每个自然村通硬底化公路。

广（州）河（源）高速公路（S2）龙门段起于龙门永汉与增城交界处九江大桥，经永汉、龙华、龙江，终于龙门龙江与博罗交界处的龙门山隧道，全长 50.8 公里，按双向六车道高速公路标准建设，设计最高速度每小时 120 公里，总投资 45 亿元。龙门段设永汉、沙迳、龙华、路溪等互通立交。项目于 2008 年 4 月动工，2012 年 1 月建成通车。与广河高速公路互通的龙华至龙门县城 19.2 公里公路拓宽改造工程于 2016 年建成通车。广河高速龙门段的建成通车使龙门县城至广州中心区车程只需一个多小时。

党的十八大以来，龙门县的公路网建设上了新台阶，新增 5 条过境高速公路：

（1）大广高速公路（G45）龙门段起于龙门地派与新丰交界处大芒斜，终于龙门地派与从化交界处塘基隧道，全长 8.6 公里，按双向六车道高速公路标准建设，设计最高速度每小时 120 公里，投资约 9.8 亿元。项目于 2012 年 9 月开工建设，2015 年 12 月建成通车。

（2）武深高速公路（G4E）龙门段起于龙门蓝田与新丰交界处九连山隧道，经蓝田、龙田、龙城、平陵、龙江，终于龙门龙

广（州）河（源）高速公路龙门段，全长 50.8 公里

江与博罗交界处坪迳，全长 54 公里，按双向六车道高速公路标准建设，设计最高速度每小时 120 公里，总投资 71 亿元。龙门段设蓝田、龙田、龙门、龙江、莆田（枢纽）等互通立交。项目于 2015 年 1 月开工建设，2018 年 12 月 28 日建成通车。

（3）汕湛高速公路（S14）龙门段起于龙华打鼓岭（枢纽）与广河高速相接处，经永汉、南昆山，终于龙门与从化交界处南昆山隧道。龙门段全长 19.8 公里，按双向六车道高速公路标准设计，设计最高速度每小时 100 公里，龙门段设打鼓岭（枢纽）、油田、南昆山等互通立交，总投资 31.2 亿元。项目于 2016 年 12 月动工，计划 2020 年底建成通车。

（4）翁新高速公路龙门段起于龙门蓝田与新丰交界处寒山隧道，终于蓝田莲塘与武深高速公路相接处，全长 7 公里，按双向六车道高速公路标准设计，设计最高速度每小时 100 公里，总投资 7 亿元。龙门段设蓝田瑶乡、莲塘（枢纽）等互通立交。项目于 2017 年 12 月动工，计划 2020 年底建成通车。

（5）惠龙高速公路龙门段起于龙门平陵与博罗交界处暗迳，终于平陵林村与武深高速公路相接处，全长 7 公里，按双向六车道高速公路标准设计，设计最高速度每小时 100 公里，总投资 7 亿元。龙门段设平陵、路滩（枢纽）等互通立交。计划 2021 年底建成通车。

截至 2019 年 8 月，全县有 8 条国道、省道：

（1）国道 220 线（东营—深圳）龙门段起于龙门蓝田与新丰交界处板岭，经蓝田、龙田、龙城、平陵，终于龙门平陵与博罗交界处隘子，全长 49.371 公里。

（2）国道 355 线（福州—巴马）龙门段起于龙门平陵与博罗交界处隘子，经平陵、龙城、龙华、永汉、南昆山，终于龙门南昆山与增城交界处佛坳，全长 87.076 公里，其中与国道 220 线重合路段长 16.911 公里。

（3）省道 119 线（广龙线）龙门段起于龙门永汉与增城交界处铁扇关，经黄牛岭、前锋、红星、寮田、鹤湖、上埔，终于永汉与国道 355 线、省道 254 线相交，全长 10.171 公里。

（4）省道 254 线（永汉—澳头）龙门段起于永汉与国道 355 线、省道 119 线相交，经上埔、黄河、坳头、桂村、南滩、东埔、双水、中心、东安，终于龙门麻榨与博罗交界处博罗径，全长 32.473 公里。

（5）省道 259 线（马头—平海）龙门段起于龙门平陵与东源交界处新来庄，经山下、大围、祖塘、晨光、平陵、路滩、广尾、龙江、路溪、甘坑、石下，终于龙门龙江与博罗交界处坪迳，全长 30.892 公里。

（6）省道 380 线（麻榨—福和）龙门段起于麻榨与省道 254 线相交，经凤岗、下龙，终于龙门麻榨与增城交界处，全长 7.405 公里。

（7）省道 355 线龙门段改建工程（南昆山至油田公路）主线起点位于龙门县永汉镇油田村与省道 119 线相交，经油田、锦城、焦坑、乌坭、下坪、上坪，终于龙门与增城交界处的佛坳。主线总长 27.9 公里；支线长共 8.8 公里（包括丹枫寨支线 7.2 公里和县道 222 线支线 1.6 公里），项目全长 36.7 公里，采用二/三级公路技术标准（其中 K0 + 000 ~ K4 + 300 为双向四车道，路面宽 15.5 米；其余路段为双向二车道，路面宽 7 米或 6.5 米），总投资 4.1 亿元。2018 年底部分建成通车。2019 年底全线建成通车。

（8）省道 353 线龙门县城至龙潭路段。路面大修工程已于 2019 年 1 月完成。

省道 353 线，县城至龙潭路段

二、建成龙门县水利枢纽工程

龙门县水利枢纽工程——天堂山水库于 1979 年 7 月动工兴建。1981 年 6 月因故缓建。1987 年复建，1993 年 6 月竣工。天堂山水库坝体为混凝土双曲拱坝，高 70 米，坝顶弧长 296 米，底宽

22 米，顶宽 5.5 米，是大（二）型水库。集雨面积 461 平方公里，最大库容 2.43 亿立方米，水库水面面积 21 平方公里，深水区 50 米深，淹没耕地 5080 亩，山林 8000 亩，村庄 18 个，移民4600 多人。建成后，使龙门沿河 4933 公顷农田免除洪水灾害，使增江下游增城、博罗、东莞三地 2.1 万公顷农田减轻洪水威胁。同时，也保护了广深铁路石滩路段免受洪水冲击，并使 5933.3 公顷农田得到直接灌溉，1.4 万公顷农田改善灌溉。实现了"锁住增江，降伏洪涝，造福子孙"的梦想。

天堂山水库库区

截至 2019 年 8 月，全县有大中小型水库山塘 71 宗，其中大（二）型水库 1 宗，中型水库 3 宗，小（一）型以下水库 67 宗，总库容 45149 万立方米。引水工程 559 宗，其中中型引水工程 1宗，小型引水工程 558 宗，灌溉面积 22.46 万亩。堤防工程 21宗，防洪面积 12.65 万亩。全县加固加宽堤坝 120 公里。基本上实现了水库山塘堤坝硬面化（水泥砖铺砌）。修整加固水渠水圳519 公里，实现了水渠水圳三面硬化。

1957 年建成的龙平渠引水工程解除 63088 亩农田旱患。　图为龙平渠主干渠西埔段

金沙开发区 220 千伏变电站

　　全县拥有小水电站 104 座，总装机容量 12.1 万千瓦，占全县河流可开发的水能蕴藏量 15.5 万千瓦的 78%，且并入珠韶电网。先后建设了 220 千伏变电站 1 座，110 千伏变电站 3 座，实现了现代电力管理，村村通电、户户照明。

平陵 110 千伏变电站

三、县城及乡镇建设加速，面貌一新

龙门旧县城，多为三层以下砖木结构瓦房，街道弯曲、狭窄，马路崎岖不平。穿城而过的西林河夏天洪水泛滥，冬天河水干涸，污水横流。

中华人民共和国成立初期，龙门县城没有汽车站，没有电灯照明，没有工厂，没有医院，没有体育运动场，只有一所中学（龙门中学），一所小学（龙门县第一小学，校址在现今的环城南路 18 号）。20 世纪 50 年代初期，利用一家低速柴油机碾米加工厂，安装小型发电机，晚上 7 时至 12 时发电，限供县委、县政

龙门县城的塔山公园

府、县公安局三个单位照明。1963 年龙门第一座小型水电站龙平渠电站建成（装机容量 160 千瓦），龙门县城普及机关居民用电。1964 年扩建龙门县人民医院（1952 年始建），1965 年兴建龙门县城汽车站。

改革开放以来，新建 8 公里的迎宾大道从东向西宽阔笔直，新建花园小区高楼矗立，新建体育馆雄伟壮观，新建市场兴旺繁荣。

如今，新建的塔山公园（1993 年）、龙珠广场（1996 年）东较文化广场（2007 年）、七星公园（2018 年）与重修的龙门县革命纪念园（2018 年）连成一体，构成了围绕七星山城的五大休闲游乐区，小小的龙门县城凸显了宁静、优雅的山城风貌。新建的西林大桥（1992 年）、水西大桥（2014 年兴建，2017 年扩建）、重建的甘香大桥（2018 年）与西林电站构成一体，西林河蓄水成湖，两岸河堤绿道花木成荫，湖光山色交相辉映，显现着美丽的风光。

2017 年，龙门县被评为"全国文明县城"。

永汉镇新貌

龙门县城全长 11.61 公里的西林河大堤，既是防洪大堤又是观光游览的景区

平陵镇文化广场

四、引进名校名院联合办学办医，提高教育医疗质量

目前，全县共有中小学校 141 所，其中老区中小学校 114 所，占学校总数 80.8%。2002 年以来，经过多年的努力，龙门县不断加大资金投入，实现了学校楼房化，促进了教育事业发展。全县

麻榨中心小学新貌

九年义务教育被评为优秀。小学入学率100%，毕业率100%；初中入学率100%，毕业率100%。

沙迳中心小学运动场新貌

2017 年 9 月，华南师范大学附属龙门学校（简称"华师龙门"）落户龙门县城。华师龙门占地面积 2.3 万平方米，规划设 138 个班，其中幼儿园 30 个班，小学、初中、高中各 36 个教学班，是集幼儿园、小学、初中、高中为一体的高端优质民办学校。

全县现有医疗卫生机构 216 间，其中：县级综合医院 1 间、中医医院 1 间、妇幼保健院 1 间、专科医院（慢性病防治站、康复医院）2 间、疾病预防控制中心 1 间、专科疾病防治机构（县结核病防治所）1 间；乡镇卫生院 14 间、社区卫生服务中心 2 间；医务室 1 间、政府办诊所 3 间、村卫生站 157 间；社会办医疗机构 32 间。

"三院"建设项目效果图

2017 年 7 月，"三院"（龙门县人民医院、龙门县中医院、龙门县妇幼保健院）建设项目动工兴建。该项目占地 140 亩，建筑面积 93050 平方米，设置床位 850 张。截至 2019 年 10 月，县人民医院已完成门诊大楼五层、医技大楼三层、住院大楼十层、行政后勤大楼三层主体工程。

2017 年 12 月，龙门县人民医院与广州华侨医院（暨南大学附属第一医院）共建紧密型医联体，广州华侨医院派出心血管内科、妇产科、外科、重症监护室、新生儿科专家共 21 名进驻龙门县人民医院。通过广州华侨医院专家团队派驻龙门县人民医院开展医疗业务培训、人才培训、参与医院管理，县城医疗服务能力明显提升。

全县三项基本医疗保险参保率 100%，医疗卫生业务各项指标达到规定标准。

全县还进行了饮用水改革，100% 的农村用上了符合卫生条件的自来水。

永汉镇卫生院新貌

龙门县自来水厂的水源地——白沙河水库

五、获得"中国最佳休闲度假旅游名县"等十大称号

改革开放以来，尤其是党的十八大以来，龙门县的旅游事业，从无到有，从小到大，不断打造新格局，提升新水平，"森林度假""温泉养生""田园风光""民俗文化"四大旅游产品不断发展、不断提升。全县旅游业直接从业人员 44172 人，间接从业人员 156492 人。

如今，龙门县已获得"广东省旅游强县""广东省旅游特色县""中国温泉之乡""中国民间文化艺术之乡""中国年橘之乡""世界森林温泉保养地""中国最美文化生态旅游名县""广东省国民旅游休闲示范区""中国最佳休闲度假旅游名县""中国最佳文化生态旅游目的地"等十大称号。

全县共有上规模的旅游景区 15 处，景点 26 个。一次性获得 3 个国家 4A 级旅游景区，1 个国家 3A 级旅游景区的认证，一镇五村（一镇是永汉镇；五村分别为永汉镇属油田村、嘉庆庄村，龙华镇属功武村，龙田镇属热水锅村，南昆山管委会属下坪村）获评"广东省旅游特色镇村"。

南昆山云顶旅游度假区

2017 年，全县接待游客突破千万，达 1067 万人次，实现旅游总收入 65.2 亿元，比 2016 年分别增长 15%、32%。旅游业增加值占 GDP（国内生产总值）比重达 12%，高于省、市平均水平。2018 年，全县接待游客 1200.07 万人次，实现旅游总收入 80.10 亿元，比 2017 年分别增长 12.47%、22.85%。

4A 级景区尚天然国际温泉小镇

4A 级景区南昆
山大观园生态度假区

4A 级景区地派
温泉度假村

蓝田瑶族风情园

香溪堡旅游景区

南昆山生态旅游区

六、全县实现城乡生活垃圾无缝对接一体化处理

（1）村小组设置垃圾屋。全县设置 2894 个农村垃圾收集点。已经建成并投入使用的垃圾屋 839 间，正在建设 377 间。实现每个村小组设置一间垃圾屋，配置一名专职保洁员。保洁员工资与保洁质量挂钩。

（2）乡镇设置垃圾中转站。全县建立垃圾中转站 12 个，每个乡、镇都设置了垃圾中转站。中转站一般占地面积 600 平方米，日处理量 60 吨。全县配置小型收集车辆 48 台，大型压缩车 12 台。按照"小型机动车由村到镇、大型压缩车由镇到县"的运作方式，定专人、定路线、定时间、定车辆，确保垃圾收集运作天天正常进行。

（3）建成统一处理全县生活垃圾的"资源热力电厂"。其规模如下：占地面积 100 亩，日处理量 600 吨，年处理量 21.9 万吨。焚烧工艺：采用机械炉排焚烧炉，配套烟气净化系统、废水处理系统和灰潭处理系统。

通过以上措施，全县实现了生活垃圾处理资源化、减量化、无害化；城乡生活垃圾收、运、处理"县、镇、村、村小组"四级无缝对接。

广东龙滔循环经济发展有限公司投资兴建的资源热力电厂（效果图）

第二节 精神文明建设和社会文明进步

一、成为全国首批初级农村电气化县

龙门县小水电建设始于 20 世纪 60 年代。1978 年，国家实行改革开放政策，龙门县小水电建设进入大发展时期。1981 年成立"龙门县小水电建设总指挥部"。1983 年，龙门县被列为全国第一批 100 个农村电气化试点县之一。"龙门县小水电建设指挥部"改称"龙门县电气化指挥部"，各区（现称镇）也成立相应指挥机构，形成县、区、乡（村）多级办电态势，加速小水电发展。1985 年冬，中央和省有关部门对龙门县农村电气化工作进行验收。1986 年 3 月，水利电力部向龙门县颁发"龙门县已达到中国式农村电气化试点县初级标准证书"和"初级农村电气化县"铜匾。龙门县成为全国首批实现初级农村电气化的五个县份之一。1979—2017 年，全县新增装机容量 110821 千瓦，平均每年递增 2916 千瓦。至 2018 年，全县有小水电站 104 座。总装机容量 12.1 万千瓦，占全县河流可开发的水能蕴藏量 15.5 万千瓦的 78%。90% 的小水电站建在革命老区村。

"龙门县达到中国式农村电气化试点县初级
标准"证书

龙门县"初级农村电气化县"铜匾

二、实现"旅游强县"

龙门县旅游业从开发南昆山的革命老区着手，把南昆山当作"桥梁"，引进投资、引进人才、引进游客。龙门县的旅游业从无到有，从小到大，从弱到强，从默默无闻到名扬海内外。

2011—2018 年，龙门县连续 7 年获评"广东省县（市）域旅游综合竞争力十强"；2015年，龙门县成为广东省 7 个国家全域旅游示范区创建单位之一；2016年，南昆山生态旅游区成为国家生态旅游示范

"广东省旅游强县"匾牌

区；2017 年，龙门县获评中国·广东旅游总评榜"年度最受欢迎自驾游目的地"和"'粤港澳美丽大湾区'最佳旅游目的地"。2018 年，龙门县入选"第四批全国旅游标准化试点单位"，获评"中国天然氧吧"和"国家生态文明建设示范县"。

近年来，龙门县旅游业正在借助红色旅游开发、革命老区精

准扶贫等有利时机，努力创建"中国旅游强县"，打造"中国最佳旅游目的地"以及"江北中心生态花园"（又称"珠三角生态后花园"）。

三、创建"龙门农民画之乡"

龙门农民画是中国现代民间艺术奇葩，起源于清末，20世纪70年代正式命名。

改革开放之后，龙门农民画得到县委、县政府的关心和支持，远涉重洋，到美国、澳大利亚、日本、加拿大、瑞典、印尼、斐济、意大利、墨西哥等十多个国家和地区展出，受到国外专家和美术爱好者的热爱，上万幅作品被国内外友好人士购买和收藏。

多年来，龙门农民画获省级奖项的作品105幅，获国家级奖项的作品130幅。2015年画家王汉池的《客家山歌农民画组画》获第十二届"中国民间文艺山花奖"，是全国农民画类作品首次获得这一殊荣，进一步奠定了龙门县全国画乡的地位。

1988年，龙门县被原文化部社文局命名为"中国现代民间绘画画乡"；2008年、2011年、2014年连续三次被原文化部命名为"中国民间文化艺术之乡"。

龙门县文化艺术服务中心是开展龙门农民画经营、创作、展览、人员培训、产品开发、市场销售等各项工作的单位。革命老区油田村嘉义庄，是省公共文化服务体现示范项目——龙门农民画培训基地。

在全国具有影响力的龙门农民画画家有50多名，龙门农民画创作骨干有近600名，爱好者有上万人。

龙门农民画代表作《酿酒》，王汉池作。 入选全国农
民画展览后又入选中国现代民间绘画展，赴瑞典、挪威
展出。

龙门农民画代表作《鹤舞鱼跃耀龙门》，陈权枢作。 入选 2019 年庆祝建国 70 周
年系列活动——"祖国好 惠州颂——惠州画家画惠州作品展"。

原文化部社文局命名龙门县为"中国现代民间绘画画乡"

原文化部颁发"2014—2016年度中国民间文化艺术之乡（龙门农民画）"牌匾

人力资源和社会保障部、原文化部颁发"全国文化系统先进集体"奖状

广东省人力资源和社会保障厅、原文化厅、原新闻出版广电局颁发"广东省基层文化工作先进单位"奖状

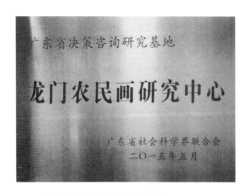

"龙门农民画研究中心"牌匾

"第十二届中国民间文艺山花奖"奖杯

四、创建全国文明县城

龙门县于 2009 年提出创建全国文明县城（简称"创文"）目标，23 万老区人民和全县人民一起经历了 8 年不懈努力，于 2017 年成功获评"全国文明县城"。

龙门县创文活动以来，大力开展交通秩序、市容市貌、社会治安、环境卫生、集贸市场、窗口服务、食品安全、社区管理八大整治行动；认真进行"七大提升"，全面提升了文明素质、城市管理水平、基础设施水平、文明镇村建设、文化内涵、

龙门县被评为"全国文明县城"证书

体制机制活力、宣传氛围；全面改善了城乡人居环境。

龙门县在创文活动中，涌现了 3 名"中国好人"、4 名"广东好人"、48 名"惠州好人"。还涌现了"全国优秀农民工"胡炜、"全国优秀人民调解员"黄球根等一批先进模范。全县建立志愿服务队 418 支，在"全国志愿服务信息系统"注册志愿服务者 26646 人。为了充分展示龙门县好人精神风貌，还开设了"龙门好人馆"，并在龙田镇西埔村打造"中国好人村"，促进了全县城乡文化内涵进一步提升。

永汉镇复查合格，继续保留"全国文明村镇"荣誉称号

龙门县创文活动，绽放了龙门农民画公益宣传之花。中央文明办和中央宣传部两次选取龙门农民画在全国各个城市作为公益广告普及使用：2013 年，中央文明办选取了 236 幅宣传公益的龙门农民画；2016 年，中央宣传部选取了 19 幅"图说我们价值观"的龙门农民画。

五、23 万老区人民摆脱贫困奔小康

改革开放以来，龙门县 23 万老区人民，首先解决了温饱问题。接着，实现了千百年来人民群众梦寐以求的丰衣足食。党的十八大以来，老区人民继续迈开大步奔小康：昔日烂桥烂路难行走，如今有混凝土道路和钢筋混凝土桥梁，实现村村通硬底化道路，摩托车、小汽车成为山区、老区人民的主要交通工具；昔日破烂的泥砖屋，如今变成了钢筋混凝土小楼房，山沟里新村处处，代替了昔日的破烂村庄；90% 以上老区村的荒山已经造林绿化，昔日荒山烂山，如今变成了绿水青山、金山银山。

2009 年以来，龙门县开展"规划到户，责任到人"扶贫开发。至 2015 年全县累计投入扶贫资金 4.59 亿元，59 个省级贫困村实现脱贫，省级贫困村集体收入全部达到 10 万元以上，贫困户家庭年人均纯收入平均水平达 8000 元以上，比帮扶前的平均水平增长 2.8 倍。

2006 年，龙门县坚决扛起脱贫攻坚责任，深入开展精准扶贫，全县 23 个省级相对贫困村和 133 个面上村的精准扶贫工作扎实推进。打造了扶贫物业、光伏发电县统筹扶贫项目和幸福安居工程示范点项目，并在全市率先与金融机构签订战略合作框架协议，与三家银行合作，全面推进金融扶贫。还实施产业扶贫、就业扶贫，切实落实各类行业扶贫政策措施，脱贫攻坚取得实效。截至 2018 年 12 月，全县在册建档立卡贫困户 3199 户 7871 人，其中 3051 户 7712 人实现脱贫。

现代企业产业对老区村的辐射

　　全县有 24% 有老区的村委会处在现代企业产业经济覆盖辐射带，已经逐步改变了贫穷落后的面貌。

　　南昆山国家森林公园的旅游产业，覆盖了乌坭、下坪、上坪、花竹、炉下 5 个有老区的村委会的 23 个村小组 3372 人。南昆山有红色景区景点，也有绿色景区景点。景区景点遍布南昆山各地，80% 村民办起了家庭旅舍、家庭餐馆。

　　地派温泉度假村覆盖了地派、清塘 2 个有老区的村委会的 29 个村小组 4900 人。

　　龙门铁泉温泉度假村、尚天然温泉度假村，覆盖了龙田镇李洞、赖屋 2 个有老区的村委会的 23 个村小组 2970 人。

　　以南昆山大观园生态度假区为龙头，永汉温泉旅游产业覆盖了油田、锦城、马星、见田 4 个有老区的村委会的 29 个村小组 8148 人。

　　南昆山居温泉度假村，覆盖了龙华镇高沙村 11 个老区村 1310 人。

　　增龙公路马星村路段、油田村路段、高沙村路段（均为有老区的行政村），公路两旁处处是家庭餐馆、家庭旅舍。夜幕降临，这些地方灯火辉煌，一派繁华景象。

　　塔牌水泥厂、环球水泥厂覆盖了平陵镇平陵、竹笼、隘子、小塘 4 个有老区的村委会的 15 个村 6827 人。

光大水泥厂覆盖了龙华镇龙华、水口2个有老区的村委会的14个村小组2169人。

益力水厂覆盖了龙田镇王宾村1个老区村小组167人。

现代农业"岁岁红年橘"覆盖了龙江镇何坑头、陈禾洞，麻榨镇中心、东安、北隅、双水，龙华镇龙石头、朗背共8个有老区的村委会的47个村小组7676人。

全县共有29个有老区的村委会的192个村3.76万人处于现代旅游产业、现代水泥产业辐射带。先进的现代产业已经办到家门口，办到老区的辖区内，正在带动贫穷落后的老区改变单一的经济结构。

有老区的村委会建设先进典型

一、何坑头村——传承革命精神，耕山致富

何坑头村地处龙门县东南面的路溪镇（今并入龙江镇），是龙门县、博罗县交界处的一个边远山村，是有抗日战争时期革命老区村的行政村。1945 年抗日战争胜利后，国民党反动派很快就挑起了内战。东江纵队江北指挥部 300 多名指战员，在何坑头村遭到国民党反动派军队的围堵，牺牲了 40 多人。

革命先烈为国家、为人民抛头颅，洒热血。革命精神、奉献精神在何坑头村一代传承一代，扎下了深深的根，培育了一代比一代更强的老区人。他们为老区建设默默奉献。如今走进何坑头村，首先映入眼帘的是悠悠绿水的坑头水库。硬底化公路沿着水库的边缘修筑。走一路，看一路，青山掩映着绿水，绿水托举着高山。神奇、幽谧的风光让人遐想联翩……

过了库区，何坑头村的民居就在水库上游。

但见星罗棋布的小楼房，坐落在竹林、树林、果林之中。这里远离繁华城市的喧嚣，远离工业厂房机器轰鸣的干扰，道路清洁，环境幽静。145 户村民，已有 139 户住上了小楼房。昔日贫穷破烂的面貌，已被优美的环境和崭新的楼房代替。

何坑头村的变迁，村民们记忆犹新。

1975 年 8 月，龙门县决定在何坑头村兴建 740 万立方米库容

的坑头水库。1980 年 5 月，水库建成蓄水。何坑头村民赖以为生的 550 亩耕地，被淹没了 470 亩。接着，县里又明令在库区周边 7.4 平方公里范围水库集水区范围内禁止乱砍滥伐，实行封山育林、蓄水。

为了山下 4410 亩耕地灌溉的大局，为了保护山区的生态环境。何坑头村民毫无怨言奉献出自己的田地，奉献出所有蓄水资源，一年又一年勒紧裤带过日子。

四面青山的何坑头村

1999 年，村里青年何汉新当选何坑头村委会主任。这个时候，饮誉全国的年橘之乡——龙华镇龙石头村家家户户早已脱贫致富，过上了小康生活。龙石头村与何坑头村只是一山之隔，面貌却如此悬殊。何汉新从当选村委会主任那天起，定下了脱贫奔康的志向。他带领村民翻越高山到龙石头村取经学习，引进种植柑、橘的技术、良种；同时，鼓起勇气，硬着头皮往镇里、县里有关部门求援，解决交通道路的难题。

从禾洞大桥贯穿何坑头村至龙石头村的公路，全长 7.8 公里，按照硬底化的要求，需要资金 40 多万元。县里的领导大力支持何坑头村民"修路致富"的行动。一面鼓励村民继续发扬艰苦奋斗的精神，自筹 10 多万元资金，一面帮助他们做好切实可行的计划，取得有关部门积极支持。2005 年，禾洞大桥至何坑头村硬底化公路通车；2007 年，何坑头村至龙石头村 6 公里硬底化公路通车。运输道路畅通了，何坑头村民的果园也开始收成。何坑头村民就是靠着这种坚强的毅力，一步一步，一个台阶又一个台阶，脱贫、致富、奔康。

从何坑头跨越高山通往龙石头村的硬底化公路

何坑头村的太阳能路灯

二、低冚村——精准扶贫红色村

低冚村是 2017 年第一批确定的广东省 60 个精准扶贫红色村之一。

低冚村地处永汉西部山区，属南昆山延伸山脉的狭长地带。贯穿其中的是一条发源于牛牯嶂观音潭的石头河，两边高山峙立，河水清澈，群鱼游跃，处处翠绿成荫，景色秀丽，鸟语花香。溯河而上，沿低冚河水口至牛牯嶂增（城）、龙（门）、从（化）交界处，绵亘数十里（4万多亩）的深山密林，与雁洋陂、釜坑、莲塘、黄牛冚连成一片（12万亩），是兵家活动、隐蔽、集训的好地方，也是战争年代设置领导机关、医疗机构的好场所。

低冚村有成千亩肥沃的耕地。低冚人勤劳、勇敢，吃得苦耐得劳，自耕自给，富有革命斗争精神。低冚村在战争年代具有共产党武装部队隐蔽生存的良好环境。

1940年，低冚村建立了共产党组织，成立了以李绍宗为书记的党支部，发展了12名党员，为建立革命根据地打下了基础。

在低冚村，见证抗日战争、解放战争重大事件的革命遗址、遗迹有11处。

（1）叶屋园墩岭。龙门县第一批共产党员训练班举办地遗迹［纪念"东江纵队"成立70周年龙门县革命遗址碑记（简称"碑记"）第9号］。

（2）李屋围学校。低冚妇女夜校遗迹（"碑记"第11号）。

（3）大围祠堂。东江纵队增龙博独立大队（代号金龙大队）起义地遗址（"碑记"第13号）。

（4）店仔禾塘。龙门县第一个革命烈士、增龙博独立大队战士钟水容英勇就义地遗址。

（5）低冚李屋围。1945年9月、1947年8月、1948年7月三次被国民党反动派军队纵火焚烧遗址（"碑记"第19号）。

（6）低冚围剧、眠牛山。解放战争时期龙门县恢复武装斗争第一仗——低冚伏击战战场遗址（"碑记"第24号）。

（7）低冚眠牛山。低冚伏击战廖李科（新婚三日上战场英雄战士）英勇牺牲地遗址（"碑记"第 25 号）。

（8）低峒老钟屋。王达宏、李绍宗驻扎地遗址（"碑记"第 28 号）。

（9）低峒观音潭。江北支队司令部医院遗址（"碑记"第 29 号）。

（10）低峒龙眼潭。低峒民兵堵击国民党军队前哨阵地战斗遗迹（"碑记"第 31 号）。

（11）低峒伯公坳山寮。李绍宗指挥所遗址。

低峒人在抗日战争、解放战争时期，有南征北战的坚强战士（李绍宗），有敢于面对敌人刀枪的英勇烈士（李桶），有坚强不屈、信念坚定，把"牢底坐穿"的共产党员（李辉），有真心实意拥护共产党、支持革命斗争的普通群众。他们以不同身份、不同处境、不同经历反映了老区人真诚、耿直、奉献的精神。

中华人民共和国成立初期，低峒村交通闭塞，靠肩挑人扛运输。20 世纪 50 年代后期建了沙土路村道，60 年代建了水泥浆砌石拱桥，改革开放初期建了硬底化水泥路。如今，石拱桥改建成为钢筋水泥平面桥，硬底化村道加宽了 2 米成为 6 米宽硬底化公路，11 个村小组实现村村通公路。

低峒村民世代曾以竹柴火照明，晚上一片黑漆。20 世纪 50 年代使用煤油灯，60 年代后期至 70 年代初期建了小水电站架设了输电线路，家家户户使用电灯照明，80 年代更加入了输电网。如今，村道公路、11 个村小组的村头巷尾都安装了公用路灯，彻夜照明，晚上一片光明。

历史上，低峒村民饮用低峒河的河水，用肩挑水，用缸储水，每年夏季山洪暴发饮用混浊的"黄泥水"。改革开放以后，11 个村小组安装了从山上小溪接引的"自来水"。如今，符合卫生标准的自来水输水管道已经从永汉镇自来水厂铺设到低峒村。

中华人民共和国成立后，人民政府开始组织低冚村民重建家园。20世纪50年代、60年代修补了破房烂房，改革开放以后，建了砖瓦房，告别了茅草房。如今，大部分村民住上钢筋混凝土结构的二层小楼房，告别了砖瓦房。70年前的"翻身梦"——"楼上楼下，电灯电话"的社会主义新农村景象，如今已经成为现实，展现在每位村民的眼前。

低冚村曾是龙门县被称为烂桥、烂路、烂村庄、烂河、烂田、烂山冈的"六烂"典型。有一段时间饱尝了"乱砍滥伐山林""滥采滥挖矿产"的苦头。数万亩山林遭受毁灭性的破坏，220万立方米沙土冲积到低冚河，将近20里（1里＝0.5公里，下同）的低冚河道，沙泥淤积3米多高。村民饮水、耕作都成为大难题（《龙门县志》第十八编，第476页）。改革开放以后，杜绝了"乱砍滥伐""滥采滥挖"，努力保护生态环境，重现了青山绿水。

低冚村委会

低冚村进入精准扶贫对象行列以来，村民出力，外地务工创业的低冚人热情帮助，并得到省、市、县政府的大力支持，重修了"低甽大围祠堂"（在大围村小组）、"李氏宗祠"（在李屋村小组）；修建了"胜利广场"（在大围村小组）、"文化走廊"、"光伏发电"（在村委会广场）、"东三支纪念馆"（在李屋村小组）、"低甽伏击战纪念公园"（在低甽伏击战场遗址）。还建了低甽大桥，整治了低甽河，修建了两岸河堤，村道安装了路灯，民居村庄安装了街灯，整治了村容村貌。如今，低甽村处处青山绿水，呈现着新时期、新农村的新面貌。

胜利广场

三、水坑村——从"垃圾村"变成文明卫生村

龙华镇水坑村，地处龙华寮溪嶂大山北面，是有解放战争时期革命老区村的行政村。因为经济条件差，处处凸显着贫困落后的面貌，乱、脏、差的卫生环境尤其突出。村中虽有历史文物，但在高高矗立的"文笔塔"下，却被称为"垃圾村"。

2016 年，水坑村被列为省级贫困村。惠州市质监局干部庄新钮受命派驻水坑村任（挂职）村党支部书记。经过深入调查研究，庄新钮认识到，搞好革命老区建设，改变革命老区贫困落后面貌，要把环境卫生列入重要课题。首先把环境卫生治理好，既可改变环境卫生面貌，又可改变人的精神面貌。扶贫脱困就有了扎实的基础。

水坑村，有412户1650人，九成以上村民共住一个大村庄。村前有一口10多亩水面的大池塘，是全村的"风水宝地"。历来用作蓄水养鱼，浇灌作物，调节村子气候。由于缺乏治理，年复一年，大池塘变成垃圾场。村委会发动村民治理环境卫生就是从大池塘开始的。村干部带头，动员几十名村民，泡在又脏又臭的水中，从大池塘清走了十几车垃圾，恢复了水清、鱼跃的面貌。接着，建立专职保洁员制度。全村任用10名积极肯干、责任心强的保洁员专职卫生清洁工作。接着，又在政府有关部门的资助下建了6个"垃圾屋"、8个垃圾收集点。同时，签订《垃圾运输合同》，雇请专用车辆每天将垃圾运到镇政府设定的垃圾场。保洁员每月薪酬由镇政府支付，每年将近5万元垃圾运输费则从村委会办公经费中开支。

经过深入调查研究，总结当地群众的生产经验。庄新钮发现，贫困村发展白鸽养殖是一条极好的致富门路。大量发展白鸽养殖，第一，不会破坏生态环境，还可以带动生态旅游，增添田园风光的新景色新内容；第二，养白鸽技术简单易学，劳动强度不大，适合一家一户经营，适合劳动力弱的贫困户经营；第三，生产成本低，投入资金少，生产周期短，市场需求大，收益率高。

水坑村走养鸽致富的第一步，是聘请本村养鸽专业户李崇光当技术员，投资45万元开办母鸽养殖基地。

白鸽养殖基地规定：优先聘用村里有劳动能力的18户贫困户轮流到养殖场做劳务工，一边挣取劳务收入，一边学习养鸽技术；

优先为贫困户提供种苗，扶持贫困户经营养殖；养殖基地的利润优先帮扶贫困户作经营启动资金。

水坑村通过发展养鸽，带动了养鱼、种果、种花木、种高产优质稻谷等产业，各种门类的生产经营不断扩展、不断优化。全村的面貌焕然一新。白鸽养殖当年就收到了显著的效益。养殖场的母鸽从 600 对发展到 3000 对，并且向市场提供乳鸽。养殖厂房从 1 个扩展到 2 个。7 户村民家庭养鸽达到 5600 对。18 户贫困户（62 人）2016 年底人均收入达到 7365 元。

如今的水坑村，九成以上的村民仍然坚守以农业为主的大本营。展现在人们眼前的水坑村，村中道路整洁，安装了路灯、街灯；村前的大池塘，池水干净清洁，倒映着一幢幢新建的小楼房；村前村后花木常年盛开，农田是绿油油的作物，山头是郁郁葱葱

水坑村新貌

的生态林。

2017年10月，水坑村荣获"广东省卫生村""广东省家庭文明建设示范点"等称号。昔日的"垃圾村"已经成为脱离贫困的文明卫生村。

水坑村池塘满满的清水，倒映着一幢幢新建的小楼房

四、上东村——美丽乡村，生态家园

上东村是有解放战争时期革命老区村的行政村，地处龙门县蓝田瑶族乡最北端，毗邻韶关市新丰县，是惠州的"北大门"。全村有18个村民小组，566户2593人，九成以上人口是瑶族。

上东村是省级贫困村。2016年以来，在中共惠州市委办公室的大力帮扶下，先后实施了幸福安居工程、光伏发电、美丽乡村生态家园等44个扶贫项目，全村面貌发生了根本的变化，获得

"广东省文明村""广东省民主法治村""惠州市卫生村"等荣誉称号。

少数民族特色生态旅游，是上东村由穷变富的主导产业。2016年以来，上东村开拓了生态林15000多亩。上东村山高林密，生态林的范围年年扩大，国家给生态林补助金从每亩18元提高到30元，补助标准还在逐年增加；光伏发电设备，安装在村委会大楼、村民广场围墙等地方，不占用土地又无污染，既是稳定的收益项目，又是山村一道特殊的风景线；上东村的高山茶，由龙门县瑶东茶叶种植专业合作社牵头开发种植，村中的帮扶户可以土地或资金入股分红，贫困户可在种植场打工就业。上东村还通过各种渠道激励村民种植竹子、杉树，办小果园，大力发展林业经济。

在发展生态旅游的同时，上东村逐个落实了"绿满家园"建设项目。利用政府有关部门的帮扶资金，对村道和文化广场进行绿化，对省道244线和村道210线进行改造，实现美化亮化。新建了公共厕所、旅游厕所，村道安装了太阳能路灯。

上东村被纳入"省级新农村连片示范建设工程"。2018年底，完成了瑶族文化中心，寒山河绿道，村主道、村小组村道绿化美化，饮水净化，卫生站，坭砖房改造，幸福安居园（五保户集中安置房）等项目的建设。拆除了各类废旧房屋、牛栏、猪栏、茅厕和违章建筑369间。清理村巷道乱堆、乱放868处，房前屋后、卫生死角垃圾798处。清理沟渠、池塘、溪河淤坭垃圾395处，村容村貌得到了极大提升。全村共配备了18名保洁员、增设了20个垃圾桶，新建了"垃圾屋"，建立了生活垃圾及时收集转运、集中处理的制度。村内全面推行人畜分离、禽畜圈养，改变了不讲卫生的陋俗，从根本上改善了人居环境。

上东村，已经从一个偏僻闭塞的贫困山村，变成交通便利、环境优美、生活恬美、社会和美的新农村。

上东村的"幸福安居园"

上东村"五保"老人集中安置，享受幸福晚年

五、高沙村——兴起民宿旅游，脱贫奔康

龙华镇高沙村是田多地瘦的有革命老区村的行政村。全村483户2008人，拥有水田3300亩、旱地600亩，山林面积32000亩。人平均有水田、旱地将近2亩，山林面积近16亩。土地多，资源丰富。但是，有一段时间，大部分村民跑到珠江三角洲发达地区务工，村中景象萧条。

2012年1月，广（州）河（源）高速公路建成通车。新建成的高速公路，从南向北贯穿高沙村全境，沙迳站出入口、沙迳服务区都设在高沙村境内。与高速公路相同走向的S119省道经过多年的整治，也从三级公路改建成为二级公路。盼望已久的发展机遇，成为现实摆在高沙村民的面前。在珠江三角洲务工的村民逐渐回流，外地的资金、人才也先后投向高沙村。

几年时间，高沙村建起了四星级"南昆山居旅游度假村"。在该旅游度假村的带动下，高沙村民先后建起了农家饭店、家庭旅舍、土特产商场160多家。S119省道高沙路段，每天夜幕降临，灯光璀璨，车流不息，一派繁荣兴旺的景象，代替了昔日的冷落萧条。

高沙村森林覆盖率达到90%。高沙村西面的山林与绿水青山、风光秀丽的国有油田林场连成一片，成为南昆山脉又一个天然氧吧，加速了高沙村温泉度假旅游胜地的开发。

高沙村委会经营的大麻布林场，拥有7200亩山林。在保证集体经济不断发展壮大的前提下，林场与连兆发展有限公司下属高沙水电站签订合同，成为高沙水电站的水源林，由高沙水电站长期租赁维护。成为水源林的大麻布林场，禁止砍伐林木，严防山林火灾，既有稳定的经济收益，又进一步绿化美化了山村环境。

高沙村全村483户村民建造了钢筋混凝土新楼房。新民村小

组（又称塘山新村）采取统一规划，统一建设的方法，村小组32
户300人全部住进了宽敞的三层小楼房，过上了欢乐的日子。

住进新楼房的新民村小组村民

发展中的高沙村

第五节

龙门县"十三五"时期经济社会发展规划

龙门县是"八山一水一分田",拥有 260 万亩山林的山区县。90% 以上革命老区村保护了良好的生态环境,好山、好水、空气清新。老区建设发展有"老本钱",可持续发展有广阔的前景。

2016 年 5 月,龙门县十四届人大六次会议审议批准《龙门县国民经济和社会发展第十三个五年规划纲要》,提出了 2016—2020 年的发展目标:

(1)全面建成小康社会。经济保持中高速增长,经济结构持续优化,产业竞争力加快提升,发展质量和效益明显提高,到 2017 年,与全市同步率先全面建成小康社会,城乡居民人均可支配收入比 2010 年翻一番以上,年均增长 10% 左右;到 2019 年,与全市同步以更好质量更高水平进入珠三角第二梯队;到 2020 年,全县地区生产总值和地方一般公共预算收入年均分别增长 11%、13%,至 2020 年分别达成 300 亿元和 21 亿元,实现地区生产总值比 2010 年翻两番以上;人均生产总值增长 10%,达到 9 万元;规模以上工业增加值年均增长 20%,达到 123 亿元,高技术产业占全县工业产值比重超过 20%,研究与实验发展经费支出占地区生产总值比重达 2.5% 以上;传统产业改造提升达到 70% 以上,基本实现产业的转型升级;旅游业占全县第三产业比重提高至 30% 以上,形成先进制造业与旅游休闲产业主导的产业格局。

（2）基础设施建设取得新成效。随着广河高速、大广高速、武深高速、汕湛高速、韶惠高速等高速公路的陆续开工建设及通车，龙门将形成"两横三纵"为主骨架的高速公路网，快速连接珠三角、泛珠三角，沟通泛珠三角地区的出行通道，成为粤中地区的主要交通枢纽。电网、电源、水利设施、市政设施建设取得新进展；通讯网络建设迈上新台阶，政府、企业和社会信息化水平显著增强。

（3）城镇化建设获得新突破。城市规划建设不断加强，以县城为核心、永汉为副中心的城镇化水平日益提升，城镇功能进一步完善，城镇的集聚能力明显增强。至2020年城镇化水平达到45%。

（4）生态环境建设迈上新台阶。生态建设和环境保护取得新突破，全县形成较完善的生态发展激励机制，环境保护力度加大，生态环境质量得到进一步改善。龙门河、永汉河以及平陵河等境内主要河流与水库水质保持在国家地表水Ⅱ类标准以上。至2020年全县森林覆盖率达到77.1%，城市人均公园绿地面积达到14平方米，单位生产总值能耗控制在0.94吨标煤以下。

（5）富裕龙门初步实现。改革开放不断深化，人民群众得到更大实惠。社会就业比较充分，人民生活富裕，城乡居民可支配收入年均增长10%左右，至2017年城乡居民收入比2010年翻一番以上。到2018年，有劳动能力的相对贫困人口人均可支配收入达到或超过当年全省农村人均可支配收入的45%，无劳动能力的相对贫困人口纳入低保，确保全部实现稳定脱贫；相对贫困村人均可支配收入超过当年全省农民人均可支配收入的60%。城镇登记失业率控制在3%以内。全方位、多层次的社会保障体系进一步完善，形成比较健全的医疗卫生体系。城乡居民基本医疗保险参保率达100%。

（6）社会事业建设大跨越。科技、教育、文化、卫生、体育事业全面发展，科学技术自主创新能力进一步提高，覆盖城乡居民的基本公共服务体系进一步完善，文化软实力明显增强，文明城市创建成果得以巩固和提升。高质量普及九年义务教育与高中阶段教育，全县小学适龄儿童入学、初中毛入学率达100%，高中教育毛入学达99%；中职与普照高招生规模大体相当。全社会体育健身意识增强，7～70岁人口中经常参加体能锻炼的人数达到该年龄段人口的70%以上。

（7）和谐龙门基本实现。至2020年，基本形成文明法治，稳定和谐，谅解宽容的社会环境，城乡协调发展，经济与社会协调发展，人与自然协调发展。人口自然增长率控制在8.5‰以内，城乡居民平均期望寿命达到79岁。

附　录

附录一 龙门县抗日战争、解放战争时期革命遗址遗迹

一、"纪念'东江纵队'成立 70 周年"——龙门县人民政府 2013 年 12 月 2 日立碑的革命遗址

"仙岛有限公司"创办地——大派洲

遗址碑记编号 1 号

1925 年 1 月，张民达（国民革命军第二师师长）、叶剑英（国民革命军第二师参谋长）率国民革命军第二师从广州出发，进行东征。

叶剑英看中了龙门县南部地区，前面有罗浮山作屏障，后面有南昆山为依托，是个屯兵打仗的好地方。他与张民达来到麻榨镇东埔村，决定将增江河上游东埔村人的一个四面环水、面积 150 多亩、名为大派洲的小岛全部买下，改名"仙岛"。在岛上种下几百棵荔枝，建了房子命名为"南庐"，开办了"仙岛有限公司"筹办军费。

循着叶剑英的足迹，龙门县南部地区逐渐成为抗日战争时期、解放战争时期共产党武装稳固的根据地。

"仙岛有限公司"本部——南庐

遗址碑记编号 2 号

1925 年叶剑英创办的"仙岛有限公司"办事地址。

龙门县各界人士欢迎红四师地点——县城顶新街

遗址碑记编号 3 号

1927 年 12 月 13 日，广州起义失败，向东江方向撤退的 1300 余人，在花县改编为中国工农红军第四师。12 月下旬，红四师经龙门县地派镇进入龙门县城。

红四师到达龙门县城时，县城师生及各界群众数千人在顶新街列队欢迎。

红四师师部驻地——龙门县工商业联合会会址

遗址碑记编号 4 号

1927 年 12 月，红四师在龙门县城驻扎期间，办了两件事：第一件是由师党代表王侃予、师党委书记唐维两人介绍，红四师师长叶镛加入了中国共产党。第二件是任命袁裕（袁国平）为红四师参谋长。当时，红四师师部驻扎在龙门县工商业联合会。

红四师十团驻地——白芒坑

遗址碑记编号 5 号

1927 年 12 月，红四师离开龙门县城，取道平陵山下北上河源古岭。12 月 27 日徐向前率红四师十团在白芒坑自然村驻扎。

徐向前住宿地——白芒坑民房

遗址碑记编号 6 号

徐向前率领的红四师十团，在花县经常受到地主豪绅民团的窜扰。徐向前用"打狗战术"把疯狗似的民团治服。到了龙门却是另外一番景象：群众举着旗子夹道欢迎红军战士。在平陵白芒坑，农民群众对红军战士更是亲切，送茶水，送口粮，把红军迎进家里住宿。

当年徐向前住宿的房子、用过的台凳，至今完好地保存着。

红军井

遗址碑记编号 7 号

平陵镇白芒坑的"三眼泉"，是当年群众取饮用水的地方。红军驻扎在白芒坑，担心群众不够水饮用，将"三眼泉"挖深、扩宽，让群众更加方便挑水饮用。后来，经过抗日队伍、解放军队伍一批又一批战士不断修建，"三眼泉"成为颇具革命色彩的"红军井"。

龙门第一个中共组织成立地点——鹤湖王捷云家

遗址碑记编号 43 号

1939 年秋，龙门县第一个中共组织——中共永汉特别支部在鹤湖村王捷云家成立。支部书记梁永思，党员有王达尊、王捷云、王方平、李达经、王樊培等 5 人。后王达宏被中共增城特别支部吸收为中共党员，加入中共永汉特别支部。（王捷云、王方平、李达经后脱党）

中共永汉特别支部成立地旧址

袁鉴文任教师作掩护地点——黄牛冚小学
遗址碑记编号 57 号

袁鉴文，中共龙门县工委第一任书记，龙门县共产党组织主要创建人。龙门人民尊敬的革命老前辈、老领导。

1940 年 5 月，中共龙门县工作委员会在永汉镇寮田村崇新小学成立，袁鉴文任书记。他以教书职业作掩护，带着妻子住进黄牛冚小学，直至 1941 年 8 月。

黄牛冚小学原名时新小学，是黄牛冚钟、李、孟、王几姓村民共同出钱兴办的初级小学，只有三四名教师。黄牛冚属贫困山区，地处永汉西部最南端，与增城正果相距 15 公里，与龙门永汉相距 10 公里，与寮田崇新小学相隔一座山，只有三四公里。选择黄牛冚小学"立足"，既方便与设在增城的中共增龙博中心县委联系，又方便到寮田崇新小学聚集。更重要的是黄牛冚小学地处偏僻，利于隐蔽，利于开展工作。

袁鉴文是广东东莞人。1936 年 6 月加入中国共产党，1937 年赴延安抗日军政大学学习，是土地革命时期参加革命的老红军。

抗日战争、解放战争时期，袁鉴文两次进入龙门，做了大量的工作，对龙门的革命事业作出了卓越的贡献。

中共龙门县工委成立地点——寮田崇新小学
遗址碑记编号 62 号

中共龙门县工作委员会，是中共龙门县委员会的前身，于1940 年 5 月在永汉镇寮田村崇新小学成立。袁鉴文任书记，梁永思为委员，赵学光任组织干事，隶属中共增龙博中心县委领导。

寮田崇新小学，是寮田周边几姓村民通过公尝资助、个人捐资的方式，于 20 世纪 20 年代至 30 年代，经历多年筹建的国民小学。学校推行新式教育，为乡里培育新一代人才。

中共龙门县工委成立之前，龙门共产党组织只有一个支部，就是 1939 年秋在永汉镇鹤湖村虎头坪王捷云家成立的中共永汉特支。梁永思任特支书记。特支成立后，通过共产党员王达宏、王达尊兄弟的帮助，梁永思夫妇进入寮田崇新小学教书。王达宏兄弟的家正好与崇新小学毗邻。梁永思住进崇新小学以后，中共龙门县工委接着在崇新小学成立。工委书记袁鉴文在三四公里外的黄牛呬小学教书，经常到崇新小学聚集。寮田崇新小学从此成为龙门中共组织活动的中心。

1942 年 8 月，中共龙门县工委解散。龙门党组织改由特派员领导。陈江天任特派员，同年年底由李绍宗接任，隶属增龙博特派员领导。

龙门县第一批共产党员训练班场地——新屋下炮楼
遗址碑记编号 8 号

1940 年 8 月，在中共龙门县工委的领导下，龙门县组建了 4

个党支部，拥有共产党员 41 人：寮田党支部，梁永思任书记，党员 15 人；低冚党支部，李绍宗任书记，党员 13 人；鹤湖党支部，王樊培任书记，党员 8 人；鸦鹊垄、黄牛冚党支部，李怀昌任书记，党员 5 人。

4 个党支部成立后，先后在寮田新屋下炮楼、叶屋园墩岭密林中办了党员训练班。参训党员学习了《共产党员须知》及《党员教材》。

龙门县第一批共产党员训练班场地——寮田叶屋园墩岭
遗址碑记编号 9 号

永汉镇寮田村叶屋园墩岭是低冚河出口的一个旧村子，周围是一片茂密的树林。共产党组织利用这片密林做场地，办党员训练班。

抗日武装截击日军战场——铁扇关隘口
遗址碑记编号 10 号

1939 年 12 月，中共党员林道行（博罗县人）率领 200 多人的武装队伍在增城龙门交界的铁扇关截击企图从增城北上进犯粤北的日军。

林道行率领的队伍是最早进入龙门县的共产党抗日武装。

低冚妇女夜校地点——李屋围学校
遗址碑记编号 11 号

1940 年冬，共产党员王丽、赵学光、李友珍在永汉低冚村李屋围学校办妇女夜校，教妇女识字，引导妇女搞好夫妻关系、婆媳关系，向妇女宣传抗日救国道理。夜校越办越受群众喜欢，入读的妇女越来越多，当地民主、自由的气氛在妇女群众中越来越活跃。

1945 年秋，国民党顽固派烧毁了李屋围学校。坚持了 5 年的低圹妇女夜校被迫停办。王丽转入部队，后在战斗中牺牲。

共产党抗日武装伏击日军战场——铲头坳
遗址碑记编号 12 号

1944 年 10 月，共产党员洪月明、刘少长率领的抗日武装平陵乡联防队和白芒坑村民自卫队，在铲头坳伏击巡回骚扰平陵山下的日军，将数十人的日军队伍击溃。日军抬着两具尸体逃离战场。

金龙大队起义地点——低圹大围祠堂
遗址碑记编号 13 号

1945 年 2 月 20 日，经东江纵队副司令员王作尧批准，在永汉镇寮田、低圹、鹤湖、鸦鹊垄、官田各村隐蔽的抗日武装人员200 余人集中低圹大围祠堂，举行武装起义。东江纵队司令部给该起义部队命名为增龙博独立大队，代号金龙大队，委任王达宏为大队长，陈江天为政治委员，林江为大队参谋（后又任李绍宗为大队参谋），直属东江纵队司令部领导。

大围祠堂原为低圹十八姓子孙供奉祖先牌位的祠堂。始建于清朝康熙年间，1932 年斥巨资重修，成为颇具规模的三进砖瓦结构祠堂。1970 年，因开发钽铌矿，大围全村拆迁，大围祠堂同时被拆毁。

王作尧开仓赈济农民地点——鳌溪禾辇老榕树下
遗址碑记编号 14 号

1945 年 2 月，东江纵队副司令员王作尧到麻榨镇鳌溪村，开仓赈济贫苦农民。老榕树下，王作尧主持把 3 万斤（1 斤 = 0.5 千克，下同）粮食分给贫苦农民度春荒。

王作尧开仓赈济农民粮仓遗址——鳌溪禾峯粮仓
遗址碑记编号 15 号

鳌溪禾峯粮仓是国民政府设在麻榨镇鳌溪村的粮仓。昔日禾峯粮仓遗址，如今已被当地村民改为聚会、节日喜宴的场所。

王作尧宣传抗日活动遗址——东埔村祠堂
遗址碑记编号 16 号

1945 年 3 月，东江纵队副司令员王作尧到麻榨镇东埔村宣传抗日活动。东埔村是麻榨进入鳌溪山区的门户，是叶剑英开展革命活动留下足迹的地方。

白沙沥战斗遗址——官田白沙沥
遗址碑记编号 17 号

1945 年 3 月，王作尧、梁广率东江纵队北江支队、西北支队三四百人到永汉镇，在官田村白沙沥与国民党顽固派梁桂平的保安团激战。

红色税站——西族东坑
遗址碑记编号 65 号

沙迳镇西族村东坑是抗日战争、解放战争时期革命活动的重要基地。

1945 年 8 月，林锵云、王作尧、杨康华率东江纵队第五支队、军政干校学员、文艺宣传队队员等 1200 多人，从罗浮山出发，进入龙门麻榨镇鳌溪、约坑。增龙博独立大队奉令护送，并取得五境（麻榨的约坑、犀牛尾，沙迳的西族、南窖、高沙五地统称）民兵的支持配合，在东坑渡过增江河，经高沙、油田、铁岗进入从化，向粤北挺进。

1945 年 9 月，增龙博独立大队在东坑设立税站，得到东坑民兵和群众的积极支持。

1947 年 2 月，王达宏率部队从永汉出发直奔西族东坑，打败了国民党龙门县警大队护航队，恢复东坑税站。叶春在战斗中牺牲。

王作尧率东江纵队挺进粤北途经处——铁岗"火烧街"
遗址碑记编号 18 号

1945 年 8 月 15 日，日本宣布无条件投降。东江纵队领导人林锵云、王作尧、杨康华等率东江纵队第五支队官兵、军政干校学员、文艺宣传队队员共 1200 多人，从罗浮山出发进入龙门，经麻榨镇鳌溪、约坑、东坑，渡过增江河，经沙迳镇高沙、永汉镇油田，再经铁岗镇"火烧街"山路进入从化县吕田。增龙博独立大队顺利完成护送王作尧及这支部队安全过境的任务。

李绍宗故里——低冚李屋围
遗址碑记编号 19 号

抗日战争胜利后，国民党反动派对共产党在抗日战争时期建立的低冚根据地实行残酷"清剿"。增龙博独立大队参谋李绍宗故里低冚李屋围分别于 1945 年 9 月、1947 年 8 月、1948 年 7 月先后三次遭到国民党反动派第十二集团军教导团、国民党反动派一五三师部队纵火焚烧，80%民房被毁，学校、碉楼全部被焚毁。李绍宗故里至今仍然留下断壁残墙。

抗日根据地村庄——寮田何屋仔
遗址碑记编号 20 号

抗日战争胜利后，国民党反动派对共产党在抗日战争时期建立的永汉镇寮田根据地实行残酷"清剿"。寮田何屋仔于 1946 年1 月被国民党反动派一五三师部队放火焚毁全部房屋。

增龙博独立大队六烈士英勇就义地点——永汉圩八角亭
遗址碑记编号 21 号

1945 年 10 月，增龙博独立大队民运工作人员莫萱（女）、阎星光（女）、李云、林权、钟云、张发柱 6 人在五斗田被国民党反动派军队逮捕，押至永汉圩八角亭杀害。

东江纵队 40 多名官兵英勇牺牲地点——何坑头
遗址碑记编号 22 号

1945 年 11 月，周伯明、吴杰仁率东江纵队江北指挥部 300 余人，从博罗县横河镇向龙门县路溪镇一带转移。在何坑头遭到国民党反动派一五四师部队围堵，40 多名官兵英勇牺牲。

东江纵队第四支队、中共增龙县委领导驻地——下莲塘上钟屋村
遗址碑记编号 61 号

1946 年 1 月初，东江纵队第四支队政治委员、中共增龙县委书记袁鉴文，军事部部长阮海天，宣传部部长陈李中进驻永汉镇下莲塘上钟屋村。

1 月 16 日晚，袁鉴文、阮海天、陈李中等领导人转移到寮田村何屋仔。

1 月 17 日拂晓，国民党一五三师 2000 余人，从沙迳奔袭，分

三路包抄下莲塘上钟屋村，企图突袭东江纵队第四支队队部，扑空。

1月18日午夜，在下莲塘扑空的敌人，撤走后又回头进行第二次包围。敌人路过寮田村何屋仔时，正在何屋仔开会的袁鉴文等人被发现，村民帮助袁鉴文等领导人从一个小窗口跳出屋外，所有人员安全转移。

国民党军队没有抓到东江纵队第四支队及中共增龙县委的领导，放火烧毁了何屋仔全村民房。接着，又将下莲塘上钟屋村全部烧毁。

东江纵队北撤部队宿营地——铁岗马岭村祠堂
遗址碑记编号 23 号

1946年6月18日，林锵云、王作尧率领东江纵队北撤的粤北部队，途经龙门，在铁岗镇马岭村祠堂宿营。

与北撤部队一起在马岭宿营的有北平军调处执行部第八小组粤北支组（简称"军调处第八小组粤北支组"）中共代表杨康华、美国代表纳尔逊、国民党代表黎国焘。

东江纵队北撤部队宿营地——永汉三坑村
遗址碑记编号 44 号

1946年6月18日，林锵云、王作尧率领东江纵队北撤的粤北部队1200余人，从龙门县铁岗镇马岭南下。军调处第八小组粤北支组中共代表杨康华、美国代表纳尔逊、国民党代表黎国焘随行。

当日下午，部队抵达永汉，后卫部队遭国民党一五三师部队袭击。北撤部队领导一方面命令部队往北移师三坑村扎营进行战斗准备；另一方面由军调处第八小组粤北支组中共代表杨康华进行交涉，向国民党代表黎国焘提出抗议。在中共代表和美国代表的压力下，国民党一五三师被迫停止攻击，撤退部队。粤北部队和军调处第八小组粤北支组分别将永汉当天的情况报告上级，再次提出国民党当局要保证东江纵队北撤队伍安全北撤。

6月30日，东江纵队北撤人员在惠阳县大鹏湾沙鱼涌登舰北撤。7月5日，安全抵达山东烟台。

共产党秘密交通站——大陂黄坭砭
遗址碑记编号45号

抗日战争期间，增城县沦陷。1945年，共产党抗日武装在麻榨镇大陂黄坭砭建立秘密交通站。交通站主要任务是接送沦陷区与抗日根据地往来活动的人员，传递情报。

解放战争期间，大陂黄坭砭秘密交通站的任务是监视驻扎在增城正果镇的国民党独二团的动向。交通站站长温扬城（化名温兴），副站长赖作樑。

江北地区留守机关领导住地——麻榨基坑
遗址碑记编号46号

1946年6月，东江纵队北撤，中共江北地委撤销。特派员谢鹤筹、副特派员欧初等留守机关的领导人，有一段时间曾经在龙门麻榨基坑、增城正果白面石、乱石坑等地隐蔽活动。

谢鹤筹、欧初在基坑活动，当地共产党员郑叶昌等人负责安全保卫，并安排日常生活。

江北地区留守电台地点——麻榨基坑苏牙石
遗址碑记编号47号

1946年6月，东江纵队北撤，江北地区撤销中共江北地委，改由谢鹤筹任特派员，欧初任副特派员。留下武装骨干 43 人，分别掩蔽在增城正果、龙门麻榨、博罗小金的深山密林中。欧初在增城白面石、乱石坑以及龙门麻榨基坑三地设立了隐蔽的据点，以联系各地的武装队伍。

欧初使用的电台，由郑叶昌安排在基坑苏牙石等几个地点设置，经常转移。电台的保卫工作由郑高福、王国平负责。

低冚伏击战战场——低冚围剧、眠牛山
遗址碑记编号 24 号

1947 年 3 月 16 日，黄柏、王达宏集中龙门县永汉和增城县派潭小迳隐蔽的武装人员 54 人，在永汉低冚伏击"进剿"雁洋陂、派潭后回防永汉的龙门县警大队一个中队和龙华自卫队一个中队共 100 余人。经 2 个小时激战，毙敌 5 人，伤敌 15 人，俘伪乡长 2 人、分队长以下 32 人，缴获机枪 1 挺、长短枪 30 余支。

低冚伏击战，是解放战争时期龙门县恢复武装斗争的第一仗。

廖李科烈士英勇牺牲地点——低冚眠牛山
遗址碑记编号 25 号

1947 年 3 月 16 日，低冚伏击战，黄柏、王达宏领导的武装队伍牺牲 3 名战士。廖李科烈士，结婚第三天就主动请缨上战场，英勇牺牲。战友赋诗悼念：

主动请缨离洞房，不恋温柔思战场。

新婚三日歼顽敌，一战功成为国殇。

革命未成身先卒，缅怀战友更悲伤。

新妇咨寻郎去处，相对无言泪满眶。

中共江北工委扩大会议地点——南昆山上坪尾

遗址碑记编号 26 号

1947 年 4 月底，中共江北工委领导人黄庄平在南昆山上坪尾召开中共江北工委扩大会议，作出决定："统一领导，恢复发展党组织，建立民兵，建立农会，恢复武装斗争，发展壮大队伍。"

南昆山上坪尾横坑纸厂——江北支队司令部旧址之一

南昆山上坪尾飞鼠岩——江北支队司令部旧址之一

坳头伏击战战场——麻榨坳头
遗址碑记编号 27 号

1947 年 11 月，参加北撤的李绍宗奉令从山东辗转香港回到龙门。12 月 28 日，王达宏、李绍宗率增龙从博人民自卫队 200 余人，在麻榨至永汉之间的坳头伏击国民党政府龙门县县长带领的县警大队。毙敌 6 人，俘敌 20 多人，缴获机枪 1 挺、步枪 30 多支。

王达宏、李绍宗住居地——低冚老钟屋
遗址碑记编号 28 号

1947 年 12 月 28 日，坳头伏击战获胜后，增龙从博人民自卫队转入低冚作战斗总结。12 月 30 日天亮前，敌人偷袭王达宏、李绍宗在老钟屋的住居地。王达宏、李绍宗预判敌方行动，已在半夜转移。敌人扑空。

江北支队司令部医院地址——低冚观音潭
遗址碑记编号 29 号

江北支队司令部医院大部分时间设在永汉镇牛牯嶂山下观音潭。后迁雁洋陂叶屋后山。1948 年 2 月，遭遇敌人袭击。医院负责人郑兰率领医务人员和伤病员英勇突围。18 岁的医务员王端容掩护伤员突围，用手榴弹与敌人搏斗，英勇牺牲。

刘祖发被剖尸壮烈牺牲地点——雁洋陂村大荷树下
遗址碑记编号 30 号

1948 年 3 月，来自广西大学的江北支队政工人员刘祖发，在永汉镇雁洋陂村被敌人杀害，并残忍地剖尸示众。敌人剜出刘祖

发烈士的内脏挂在行人道旁的大荷树上，强迫群众观看。

低岓民兵堵击国民党军队前哨阵地——低岓龙眼潭
遗址碑记编号 31 号

1948 年 2 月 19 日（农历正月初十）晚，中共增龙博区工委永汉区特派员钟达明在永汉镇低岓岭排村，召集低岓全村群众大会时，遭遇从增城县派潭进犯永汉，路经低岓的国民党军队。低岓民兵配合江北支队作战，在岭排村西面龙眼潭将国民党军队堵住，战斗一个多小时，待开会群众安全转移后才撤出战斗。

江北支队二团税站旧址——上莲塘岓尾村
遗址碑记编号 60 号

岓尾村，是江北支队二团的税站所在地。

1948 年 3 月，江北支队二团副官王鉴春与税站人员叶景、范金、王木香、王常、叶房在永汉镇上莲塘岓尾村活动，遭敌人包围袭击。王鉴春带领税站人员顽强抵抗，打退敌人一次又一次进攻。敌人放火烧屋，王鉴春带领战友冒着枪林弹雨烈火浓烟英勇突围。叶景在战斗中牺牲，王鉴春负伤与范金、王木香、王常、叶房一起被俘。敌人把王鉴春、范金押赴永汉圩杀害。被押赴刑场时，王鉴春、范金慷慨激昂，一路高唱游击队战歌，高呼"共产党万岁！"敌人用汽油浇在他们身上，把他们活活烧死。

鳌溪保卫战作战点之一——鳌溪风雨亭
遗址碑记编号 55 号

1948 年 3 月，国民党广州行辕独二团申江营得知江北支队暂时离开麻榨镇鳌溪，立即连同麻榨的地主武装组成 200 多人队伍，气势汹汹直扑鳌溪，企图大肆"扫荡"鳌溪革命根据地，将鳌溪

36条村洗劫一空。为了保护美好的家园，鳌溪民兵大队300多人全部出动，在麻榨圩通往鳌溪的门户"风雨亭"布阵迎敌。国民党广州行辕独二团申江营依仗美式装备的优势，一窝蜂涌向老虎额山隘口。鳌溪民兵不畏强敌，利用高山密林、易守难攻的地理位置，用土炮、火粉枪、单响"七九枪"一齐向敌人开火，三面夹击敌军。敌人用机关枪、步枪、枪榴弹向民兵阵地射击。战斗从中午一直打到傍晚。鳌溪民兵毫不畏惧，始终保持高涨的战斗激情，坚守着阵地。

鳌溪风雨亭

第二天早晨，敌人再次发动进攻。鳌溪民兵士气更加旺盛。他们依仗熟悉的地形与敌人周旋。经过两天战斗，敌军疲惫不堪，得知中心、东安两个民兵中队登上大陂坳山断其退路，惊慌失措，夺路而逃。双坑、埔西两个民兵中队见敌军退却，立即尾追打击。这场战斗，彻底击溃了敌人的进攻，保卫了鳌溪革命根据地36条村庄人民的生命财产安全。

红色驿站——沙岗村
遗址碑记编号58号

沙岗村地处永汉镇西部。村后山头林木茂密，与西部山区连成一片。村前的增龙公路，是走出龙门前往增城、广州的唯一公路通道；下首的"寨顶"是龙门县重点保护文物，历经沧桑的"古战场"。再往前走，就是增城、龙门两县交界、连绵七八里的"铁扇关隘口"。

解放战争时期，江北支队二团选择了沙岗村作为"驿站"。沙岗村新屋廊厅，是二团政治委员钟达明、团长李绍宗经常开会、研究工作的场所。二团的队伍经常在沙岗村落脚。

1949年9月，沙岗村成为江北支队二团储放粮草，迎接南下大军的"后勤基地"。

1949年10月11日，中国人民解放军南下部队沿着增龙公路日夜兼程奔赴增城、广州。沙岗村又成为南下大军临时歇息的地方。

六烈士为国捐躯处——十字路村
遗址碑记编号59号

十字路村，地处永汉镇西部山区与农田地区交界。解放战争时期，十字路村是江北支队二团与国民党军队、反动地主武装明暗争斗、反复争夺的重要据点。

1948年五六月间，江北支队二团先后有6位官兵及民运人员在十字路村遭敌人围捕并杀害，为国捐躯。

6位烈士芳名：李敬生、陈添怀、李瑞祥、叶九林、王火明、王房新。

石厦伏击战战场——石厦上下枧
遗址碑记编号32号

1948年3月，博龙河人民解放队1个中队，由朱湘祺带领，在路溪石厦上下枧伏击龙门县县长张超然带领的国民党军队一个加强排40多人。杀伤敌排长等10多人，俘敌10人。国民党龙门县县长张超然逃脱。

解放军布"地雷阵"地点——永汉叶屋桥头
遗址碑记编号 33 号

1948 年 7 月，国民党广州行辕独二团申江营一个连加上地主武装 200 余人，到永汉西部山区"扫荡"，在叶屋桥头进入江北支队布设的"地雷阵"时，被连环雷炸死炸伤 40 多人。

叶屋村遭到敌人报复，村庄被烧毁，村民财物被抢掠一空。

塘基背反击战战场——塘基背
遗址碑记编号 34 号

1948 年 8 月，江北支队三团平汉队 50 多人在三团独立中队和粤汉队的配合下，重创进犯塘基背（今属从化市吕田镇管辖）的国民党军一个连和县大队 3 个中队，逼使敌人撤退至龙门县城。龙门县北部圩镇地派宣告解放。

塘角布战斗发生地——西族塘角埔
遗址碑记编号 64 号

1948 年 9 月 17 日，国民党广州行辕独二团申江营连同王同仇、刘镜、王忠仔反动武装共 1000 余人，前往沙迳镇西族塘角埔"围剿"正在整训的江北支队司令部和中共江北地委机关。

江北支队二团团长李绍宗带领主力洪广友大队，陈集中、李达松大队，徐清中队，张球中队，共 500 多人奋起反击。激战一天，击溃国民党军队一个连，毙敌连长及其以下官兵 20 余人，打击了敌人的嚣张气焰。这场战斗，预示战争形势的转折。

红色堡垒村——丰坑村
遗址碑记编号 63 号

永汉镇丰坑自然村，李、郭两姓结拜兄弟，共住一村，同一个祠堂。全村 26 户共 126 人。

1940 年，村中青年李藻华第一个加入中国共产党，以国民党永汉警察所警长的身份作掩护，开展抗日救亡统战工作；李应标 1941 年加入中国共产党，他变卖家中稻谷、田地购买了 5 支枪，参加共产党领导的抗日武装；李应标的妻子李少英，是 1940 年入党的共产党员。在李藻华、李应标、李少英的带动下，丰坑村在抗日战争、解放战争时期，加入共产党组织、参加武装队伍的共有 31 人，平均每户超过 1 人。村里 4 个人当中，就有 1 人是共产党革命队伍的成员。

一村 5 户红色堡垒户——鳌溪官厅围
遗址碑记编号 56 号

抗日战争、解放战争时期，麻榨镇鳌溪官厅围谭扬昆、谭杰声、谭耀桓、陈柳媚、谭提带 5 户农民是革命堡垒户。他们利用各种条件掩护共产党员和共产党武装人员的活动。5 户人家，团结默契，互相支持，互相掩护。在残酷、激烈的革命斗争中，5 个"堡垒户"没有受到敌人的破袭，掩护工作做得非常出色。

红色村庄——鹤湖
遗址碑记编号 50 号（注）

1938 年冬，中共地下党员王新民、温潮伯以"增城战地服务团"名义，到龙门县永汉低冚、鹤湖找到当地开明人士王捷云、李荫亭、王方平、李达经等人，串联抗日宣传活动。同时物色统战和建党对象。4位最早接触共产党的人士中，王捷云、王方平是鹤湖村人，李达经是鸦鹊垄村人，李荫亭是低洞人。

1939年秋。龙门县第一个中共组织——中共永汉特别支部在王捷云家成立。特支成立后，鹤湖村随之组织读书会、妇女会，开展抗日宣传发动工作。

1940年1月。龙门县中共地下党领导的第一支武装队伍——永汉抗日自卫队成立。鹤湖村子弟组建了一个小队，王达群任小队长。

1940年8月。中共鹤湖（包括虎头坪）支部成立。王樊培任书记。鹤湖村的共产党员有王达群、王运、王毅强、王容。

抗日战争、解放战争期间，鹤湖村先后有43人参加共产党或共产党领导的武装队伍。其中女同志有王慕贞、邬春兰、江麻仔、王瑞枚、王月新、王瑞清、何带、卢翠婵等8人。为革命牺牲的有王立炎（东江纵队四支队战士）、王谦李（东江纵队支队战士）、王立南（江北支队二团战士）。王运的母亲，村民称她"阿齐嬷"，她为共产党游击队领导人李少英带信，在增城正果被国民党兵抓捕杀害。

（注：刻碑编号45号与大陂黄坭硖碑记重复，应为50号）

红色村庄——鸦鹊垄
遗址碑记编号51号（注）

中共鸦鹊垄、黄牛洞支部，于1940年8月成立，是龙门县最早建立的4个共产党支部之一。支部有5名党员，党支部书记李怀昌，党员李达松、李世旺是鸦鹊垄村人。

抗日战争期间，中共地下党员曾明达、李友珍（女）在鸦鹊垄育英小学（礼智乡第二高级小学前身）任教。他们以教师身份作掩护，开展抗日救国宣传活动，打下了红色村庄的群众基础。

1943 年春，大旱。鸦鹊垄村民热烈响应中共龙门县特派员李绍宗的号召，开展了轰轰烈烈的减租运动，互相帮扶，度过了艰难困苦的春荒。

1945 年春节，李绍宗到鸦鹊垄村，通过李达松串联组织了 30 多人，20 多支步枪，几支短枪参加东江纵队增龙博独立大队（金龙大队）。抗日战争、解放战争期间，鸦鹊垄村先后参加共产党或共产党领导的武装队伍有李达松、李怀昌、李胜意、李世旺、李王松等 35 人。

1948 年，解放战争最严酷的时期。国民党军队三番五次"进剿"鸦鹊垄村，对共产党员、游击队员的家园实施抢掠、纵火焚烧。并将武工队队长李达松的父母亲抓进监牢，严刑拷打，迫害致死。

（注：刻碑编号 46 号与麻榨基坑碑记重复，应为 51 号）

中共江北工委旧址——南昆山磨谷田
遗址碑记编号 52 号（注）

龙门是江北地区的中心，南昆山磨谷田是增龙从边区的中心。

南昆山磨谷田，地处南昆山西部，是一个只有近十户人家的山村。往西，是横跨增龙从三县的牛牯嶂大山；往南，是永汉西部山区低岽观音潭连绵 4 万亩茂密的林区。林区没有村庄，但遍布砍柴烧炭人家搭建的工棚、草寮。一个烧炭窑就有一两个工棚、草寮，当地人称一个厂，故有"五厂""六厂"的地名。再往南，走出观音潭密林区，是牛牯嶂南麓雁洋陂叶屋背大山。

特殊的地理环境决定了南昆山牛牯嶂、磨谷田可以成为中共武装江北支队的基地。这个基地有个代号叫"三宝殿"，取意磨谷田、观音潭、雁洋陂叶屋背大山是开展革命活动的三大宝地。

1947 年 10 月，中共江北工委在南昆山磨谷田召开工委扩大会议。会议决定划分战略区工委：成立中共增龙博区工委，黄庄平兼书记；中共博龙河区工委，陈江天兼书记；中共龙从区工委，黄柏兼书记。

会后，龙从区组织了"龙从人民保乡队"；博龙河区组织了"博龙河人民解放队"；增龙从博人民自卫队也通过整训壮大了力量。

1948 年 1 月 13 日，叶成超带着黄庄平给江北工委的密信从香港来到南昆山磨谷田、牛牯嶂，找到中共江北工委。将密信交给主持日常工作的工委领导陈李中。这封密信的内容是："贯彻中共中央香港分局为迎接大反攻加强农村斗争。"即后来称为"大搞"的指示信。

1948 年 9 月，国民党广州行辕独二团 2 个营、县警队、永汉反动武装共 1000 余人，进驻永汉十字路、范屋、鹤湖，形成"三点一线"封锁永汉西部山区，对江北支队二团根据地反复进行"扫荡"。二团队伍在低冚观音潭被围困 5 天，断粮 3 天，后组织突围从磨谷田转移到南昆山。12 月初，二团主力北上与三团会合，在广韶公路杨梅潭路段，打了一场伏击战，俘国民党新丰县县长张汉良并全歼敌军。打了外线反击第一个大胜仗。

中华人民共和国成立后，磨谷田村民迁往永汉镇红星村密底塱居住。他们仍然被认定为革命老区人。中华人民共和国成立初期，许多有关革命老区的活动都请他们参与，政府对革命老区的优惠政策，他们也一样享受。

（注：刻碑编号 47 号与麻榨基坑苏牙石碑记重复，应为 52 号）

鳌溪农会会员民兵活动重要场所——坑口老围"励丰堂"粮仓
遗址碑记编号 48 号

1940 年 5 月，中共龙门县工委成立。工委书记袁鉴文到任不久即到麻榨镇鳌溪山区活动，首先与邓茂华接头。

邓茂华是鳌溪中心村新围人，在龙门中学读书期间接受地下党员吴仲的教育，在学校组织读书会，被列为党员发展对象。经过党组织的考察，邓茂华成为鳌溪第一个共产党员。

邓茂华和陈焕明在鳌溪开展活动。首先发展党员，建立党支部。接着，在各个自然村发展农会会员，36 个自然村，村村建立农会基层组织（分会），鳌溪成立农会总会，邓茂华任总会会长，农会会员发展到 1000 多人。接着，动员村民参加民兵队伍，组建民兵常备队（脱产武装民兵），邓茂华任中队长。

鳌溪民兵常备队成立后，得到东江纵队增龙博独立大队支持帮助，被命名为"鳌溪抗日自卫队"。增龙博独立大队还派出王波、工镜等军事干部帮助他们开展军事训练和学习政治、军事知识。

经过政治、军事训练的"鳌溪抗日自卫队"，士气高涨，政治、军事素质不断提高。这支队伍在共产党领导下，依靠农会组织的支持，在鳌溪宣传抗日，发动群众开展"减租减息"，并把国民政府设在鳌溪坑口老围的"励丰堂"粮仓打开，取出 200 多担稻谷赈济贫苦农民度过饥荒，赢得广大农民群众的热烈拥护和支持。

抗战胜利后，东江纵队北撤，给鳌溪民兵留下了部分枪支弹药，隐藏了电台及其他军用品。鳌溪民兵常备队在隐蔽中积蓄发展力量。1947 年恢复武装斗争，不到一年时间，鳌溪民兵常备队已经发展到拥有下辖 5 个中队，300 多人的民兵大队。这支队伍打过很多仗。最初是配合游击队一边耕田一边打仗，后来发展成民兵大队独立作战；最初是打土豪、袭击国民党的地主武装，逐步发展到同国民党正规军对阵。

1948 年 12 月鳌溪民兵常备队邓全中队编入江北支队二团。1949 年 2 月，编入东江第三支队二团。广州解放前夕，随南下大军参加解放广州战役。

红色交通站——花碗村
遗址碑记编号 49 号

永汉镇花碗村鸡公峣水磨房（碾米、打粉作坊），解放战争时期是中共游击队活动的交通站。水磨房的主人何保夫妇以水磨房代客加工粮食作掩护，为中共游击队筹备转运粮食、药品及其他日常需用物资，并且接待过往人员王达宏、李藻华、李应标、李少英、王振、王达群等中共游击队领导和队员。

花碗村何德山、何荣，抗日战争期间加入中国共产党。解放战争期间，何锦、何环（女）、何玉清（女）、谢英（女）、何龙、何德、何砚、何天佑、何南、何嘉利、何少、何王娇、何为善、何保、温兴（女）、显公娣（女）、何永富、何房等 18 人先后参加中国共产党或共产党武装游击队。

何德山在解放广州战斗中牺牲。何嘉利在博罗的一次战斗中牺牲。

杨梅潭伏击战战场——杨梅潭
遗址碑记编号 35 号

1948 年 12 月 10 日，前往新丰县赴任的国民党县长张汉良的护卫队，在广韶公路（今国道 105 线）杨梅潭地段，遭到江北支队二团、三团五个中队 400 余人的伏击。战斗历时 40 分钟，毙敌 10 余人，俘敌 50 余人。新丰县伪县长张汉良被活捉，张汉良秘书贺正明投诚。

歼灭敌申江营战斗地点——陈禾洞上坪山
遗址碑记编号 36 号

1949 年 3 月 16 日，东江第三支队司令员黄柏亲自指挥一、二、三团主力共 800 余人，在博龙交界的龙门县路溪镇陈禾洞上坪山区（后属博罗县），伏击国民党广州行辕独二团申江营，歼击敌营部及 1 个加强连、2 个反动武装中队。毙敌 39 人，伤敌 37 人，俘敌 180 人。在增龙从博一带"围剿"革命武装多年的国民党申江营营长被俘，申江营覆灭。（歼灭国民党申江营战斗地点经反复查证是博罗县辖区陈禾洞至公庄路段的上坪——编者注）

临时羁押敌俘地点——陈禾洞上坪邓屋祠堂
遗址碑记编号 37 号

申江营覆灭后，180 名被俘敌兵临时羁押在上坪邓屋祠堂。

攻克正果战斗地点——正果佛寺
遗址碑记编号 38 号

1949 年 7 月 13 日，东江第三支队领导人黄柏、黄庄平、王达宏率五团、独三营、二团陈集中大队、三团二大队，强攻增城县正果镇守敌，毙敌 10 多人，俘国民党广州警备总队大队长谭生、保安总队副队长江锡全及政训室主任以下官兵 160 多人、自卫队 20 多人。正果被攻克，国民党龙门县县长关耀中闻讯潜逃。

活捉国民党代县长地点——龙江街 52 号
遗址碑记编号 39 号

1949 年 8 月 26 日，东江第三支队司令员黄柏，指挥二团、三团、独立营共 800 人，一举攻克龙门县城。俘国民党代县长谢明轩、国民党龙门县党部书记长钟志鸿、县警大队长廖碑石、财粮科长等以下人员 200 多人。27 日，龙门县城宣告解放。

中共龙门县委机关旧址——环城南路 18 号
遗址碑记编号 40 号

1949 年 8 月 27 日，中共龙门县委成立，第一任县委书记钟达明。县委机关设在龙门县城环城南路 18 号。1958 年 10 月搬新址。

龙门县人民政府旧址——城南里 1 号
遗址碑记编号 41 号

1949 年 8 月 27 日，龙门县人民政府机关进驻龙门县城城南里 1 号。第一任县长李绍宗。

1949 年 10 月 1 日，中国人民解放军第四野战军四十四军一三一师侦察排与东江第三支队在龙门县人民政府机关大院联欢，庆祝中华人民共和国成立。

1958 年 10 月县政府机关搬往新址。

李绍宗县长办公地点——城南里 1 号
遗址碑记编号 42 号

1948 年 3 月，经中共江北地委批准，龙门县人民政府成立，李绍宗任县长。龙门县城解放后，李绍宗搬入城南里 1 号办公。

二、"纪念抗日战争胜利70周年"——龙门县人民政府2015年9月3日立碑的龙门人民武装抗击日军遗址

四围夜袭战遗址

1944年6月，一队600多人的日伪军由从化县经龙门县铁岗、左潭至龙华一路掠夺。左潭区禾洞自卫队队长廖香南（又名廖五容）带领大刀队100多名队员，隐蔽跟踪敌军。天黑时分，日伪军住宿龙华四围塘尾、上屋等村庄。廖香南带领自卫队趁着黑夜潜入四围村，摸进日伪军驻扎地，用大刀杀死熟睡的日伪军30多人，缴获战利品一批。队员茹潮兴与日军厮杀时受伤，被背回禾洞后牺牲。

江厦阻击战遗址

1944年7月2日，在增城县驻扎的日军约1500人进犯龙门县

江厦村人民阻击日军战场遗址

城。日军到达龙城郊区江厦村已是黄昏时分，江厦村民自卫队用土枪、土炮向日军射击，阻截日军。日军匆忙应战。天黑之后江厦村民自卫队利用黑夜掩护安全撤离。7 月 3 日临天亮时，日军向村里冲锋并发射 20 多发炮弹后进村洗劫，至下午才撤离。日军撤离前烧了 8 堆柴火焚化毙命日军尸体。有 1 名日军军官没有全尸焚化，被埋在村外山边。村民将其尸体挖出，经辨认是大佐军衔。

在阻击日军的战斗中，江厦村民自卫队轻伤 2 人，重伤 1 人，重伤人员因治疗无效牺牲。

石墩喋血战遗址

1944 年 7 月 6 日，进犯龙门的日军 1000 多人从龙华开往路溪，途径茅岗乡（今龙江）石墩围。石墩围村民在乡绅刘其敬的组织带领下，截击日军的步兵后队。村民们凭借围屋碉楼痛击日军，毙伤日军 100 多人。战斗一直持续至下午，日军调来炮兵将石墩围围墙击破几处。日军攻占了石墩围。刘其敬及村民共 15 人在战斗中牺牲。25 名村民被进村日军枪杀、生剖，47 间房屋被烧毁。傍晚，附近村庄群众响起紧密的铜锣声、枪声向石墩围增援，日军害怕被前来增援的抗日队伍大队人马包围，匆忙撤离石墩围。

抗日战争胜利后，龙门县社会各界人士为纪念石墩围村民抗日英勇事迹，在县城东较场建立纪念碑，国民党爱国抗日将领张治中将军题词：忠烈可风。

龙门县革命烈士纪念碑、革命烈士英名录

一、革命烈士纪念碑（12 个）

（一）龙门革命烈士纪念碑

龙门革命烈士纪念碑坐落于龙门县城龙秀山，占地面积 400 平方米，耗资 31292 元。1983 年 2 月竣工。碑高 13.5 米，钢筋混凝土、砖实心砌体、水磨石米面。碑前，左、右建有一座黄琉璃六角攒尖亭。碑四周砌筑水泥花窗栏杆。纪念碑正面，红花绿叶四季常青。纪念龙门籍及在龙门地区的革命斗争中牺牲的英烈 254 名。

2018 年 9 月，龙门革命烈士纪念碑重修，并扩建开辟了集红色教育基地、休闲、游乐为一体的龙门革命纪念园。

（二）永汉革命烈士纪念碑

始建于 1950 年。原址在永汉镇赵家祠（原永汉区人民政府机关所在地）东边晒场（又称晒塘）。1957 年迁建永汉镇西边，土名大村树下（现永汉镇卫生院附近）。1962 年迁建永汉镇人民路"永汉烈士纪念堂"大门内。

现址位处永汉镇增龙路竹园村。占地 1200 平方米，耗资 27359 元。新碑建于 1984 年 10 月，碑高 18 米，花岗岩石砌成。纪念碑前建有门楼，入门左侧建三层楼房一栋供收藏展览革命文物，并设老党员、"两纵"（东江纵队、粤赣湘边纵队）老战士集

会、学习活动场所。四周筑围墙，有宽阔的院子。后墙墙体全文刻录《中国共产党永汉地区历史（新民主主义时期)》。

（三）铁岗革命烈士纪念碑

坐落于铁岗圩北面庙山（今已建成狮山公园），占地面积1200平方米，耗资1.5万元，建于1973年8月。碑高12米。砖、水泥结构，石米批面。碑左侧为革命烈士纪念台，右侧为革命烈士墓。周边绿树成荫，氛围肃穆庄严。

（四）龙华革命烈士纪念碑

坐落于龙华镇西边狮岭山山顶。1989年11月重建。占地面积225平方米，耗资8500元。碑高8.5米。砖、水泥实心砌体。有水泥、砖砌梯级路阶直通山顶纪念碑广场。

（五）沙迳革命烈士纪念碑

坐落于原沙迳镇政府正门前左侧（面对）龙门河畔。1976年8月建成，占地面积80平方米，耗资1.2万元。碑高8米，砖、水泥实心砌体。

（六）禾洞革命烈士纪念碑

坐落于龙江镇陈禾洞村庙前山。占地面积45平方米，耗资3000元。建于1977年2月，碑高6米，砖、水泥结构，实心砌体。纪念碑建于山下，碑前有宽阔的广场，与禾洞小学相邻。

（七）龙江革命烈士纪念碑

坐落于龙江镇圩边火烧排山顶。占地面积700平方米，耗资2500元。碑高7米，砖、水泥结构，实心砌体。山下有水泥砖砌梯级道路通往纪念碑台。

（八）平陵革命烈士纪念碑

坐落于平陵镇大岭山顶。占地面积400平方米，耗资8000元。建于1985年1月，碑高9米。砖、水泥结构，实心砌体，石米批面。山下有水泥、砖砌梯级道路通往山顶纪念碑台。

（九）麻榨革命烈士纪念碑

坐落于麻榨镇大桥山上。占地面积 200 平方米，耗资 9000元。建于 1986 年 8 月，碑高 13 米，砖、水泥、钢筋结构，实心砌体。纪念碑设三级基座，边长分别为 3.8 米（底级）、3 米（二级）、2.15 米（三级）。碑前，左右两旁设置石狮一对。山下有水泥、砖砌梯级道路通往山顶纪念碑台。

（十）地派革命烈士纪念碑

坐落于地派镇地派村石里头。占地面积 300 平方米，耗资 1.5 万元。建于 1991 年，碑高 7.6 米。砖、水泥、钢筋结构，实心砌体。

（十一）左潭革命烈士纪念碑

坐落于龙潭镇龙潭庙。占地面积 400 平方米，耗资 1.4 万元。建于 1991 年，碑高 7.8 米。砖、水泥、钢筋结构，实心砌体。近年来，龙潭镇修建了左潭大桥上下两边河堤，修建了龙潭庙前蓄水坝，美化了龙潭庙至左潭大桥一河两岸的生态环境。革命烈士纪念碑掩映在青山绿水之中，成为旅游、休闲一景。

（十二）蓝田革命烈士纪念碑

坐落于蓝田瑶族乡蓝田中学左边。占地面积 400 平方米，耗资 3.9 万元。建于 1995 年，碑高 7.8 米，砖、水泥、钢筋结构，实心砌体。

二、龙门县革命烈士英名录

（一）不同时期牺牲的革命烈士英名录

表 2-1　抗日战争时期牺牲的革命烈士一览表（共 1 名）

姓名	性别	出生年份	籍贯	参加革命时间牺牲时间、地点	牺牲前单位、职务
钟水容	男	1918	永汉镇莲塘村下龙围	1945 年 2 月参加东江纵队，同年 6 月在低洞收税时被捕遇害	东江纵队四支队金龙大队战士

表 2-2　解放战争时期牺牲的革命烈士一览表（共 160 名）

姓名	性别	出生年份	籍贯	参加革命时间牺牲时间、地点	牺牲前单位、职务
王李炎	男	1927	永汉镇寮田村新屋下围	1944 年参加革命，1945 年在钟山下磨刀坑收税时遇敌战斗牺牲	东江纵队四支队金龙大队战士
王谦李	男	1925	永汉镇鹤湖村	1945 年 3 月参加革命，同年 10 月在族坑被捕遇害	东江纵队四支队金龙大队战士
李辉	男	1927	永汉镇低洞村李屋围	1944 年 12 月参加革命，1945 年 10 月在增城县正果碑水库被捕遇害	东江纵队四支队金龙大队班长
赵陈娇	男	1917	永汉镇见田村新村围	1945 年 4 月参加革命，同年 10 月在香溪被捕遇害	东江纵队四支队战士

（续表）

姓名	性别	出生年份	籍贯	参加革命时间牺牲时间、地点	牺牲前单位、职务
王日炎	男	1930	永汉镇鹤湖村鹤新围	1945年2月参加革命，同年11月在上蓝滘与敌作战牺牲	东江纵队四支队战士
谭福生	男	1923	龙潭镇塘坑村	1945年6月参加革命，1946年8月从曲江县奉调龙门县途中与敌作战时牺牲	东江纵队战士
王　女	男	1923	龙潭镇塘坑村	1945年6月参加革命，1946年8月从曲江县奉调龙门县途中与敌作战时牺牲	东江纵队战士
王成忠	男	1931	龙潭镇塘坑村	1945年6月参加革命，1946年8月从曲江县奉调龙门县途中与敌作战时牺牲	东江纵队战士
钟炳芬	男	1924	龙潭镇塘坑村榕树下围	1945年6月参加革命，1946年8月从曲江县奉调龙门县途中与敌作战时牺牲	东江纵队战士
王　明	男	不详	麻榨镇约坑村	1945年6月参加革命，1946年8月在牛牯嶂作战时牺牲	东江纵队金龙大队班长

（续表）

姓名	性别	出生年份	籍贯	参加革命时间 牺牲时间、地点	牺牲前单位、职务
林德明	男	1921	龙华镇西族村塘角埔围	1945 年参加革命，1946 年在永汉低岽反"扫荡"中牺牲	东江纵队四支队税站税务员
王统养	男	1928	麻榨镇大陂村田心围	1942 年参加革命，1947 年在博罗公庄作战时牺牲	增龙从博人民自卫队班长
郑南星	男	1924	麻榨镇磜下村基坑郑老围	1946 年 8 月参加革命，1947 年在部队因伤牺牲	增龙河人民解放队战士
叶锦椿	男	1920	永汉镇寮田村叶屋围	1946 年 8 月参加革命，1947 年春在香溪族坑口遇敌作战负伤后牺牲	增龙从博人民自卫队战士
张灶炯	男	1906	永汉镇前锋村	1945 年 10 月参加革命，1947 年春在博罗县黄竹坳作战牺牲	博龙河人民解放队二团战士
刘香	男	1920	龙田镇黄珠洞村坑水围	1945 年参加革命，1947 年在新丰县陆古村作战时牺牲	龙从人民保乡队战士
廖李科	男	1926	永汉镇寮田村廖屋围	1947 年 1 月参加革命，同年 3 月在低岽伏击战中牺牲	增龙从博人民自卫队班长

（续表）

姓名	性别	出生年份	籍贯	参加革命时间牺牲时间、地点	牺牲前单位、职务
王佛光	男	1917	永汉镇莲塘村老王屋围	1946年冬参加革命，1947年3月在低冚与敌作战时牺牲	增龙从博人民自卫队战士
钟运发	男	1934	永汉镇黄牛冚村大元围	1947年2月参加革命，同年冬在虎头坪因公牺牲	博龙河人民解放队二团战士
李国	男	1923	龙华镇香港村上里围	1947年2月参加革命，同年9月在永汉低冚作战时牺牲	增龙从博人民自卫队战士
叶佳	男	1914	永汉镇寮田村叶屋围	1947年9月参加革命，同年10月在永汉雁洋陂被捕，在从化县吕田遇害	增龙从博人民自卫队战士
叶灶房	男	1918	永汉镇雁洋陂村叶屋围	1947年参加革命，同年10月在雁洋陂叶屋村被捕，在从化县吕田遇害	龙门县民兵中队小队长
丘学祚	男	1908	密溪林场密溪村新屋围	1947年2月参加革命，同年11月在蓝田税站被捕就义	龙从人民保乡队小队长
邓石扬	男	1912	龙江镇陈禾洞村邓山下围	1947年4月参加革命，同年12月在博罗县公庄杨梅坑收税时被敌人围捕就义	博龙河人民解放队税站税务员

（续表）

姓名	性别	出生年份	籍贯	参加革命时间 牺牲时间、地点	牺牲前单位、职务
范徐兴	男	1925	永汉镇官田村社湖围	1946年春参加革命，1947年12月在麻榨坳头作战时牺牲	增龙从博人民自卫队班长
何广英	男	1924	麻榨镇下龙村	1946年参加革命，1947年在博罗县公庄作战时牺牲	博龙河人民解放队班长
邓双喜	男	1924	龙江镇陈禾洞村邓坑围	1947年4月参加革命，同年12月在博罗县公庄杨梅坑收税时被敌围捕就义	博龙河人民解放队税站税务员
罗耀田	男	1921	龙潭镇坳头村	1947年参加革命，同年12月在铁岗瑶�被捕，在从化县吕田就义	龙从人民保乡队战士
陈石金	男	1917	龙华镇水口村陈屋围	参加革命时间不详，1947年12月被捕后在龙华圩就义	博龙河人民解放队地下交通员
李泽森	男	1927	龙华镇双东村甲坑围	1947年参加革命，同年在鳌溪战斗中牺牲	博龙河人民解放队战士
谭进盛	男	不详	龙团镇黄竹沥村刘屋围	1947年在铁岗作战时牺牲	龙从人民保乡队战士

（续表）

姓名	性别	出生年份	籍贯	参加革命时间牺牲时间、地点	牺牲前单位、职务
邓棠胜	男	1931	麻榨镇北隅村梅下围	1946年5月参加革命，1948年2月在河源县百步圩作战时牺牲	江北支队三营流星队三排副排长
王林兴	男	1932	麻榨镇河东村井水围	1946年参加革命，1948年3月在博罗县福田战斗中牺牲	江北支队猛炮队战士
林惠德	男	1907	龙田镇社厦村河田围	1947年4月参加革命，1948年3月在县城太平门遭国民党军杀害	江北支队袁可风武工队战士
叶　景	男	1912	永汉镇寮田村叶屋围	1947年下半年参加革命，1948年3月在上莲塘岜尾突围时牺牲	江北支队二团税务员
吴毛仔	男	1930	平陵镇祖塘村黄龙围	1948年3月参加革命，同月在平陵白芒坑战斗中被捕后在平陵圩就义	江北支队一团战士
王瑞兴	男	1920	永汉镇寮田村瓦屋围	1947年冬参加革命，1948年3月在增城县正果黄沙坝收税时遇敌战斗中牺牲	江北支队二团税务员
陈金风	男	1917	永汉镇见田村	1948年1月参加革命，同年3月在从化县石坑作战时牺牲	江北支队二团战士

（续表）

姓名	性别	出生年份	籍贯	参加革命时间 牺牲时间、地点	牺牲前单位、职务
何炳	男	1906	永汉镇振东村长岽围	1948年1月参加革命，同年3月在从化县石坑作战时牺牲	江北支队二团战士
姚忠	男	1915	永汉镇永汉圩委员会	1948年初参加革命，同年3月在增城县罗黄洞与敌作战牺牲	江北支队二团战士
石国连	男	1921	地派镇清塘村枫树下围	1947年冬参加龙从人民保乡队，1948年春在从化县塘基背被捕，于龙门县铁岗就义	江北支队三团班长
潘启明	男	不详	地派镇地派村双围	1947年参加龙从人民保乡队，1948年春在从化县塘基背被捕后，于龙门县铁岗就义	江北支队三团班长
王鉴春	男	1920	永汉镇寮田村新屋下围	1944年参加革命，1948年3月在上莲塘岽尾被捕，在永汉圩就义	江北支队二团副队长
伍亚海	男	不详	地派镇地派村白滩围	1947年8月参加龙从人民保乡队，1948年4月在从化县吕田塘基背战斗中牺牲	江北支队三团平汉副小队长

（续表）

姓名	性别	出生年份	籍贯	参加革命时间牺牲时间、地点	牺牲前单位、职务
刘增荣	男	1913	地派镇芒派村雷公背围	1947年12月参加龙从人民保乡队，1948年4月在地派芒派大岭头与敌作战时牺牲	江北支队三团战士
刘灶荣	男	1914	地派镇芒派村雷公背围	1947年12月参加龙从人民保乡队，1948年4月在地派芒派大岭头与敌作战时牺牲	江北支队三团战士
路王生	男	1913	地派镇芒派村石塘围	1947年12月参加龙从人民保乡队，1948年4月在从化县塘基背被捕，在龙门县地派圩就义	江北支队三团战士
路大华	男	1924	地派镇芒派村石塘围	1947年12月参加革命，1948年4月在地派大岭头被捕，在牛皮岭就义	江北支队三团战士
王日南	男	1910	永汉镇鹤湖村鹤老围	1947年参加革命，1948年4月在丰坑作战时牺牲	江北支队二团战士
陈添怀	男	1893	永汉镇合口村六夫田围	1946年冬参加革命，1948年5月在十字路车寮被捕，于乌坭湖与新布间小山上就义	江北支队二团税收员

（续表）

姓名	性别	出生年份	籍贯	参加革命时间 牺牲时间、地点	牺牲前单位、职务
潘志华	男	不详	地派镇地派村双围	1946 年参加革命，1948 年 5 月在蓝田圩战斗中牺牲	江北支队三团钢炮队队员
张石木	男	1926	永汉镇梅州村南三围	1947 年 2 月参加革命，1948 年 5 月在牛径岇被捕遇害	江北支队二团交通站站长
李 发	男	1930	龙江镇六子园村新屋围	1947 年 8 月参加革命，1948 年 5 月在博罗县公庄梧桐胜战斗中牺牲	江北支队一团白虎队战士
李石流	男	1925	永汉镇鹤湖围丰坑围	1947 年 9 月参加民兵，1948 年 5 月在关爷厅遭国民党军杀害	龙门县永汉民兵
叶九林	男	1900	永汉镇寮田村叶屋围	1947 年 10 月参加革命，1948 年 5 月在永汉十字路村被捕就义	永汉寮田农会干事
李瑞祥	男	1923	永汉镇红星村十字路围	1947 年参加革命，1948 年 5 月在十字路村被捕遭杀害	江北支队二团战士
梁路坤	男	1911	平陵镇祖塘村麒麟围	1947 年参加革命，1948 年 5 月在河源县古岭圩收税时被国民党军围捕，在平陵就义	江北支队一团战士

（续表）

姓名	性别	出生年份	籍贯	参加革命时间牺牲时间、地点	牺牲前单位、职务
邓观保	男	1902	龙江镇六屯村禾塘岭围	1944年4月参加革命，1948年6月在路溪禾塘作战时牺牲	江北支队交通站站长
李　镜	男	1914	龙江镇路溪村路溪圩	1944年5月参加革命，1948年6月在大达被地主武装围捕遇害	江北支队交通站站长
温乙金	男	1924	麻榨镇磜下村基坑郑新围	1944年5月参加革命，1948年6月被捕，在下龙鸡花径遭杀害	江北支队一团交通员
王火明	男	1908	永汉镇寮田村新屋下围	1947年参加革命，1948年6月在十字路村被捕杀害	江北支队二团战士
李　基	男	1927	永汉镇鹤湖村丰坑围	1947年9月参加革命，1948年6月在马图岗坳被捕，在永汉圩就义	江北支队二团短枪队队员
王城古	男	1913	麻榨镇罗坑村	1947年参加革命，1948年6月在麻榨罗坑水背村被捕，于增城县合水店被杀害	江北支队七团战士
王房新	男	1920	永汉镇寮田村茶园下围	1947年参加革命，1948年6月在十字路村被捕就义	江北支队二团司务员

（续表）

姓名	性别	出生年份	籍贯	参加革命时间 牺牲时间、地点	牺牲前单位、职务
陈炳坤	男	1921	永汉镇鹤湖村陈周围	1947 年参加革命，1948 年 6 月在狮岭被捕就义	龙门县永汉民兵班长
丘炳坤	男	1916	永汉镇雁洋陂村丘屋围	1947 年 6 月参加革命，1948 年上半年在番禺县开辟新区与敌作战时牺牲	江北支队二团战士
肖亚新	男	1916	龙田镇黄珠洞村肖屋围	1945 年参加革命，1948 年 4 月 5 日在黄珠洞被捕，同年农历七月十四日在县城就义	江北支队袁可风武工队通讯员
阮华清	男	1913	麻榨镇东安村	1945 年参加革命，1948 年 7 月在博罗县公庄作战时牺牲	江北支队二团铁罗队战士
王国芬	男	1927	麻榨镇礤下村长岇围	1948 年 1 月参加革命，同年 7 月在博罗县福田作战时牺牲	江北支队一团通讯员
路黄周	男	1923	地派镇地派村寺湾围	1948 年 2 月参加龙从人民保乡队，同年 7 月在攻打高明县伪乡公所负伤后牺牲	江北支队三团班长

（续表）

姓名	性别	出生年份	籍贯	参加革命时间牺牲时间、地点	牺牲前单位、职务
邓桃吉	男	1921	麻榨镇中心村坑口围	1946 年 7 月参加革命，1948 年 8 月在双龙执行任务途中被捕在麻榨圩就义	龙门县地下工作者
范启贤	男	1931	永汉镇官田村社湖围	1946 年冬参加革命，1948 年 8 月在博罗县公庄作战时牺牲	江北支队二团战士
巫金水	男	1920	麻榨镇约坑村	1946 年参加革命，1948 年 8 月在紫金县作战时牺牲	江北支队二团战士
王木香	男	1930	永汉镇寮田村新屋下围	1947 年 4 月参加革命，1948 年 8 月在博罗县平安圩作战时牺牲	江北支队二团小队长
潘三保	男	1916	地派镇地派村仓下围	1947 年冬参加革命，1948 年 8 月在从化县车步因伤牺牲	龙从人民保乡队武工队队员
黄来兴	男	1931	麻榨镇罗坑村雷公坪围	1947 年冬参加革命，1948 年 8 月在博罗县福田作战时牺牲	江北支队猛炮队战士
李庚新	男	1898	龙江镇陈禾洞村下头围	1947 年 7 月参加革命，1948 年 8 月在博罗县树头岭大坑战斗中牺牲	江北支队一团白虎队副班长

（续表）

姓名	性别	出生年份	籍贯	参加革命时间 牺牲时间、地点	牺牲前单位、职务
邹南清	男	1924	平陵镇路滩村邹屋围	1947 年参加革命，1948 年 8 月在龙门县城活动牺牲	博龙河人民解放队常备队民兵小队长
茹石英	男	1921	龙潭镇下埔村	1947 年参加革命，1948 年 9 月在左潭石连前山作战时牺牲	江北支队三团机枪手
罗房新	男	1927	麻榨镇凤岗村罗屋围	1948 年 1 月参加革命，同年 9 月下旬在从化县连麻坝战斗中牺牲	江北支队二团钢铁队班长
陈廖彩	女	1924	永汉镇大埔村新围	1948 年上半年参加革命，同年 9 月在西河村遭国民党军杀害	江北支队二团交通员
邓观清	男	1930	龙华镇龙石头村	1943 年参加革命，1948 年 4 月被捕，同年 10 月在龙华圩遇害	江北支队一团战士
王绍球	男	1929	麻榨镇约坑村白灰屋围	1945 年参加革命，1948 年 10 月在博罗县石坝作战时牺牲	江北支队钢炮营副连长
罗育梅	男	1910	地派镇树园口村大围	1947 年 4 月参加革命，1948 年 10 月在树园口大围被捕，在地派圩就义	江北支队三团情报员

（续表）

姓名	性别	出生年份	籍贯	参加革命时间牺牲时间、地点	牺牲前单位、职务
郑何九	男	1924	永汉镇上埔村郑围光围	1947年4月参加革命，1948年10月在增城县派潭被捕就义	江北支队二团税务员
邓德权	男	1930	麻榨镇中心村坑口围	1947年6月参加革命，1948年10月在博罗县石坝作战时牺牲	江北支队一团流星队战士
严李保	男	1922	蓝田瑶族乡新星村	1947年参加革命，1948年10月在从化县连麻坝作战时牺牲	江北支队三团钢炮队通讯员
刘怡添	男	1931	地派镇芒派村雷公背围	1948年9月参加江北支队，同年10月在秀塔山作战时牺牲	江北支队三团战士
刘水连	男	1884	南昆山管委会炉下村王牛坪围	1947年冬参加农会，1948年11月在南昆营盘墩被国民党军杀害	龙门县南昆农会委员
洪水清	男	1917	南昆山管委会炉下村王牛坪围	1947年冬参加农会，1948年11月在南昆营盘墩被国民党军杀害	龙门县南昆农会委员、民兵队长
洪亚房	男	1902	南昆山管委会炉下村王牛坪围	1947年冬参加农会，1948年11月在南昆营盘墩被国民党军杀害	龙门县南昆农会委员

（续表）

姓名	性别	出生年份	籍贯	参加革命时间牺牲时间、地点	牺牲前单位、职务
郭继清	男	1915	南昆山管委会炉下村	1947年冬参加农会，1948年11月在南昆营盘墩被国民党军杀害	龙门县南昆农会委员
关金水	男	1927	麻榨镇凤岗村上坑围	1948年参加革命，同年11月在河源县古岭作战时牺牲	江北支队独立钢炮营机枪手
黄树	男	1926	龙华镇四围村黄屋围	1948年参加革命，同年11月在河源县立溪战斗中负重伤牺牲	江北支队一团白虎队战士
王流添	男	1921	永汉镇寮田村新屋下围	1948年参加民兵，同年11月在寮田梅岎遭国民党军杀害	龙门县永汉寮田民兵
张桂明	男	1920	龙华镇南窖村黄沙围	1943年参加革命，1948年在博罗县柏塘天光围因公牺牲	江北支队情报员
王纪有	男	1920	永汉镇鹤湖村虎头坪围	1943年参加革命，后在惠阳县被捕，1948年在博罗县监狱中牺牲	增龙从博人民自卫队战士
李敬生	男	1915	永汉镇红星村鸦鹊垄围	1945年1月参加革命，1948年在十字路村被捕遭杀害	江北支队二团中队长

（续表）

姓名	性别	出生年份	籍贯	参加革命时间 牺牲时间、地点	牺牲前单位、职务
邓　九	男	1932	麻榨镇中心村坑口围	1945 年参加革命，1948 年在海丰县梅陇作战时牺牲	江北支队边中一营二连小鬼班班长
潘元有	男	1902	龙潭镇南坑村潘屋岗围	1945 年 3 月参加革命，1948 年在从化县吕田作战时牺牲	江北支队三团战士
朱　兴	男	1928	龙华镇南窖村大坋围	1946 年参加革命，1948 年在平陵圩作战负伤牺牲	江北支队三支二团战士
张雁波	男	1919	龙华镇南窖村黄沙围	1946 年参加革命，1948 年冬在香溪遭国民党军杀害	江北支队战士
王伯勋	男	1922	麻榨镇约坑村	1946 年 7 月参加革命，1948 年在博罗县油麻布作战时牺牲	江北支队二团战士
范天保	男	1929	永汉镇寮田村范屋	1946 年冬参加革命，1948 年在增城县福和作战时牺牲	江北支队二团战士
王耀勋	男	1913	永汉镇莲塘村新王屋	1947 年下半年参加革命，1948 年 12 月在下莲塘被捕就义	江北支队二团战士

（续表）

姓名	性别	出生年份	籍贯	参加革命时间牺牲时间、地点	牺牲前单位、职务
王房敬	男	1911	永汉镇寮田村新屋下围	1947 年参加革命，1948 年 12 月在博罗县平安圩矮围作战时牺牲	江北支队二团战士
范　金	男	1924	永汉镇寮田村范屋	1947 年参加革命，1948 在上莲塘圕尾被捕，在永汉圩就义	江北支队二团税务员
张亚路	男	1900	平陵镇小塘村插贝围	1947 年参加革命，1948 年在黄沙小塘桥头被捕就义	江北支队一团白虎队战士
钟汉强	男	1929	永汉镇黄牛甽村	1947 年 2 月参加革命，1948 年冬在博罗县上公庄与敌作战时牺牲	江北支队二团班长
王钟祥	男	1927	麻榨镇大陂村新塘围	1947 年参加革命，1948 年在博罗县公庄战斗负伤治疗无效牺牲	江北支队二团班长
朱新发	男	1931	南昆山管委会花竹村	1947 年参加革命，1948 年在博罗县作战时牺牲	江北支队铁李中队通讯员
罗裔水	男	1924	龙田镇田美村格中围	1947 年参加革命，1948 年在从化县吕田作战时牺牲	江北支队三团战士

（续表）

姓名	性别	出生年份	籍贯	参加革命时间 牺牲时间、地点	牺牲前单位、职务
罗玉木	男	1930	龙田镇青溪村罗仔围	1947年冬参加革命，1948年在从化县吕田战斗中牺牲	江北支队三团战士
郭房发	男	1930	永汉镇	1948年2月参加革命，同年送信至龙门途中被捕就义	江北支队二团通讯员
王庆华	男	1918	麻榨镇河东村洪屋围	1948年参加革命，同年在博罗县作战时牺牲	江北支队猛炮队战士
叶　发	男	1927	永汉镇新陂村叶屋围	1948年参加革命，同年冬在博罗县横河战斗中牺牲	江北支队二团战士
李　统	男	1913	永汉镇低冚村河背围	1948年参加革命，同年在锦城大径塘角被捕就义	江北支队交通站交通员
谢　才	男	1932	麻榨镇下龙村岭背围	1948年参加革命，同年12月在博罗县被捕，在横河圩遭杀害	江北支队一团飞刀队战士
谭容昆	男	1911	麻榨镇东安村官厅围	1948年参加革命，在部队因伤牺牲	江北支队一团铁鹰队交通站站长

（续表）

姓名	性别	出生年份	籍贯	参加革命时间牺牲时间、地点	牺牲前单位、职务
张瑞彬	男	1914	龙华镇南窖围黄沙围	1946年参加革命，1949年1月在香溪田心庙被捕就义	香溪田心民兵中队长
王昌	男	1933	龙华镇高沙村大湖围	1946年参加革命，1949年在增城县罗王洞战斗中牺牲	东江第三支队二团战士
刘汉全	男	1929	平陵镇山下村楼阁围	1947年2月参加革命，1949年2月在博罗县黄珠洞战斗中牺牲	东江第三支队三团飞虎队机枪射手
刘球	男	1929	龙江镇龙江村九屯围	1948年10月参加革命，1949年2月在博罗县干山上坪战斗中牺牲	东江第三支队一团白虎队战士
邓成基	男	1926	麻榨镇中心坑口围	1947年5年参加革命，1949年3月在博罗县三径遭土匪杀害	东江第三支队一团流星队指导员
潘日胜	男	1929	永汉镇见田村鸡仔岭围	1948年冬参加民兵，1949年3月在永汉被捕遇害	龙门县永汉民兵队长
龙丁富	男	1924	永汉镇前锋村浪头围	1948年1月参加革命，1949年4月在五华县鸡乸颈作战时牺牲	东江第三支队二团战士

（续表）

姓名	性别	出生年份	籍贯	参加革命时间 牺牲时间、地点	牺牲前单位、职务
罗 记	男	1928	地派镇 地派村 仓下围	1946 年 8 月参加革命，1949 年 4 月在从化县乌石三兜松战斗中牺牲	东江第三支队司令部保卫员
钟思培	男	1923	南昆山管委会	1948 年冬参加革命，1949 年春被捕遇害	龙门县南昆农会委员
王端容	女	1931	麻榨镇坑口村	1947 年 11 月参加革命，1949 年 4 月在永汉雁洋陂作战时牺牲	东江第三支队司令部卫生员
林 英	女	1913	永汉镇 见田村 新围	1948 年参加革命，1949 年 4 月在梅州南亩遭国民党自卫队杀害	东江第三支队二团联络员
吕 添	男	不详	南昆山管委会乌坭村	1948 年 8 月参加革命，1949 年 5 月在牛牯嶂游击队总指挥部因伤牺牲	东江第三支队二团战士
陈杜荣	男	1906	永汉镇 合口村 陈屋	1948 年参加革命，1949 年 5 月在河源县黄麻陂作战时牺牲	东江第三支队二团战士

（续表）

姓名	性别	出生年份	籍贯	参加革命时间牺牲时间、地点	牺牲前单位、职务
刘安德	男	1921	平陵镇平陵圩	1946 年参加革命，1949 年 6 月在平陵收税时，遭国民党军围捕就义	东江第三支队一团平陵交通站负责人
苏容根	男	1914	龙田镇花围村苏屋围	1947 年 3 月参加革命，1949 年 6 月在从化县吕田放哨时牺牲	东江第三支队战士
丘观容	男	1925	永汉镇雁洋陂村丘屋围	1947 年参加革命，1949 年 6 月在增城县樟洞坑收税时遇敌，战斗中牺牲	东江第三支队二团税务员
陈佛祥	男	1925	龙江镇石下村	1947 年参加革命，1949 年 7 月在增城县正果作战时牺牲	东江第三支队一团白虎队排长
黄伯相	男	1921	永汉镇雁洋陂村黄屋围	1947 年参加革命，1949 年 6 月在增城县樟洞坑收税时遇敌，作战中牺牲	东江第三支队二团工作队员
朱 松	男	1924	永汉镇鹤湖村朱屋围	1947 年参加革命，1949 年 6 月在博罗县公庄作战负伤后牺牲	东江第三支队二团战士

（续表）

姓名	性别	出生年份	籍贯	参加革命时间 牺牲时间、地点	牺牲前单位、职务
王容珍	男	1922	永汉镇锦城村南山围	1947年5月参加革命，1949年7月在增城县正果作战时牺牲	东江第三支队二团战士
何　新	男	1929	永汉镇油田村黄屋围	1947年5月参加革命，1949年7月在增城县正果作战时牺牲	东江第三支队二团战士
王木荣	男	1928	永汉镇官田村	1947年5月参加革命，1949年7月在增城县正果作战时牺牲	东江第三支队二团战士
唐新发	男	1929	永汉镇低岽村河背围	1947年10月参加革命，1949年7月在博罗县上坪作战时牺牲	东江第三支队二团班长
钟文瑞	男	1926	永汉镇莲塘村下龙围	1948年3月参加革命，1949年7月在增城县正果作战时牺牲	东江第三支队二团战士
廖　民	男	1930	龙华镇马嘶村沙迳圩	1949年参加革命，1949年7月在攻打增城县正果圩时负伤，因治疗无效于横河牺牲	东江第三支队二团战士
余　全	男	1913	龙潭镇南坑村班陂围	1946年参加革命，1949年7月在海丰县梅陇作战时牺牲	东江第三支队三团三营三连二排战士

（续表）

姓名	性别	出生年份	籍贯	参加革命时间牺牲时间、地点	牺牲前单位、职务
李锦棠	男	1922	龙江镇埔心村埔心围	1947年11月参加革命，1949年7月在河源县双下作战时负伤，送广州救治无效牺牲	东江第三支队六团二营五连一排战士
刘福周	男	1931	地派镇大坑村麻地下围	1948年春参加革命，1949年7月在海丰县梅陇战斗中牺牲	东江第三支队三团一平队战士
徐景房	男	1931	永汉镇永汉圩居委会	1949年6月参加革命，同年7月在增城县正果作战时牺牲	东江第三支队二团战士
刘启如	男	1932	龙城街道甘香社区井头围	1948年5月参加革命，1949年8月在平陵、古岭交界处遭敌人杀害	东江第三支队一团战士
张水桂	男	1930	龙田镇沙塘村桥二围	1947年6月参加革命，1949年7月在增城县正果佛爷庙战斗中牺牲	东江第三支队队战士
阮桂森	男	1919	龙江镇石村阮田心围	1947年8月参加革命，1949年9月在河源县战斗中牺牲	东江第三支队一团白虎队战士

（续表）

姓名	性别	出生年份	籍贯	参加革命时间 牺牲时间、地点	牺牲前单位、职务
李琼华	男	1927	永汉镇鹤湖村丰坑围	1947 年 参 加 革 命，1949 年 9 月在紫金县孝义圩攻敌炮楼时牺牲	东江第三支队一团白虎队战士
罗金水	男	1930	地派镇芒派村横江围	1948 年 4 月参加江北支队，1949 年 9 月在坳头阻击战争中牺牲	江北支队三团战士
连木房	男	1927	永汉镇永汉圩居委会	1947 年 参 加 革 命，1949 年在东莞县樟木头作战时牺牲	东江第三支队二团战士
张耀枢	男	1919	永汉镇双东村张屋围	1948 年 参 加 革 命，1949 年在增城县正果圩战斗中牺牲	东江第三支队二团战士
张王丁	男	1931	永汉镇前锋村相记围	1947 年 参 加 革 命，1949 年在五华县鸡嫲颈作战时牺牲	东江第三支队二团战士
张丙森	男	1918	香溪镇双东村下寮围	1947 年 参 加 革 命，1949 年在博罗县柏塘因公牺牲	东江第三支队二团副班长
邓来发	男	1920	路溪镇陈禾洞村邓山下围	1949 年 7 月参加革命，1949 年在河源县双下作战负伤，送广州救治无效牺牲	东江第三支队一团战士

（续表）

姓名	性别	出生年份	籍贯	参加革命时间 牺牲时间、地点	牺牲前单位、职务
潘学中	男	1929	地派镇清塘村凤岗围	1947年7月参加龙从人民保乡队，1949年在龙门县平陵镇隘子遭国民党自卫队杀害	东江第三支队战士
戴容清	男	1928	龙华镇水口村凹背塘村	1947年参加革命，1948年4月在平陵白芒坑遇伏击牺牲	江北支队一团战士

表3-3 社会主义革命和社会主义

建设时期牺牲的革命烈士一览表（共61名）

姓名	性别	出生年份	籍贯	参加革命时间 牺牲时间、地点	牺牲前单位、职务
旋德祥	男	1921	龙华镇四围村上屋围	1947年10月参加革命，1949年10月在龙门县坳头与国民党军作战时牺牲	东江第三支队一团白虎队战士
何碧钦	男	1914	永汉镇马星村塘肚围	1948年3月参加革命，1949年11月在平息铁岗反革命暴乱的战斗中牺牲	龙门县铁岗乡府税务员
谭明进	男	1931	地派镇芒派村横江围	1949年9月参加解放军，同年11月在平息铁岗反革命暴乱的战斗中牺牲	东江第三支队三团战士

（续表）

姓名	性别	出生年份	籍贯	参加革命时间 牺牲时间、地点	牺牲前单位、职务
余炳南	男	1906	龙潭镇马岭村瑶夆围	1946 年 9 月参加革命，1949 年 11 月在平息铁岗反革命暴乱的战斗中牺牲	龙门县铁岗乡副乡长
刘连有	男	1922	龙田镇沙塘村桥头围	1947 年 9 月参加革命，1949 年 11 月在平息铁岗反革命暴乱的战斗中牺牲	东江第三支队一团一营狮子队战士
万丁贵	男	1926	地派镇大坑下村围	1947 年参加革命，1949 年 11 月在平息铁岗反革命暴乱的战斗中牺牲	东江第三支队三团战士
王德生	男	1915	龙潭镇新屋村	1947 年参加革命，1949 年 11 月在平息铁岗反革命暴乱的战斗中牺牲	东江第三支队三团小队长
李焕桂	男	1921	龙潭镇南坑村南一围	1947 年参加革命，1949 年 11 月在平息铁岗反革命暴乱的战斗中牺牲	东江第三支队三团小队长
林房新	男	1925	龙华镇西族村黄莲围	1947 年参加革命，1949 年 11 月在平息铁岗反革命暴乱的战斗中牺牲	龙门县公安连战士

（续表）

姓名	性别	出生年份	籍贯	参加革命时间 牺牲时间、地点	牺牲前单位、职务
杨其祥	男	1895	龙潭镇马岭村梅桔围	1947年参加革命，1949年11月在平息铁岗反革命暴乱的战斗中牺牲	龙门县铁岗乡乡长
温乃华	男	1930	密溪林场密溪村清明塘围	1947年5月参加革命，1949年11月在平息铁岗反革命暴乱的战斗中牺牲	东江第三支队三团钢炮队通讯员
潘岐颜	男	1925	龙潭镇新屋村三坑口围	1947年参加革命，1949年11月在平息铁岗反革命暴乱的战斗中牺牲	东江第三支队三团战士
潘已胜	男	1923	龙潭镇南坑村潘屋岗围	1947年参加革命，1949年11月在平息铁岗反革命暴乱的战斗中牺牲	东江第三支队三团战士
朱黄海	男	1928	蓝田乡到流村矮岭围	1948年5月参加革命，1949年11月在平息铁岗反革命暴乱的战斗中牺牲	龙门县大队战士
刘石新	男	1927	麻榨镇凤岗村大山口围	1948年1月参加革命，1949年11月在增城县开庆祝会鸣炮，因炮弹爆炸牺牲	增城县公安连战士

（续表）

姓名	性别	出生年份	籍贯	参加革命时间 牺牲时间、地点	牺牲前单位、职务
刘　貌	男	1912	永汉镇振东村新园围	1949 年参加解放军，1949 年 11 月在增城县开庆祝会鸣炮时因炮弹爆炸牺牲	增城县大队三连战士
翟锦纯	男	1929	地派镇芒派村沙田围	1949 年 5 月参加革命，同年 11 月在平息铁岗反革命暴乱的战斗中牺牲	龙门县铁岗乡指导员
伍润林	男	1936	龙城街道水西村下元围	1949 年 6 月参加革命，同年 11 月在平息铁岗反革命暴乱的战斗中牺牲	东江第三支队二团战士
林料陈	男	1932	龙田镇社夏村河田上围	1949 年 6 月参加革命，同年 11 月在平息铁岗反革命暴乱的战斗中牺牲	东江第三支队一团一营战士
余成喜	男	1904	龙潭镇南坑村班陂围	1949 年参加民兵，同年 11 月在平息铁岗反革命暴乱的战斗中牺牲	龙门县铁岗乡民兵
李水容	男	1925	永汉镇红星村寺前围	1946 年冬参加革命，1949 年 12 月在平息铁岗反革命暴乱的战斗中牺牲	龙门县公安连战士

（续表）

姓名	性别	出生年份	籍贯	参加革命时间牺牲时间、地点	牺牲前单位、职务
龙记贤	男	1926	永汉镇前锋村浪头围	1947 年参加革命，1949 年 12 月在平息铁岗反革命暴乱的战斗中牺牲	龙门县大队战士
曾威全	男	1917	永汉镇见田村新车围	1947 年参加革命，1949 年 12 月在平息铁岗反革命暴乱的战斗中牺牲	东江第三支队二团税务员
赵世深	男	1927	永汉镇	1948 年 8 月参加革命，1949 年 12 月在平息铁岗反革命暴乱的战斗中牺牲	龙门县大队战士
钟房娣	女	1931	永汉镇	1948 年冬参加革命，1949 年 12 月在平息铁岗反革命暴乱的战斗中牺牲	龙门县铁岗乡人民政府卫生员
钟焕新	男	1929	永汉镇低冚村新钟屋围	1949 年 6 月参加县大队，同年 12 月在平息铁岗反革命暴乱的战斗中牺牲	龙门县大队战士
丘日生	男	1930	永汉镇雁洋陂村丘屋围	1949 年 8 月参加龙门县公安营，同年 12 月在平息铁岗反革命暴乱的战斗中牺牲	龙门县公安连战士

（续表）

姓名	性别	出生年份	籍贯	参加革命时间 牺牲时间、地点	牺牲前单位、职务
朱水祥	男	1930	永汉镇	1949 年 8 月参加革命，同年 12 月在平息铁岗反革命暴乱的战斗中牺牲	东江第三支队二团战士
林启明	男	1930	永汉镇	1949 年 8 月参加革命，同年 12 月在平息铁岗反革命暴乱的战斗中牺牲	东江第三支队二团战士
廖　平	男	1925	龙潭镇禾洞村高二围	1947 年参加革命，1949 年在海丰县梅陇作战时牺牲	东江第三支队三团三营九连班长
许水球	男	1932	龙潭镇石连村许一围	1948 年参加革命，1949 年 12 月在平息铁岗反革命暴乱的战斗中牺牲	东江第三支队三团通讯员
林石生	男	1918	麻榨镇桂村王田庄围	1946 年 1 月参加革命，1950 年在惠州城作战负伤牺牲	粤赣湘边纵队主力队副排长
李汉杰	男	1917	平陵镇平陵圩权利围	1946 年参加革命，1950 年在茅岗围剿土匪战斗中牺牲	东江第三支队一团战士

（续表）

姓名	性别	出生年份	籍贯	参加革命时间 牺牲时间、地点	牺牲前单位、职务
吴庭芳	男	1933	麻榨镇大陂村新村围	1947年12月参加革命，1950年1月在增城县病故	增城县大队战士
钟炳坤	男	1926	永汉镇	1949年8月参加革命，1950年2月在河源县樟木寨剿匪战斗中牺牲	东江第三支队二团战士
刘锦城	男	1924	永汉镇振东村马图岗围	1949年参加解放军，1950年2月在增城县二龙圩张屋遭土匪杀害	增城县大队战士
李陈友	男	1930	龙田镇鸬鹚村下村围	1949年9月参加龙门县公安连，1950年3月在茅岗剿匪战斗中牺牲	龙门县公安连战士
旋进谦	男	1924	龙华镇四围村塘尾围	1948年参加革命，1950年参加抗美援朝在朝鲜战场牺牲	一九一师五七三团三营八连班长
李　广	男	1921	龙田镇江面村隔坑围	1948年10月参加解放军，1950年11月参加抗美援朝，在朝鲜咸南战斗中牺牲	二十军五十九师一七七团战士

（续表）

姓名	性别	出生年份	籍贯	参加革命时间 牺牲时间、地点	牺牲前单位、职务
郑锡松	男	1929	龙城街道郑屋围	1946 年参加革命，1951 年 4 月在福建省因公渡江牺牲	二十五军七十四师通讯员
吕金棠	男	1923	南昆山管委会乌坭村	1948 年 2 月参加革命，1951 年 7 月在从化县因公牺牲	从化县公安局战士
郑月华	男	1930	永汉镇	1949 年 8 月参加解放军，1951 年在抗美援朝战斗中牺牲	志愿军战士
罗三和	男	1933	地派镇清塘村湾子围	1951 年 3 月参加志愿军，同年 12 月在抗美援朝战斗中牺牲	志愿军战士
郑玉棠	男	1930	麻榨镇坑口村	1947 年 3 月参加革命，1952 年 6 月参加抗美援朝，在熊安海口保卫海防战斗中牺牲	志愿军边防队战士
陈继新	男	1934	龙田镇花围村隔坑围	1949 年 5 月参加解放军，1952 年 6 月参加抗美援朝，在朝鲜马岭山遭敌机轰炸牺牲	六十四军一九二师五七五团副班长

（续表）

姓名	性别	出生年份	籍贯	参加革命时间牺牲时间、地点	牺牲前单位、职务
邹庚新	男	1927	龙华镇南窖村沙田围	1947年10月参加革命，1952年8月在南海剿匪战斗中牺牲	东江第三支队一团白虎队副班长
李宗	男	1931	麻榨镇下龙村洋额围	1949年参加解放军，1952年抗美援朝作战时牺牲	一九一师五三七团三营七连战士
王启英	男	1929	麻榨镇约坑村牛栏场	1951年参加解放军，1952年抗美援朝作战时牺牲	志愿军战士
吴建明	男	1923	麻榨镇	1947年11月参加革命，1953年在韶关犁市因公牺牲	广东省第二监狱连长
廖核	男	1934	龙华镇功武村新屋围	1950年参加解放军，1953年3月抗美援朝作战时牺牲	六十四军一九〇师五〇七团战士
刘志能	男	1931	平陵镇平陵圩	1947年参加革命，1953年4月抗美援朝作战时牺牲	四十军一二〇师三六〇团班长
邹寿昌	男	1929	龙田镇邹村上围	1950年参加解放军，1953年7月抗美援朝在金城战斗中牺牲	志愿军三八八团战士

（续表）

姓名	性别	出生年份	籍贯	参加革命时间 牺牲时间、地点	牺牲前单位、职务
钟腾新	男	1927	南昆山镇	1952 年参加革命，1953 年在徐闻县搞林业施工时牺牲	林业工程二师五团战士
郭进发	男	1939	永汉镇梅州村郭二围	1957 年 3 月应征入伍，1958 年 1 月乘电船返唐家湾途中因风翻船遇难	广东军区十五团副班长
游启明	男	1956	龙江镇良塘村	1976 年 2 月应征入伍，1979 年 2 月在对越自卫还击战中牺牲	五三〇一四部队八十三分队文书
卢旭桂	男	1954	龙田镇王坪村卢屋围	1976 年 3 月应征入伍，1979 年 2 月在对越自卫还击战中牺牲	五三〇一三部队通讯连副班长
叶新平	男	1955	龙门县	1976 年应征入伍，1979 年 2 月在对越自卫还击战中牺牲	五四四八〇部队副班长
陈润添	男	1956	龙田镇城西村苏屲围	1974 年 3 月应征入伍，1979 年 3 月在对越自卫反击战中牺牲	五三五一二部队卫生员
钟荣双	男	1955	永汉镇油田村钟山下围	1974 年参加解放军，1979 年 3 月在对越自卫反击战中牺牲	五三五六六部队七十四分队班长

（续表）

姓名	性别	出生年份	籍贯	参加革命时间牺牲时间、地点	牺牲前单位、职务
潘灶新	男	1955	永汉镇马星村田心围	1975年1月应征入伍，1979年3月在对越自卫反击战中牺牲	五三五六六部队七十一分队班长
张月良	男	1956	平陵镇牛车村	1976年冬应征入伍，1979年3月在对越自卫反击战中牺牲	五三〇一五部队七十七分队副班长

（二）1994年广东省人民政府追授解放战争时期龙门籍革命烈士3名

李观佑，男，1907年2月出生。李炳熔（容），男，1916年4月出生。

李观佑、李炳熔（容）两人同为龙门县龙华镇水坑村人，同为东江纵队增龙博独立大队战士。1945年2月20日，增龙博独立大队在永汉低冚大围祠堂宣告成立。李观佑、李炳熔（容）组织了龙华民兵（脱产）中队，成为增龙博独立大队领导的抗日武装。1945年7月，配合增龙博独立大队李敬生中队攻打国民党顽固派龙华乡公所，缴获步枪数支，并击退前来增援的县警大队和茅岗自卫队。1945年9月，李观佑、李炳熔（容）家园房舍被国民党反动派第十二集团军教导团、龙门县政工团纵火焚毁。国民党龙门县政府在全县悬赏通缉王达宏等人的名单中，李观佑、李炳熔（容）两人在列。捉拿王达宏赏金25万元，捉拿李观佑、李炳熔（容）赏金各20万元。东江纵队北撤前，李观佑、李炳熔（容）接受党组织安排，在家乡秘密进行革命活动，被地主李耀猕告密。1946年6月4日，李观佑、李炳熔（容）遭国民党反动派龙华自卫队围捕。李观佑被捕，于当天下午被杀害。李炳熔（容）在突围中壮烈牺牲。1994 年广东省人民政府追认李观佑、李炳熔（容）为革命烈士。

谭耀，男，1923 年 12 月出生。龙门县王坪镇江厦村人，中国人民解放军粤赣湘边纵队东江第三支队黄虎大队战士。1948 年 3 月 12 日，在龙门县平陵白石墩与国民党国军作战时头部中弹牺牲。1994 年广东省人民政府追认其为革命烈士。

附录三 革命文物、纪念场馆

一、革命文物

（一）油印箱

东江纵队第四支队第二大队设置于路溪陈禾洞客家围陈显发家（秘密交通站）的油印箱。这台油印箱长 48 厘米，宽 35 厘米，高 13 厘米，为木制长方体，用于印刷党的宣传资料。

（二）毛毡、笔记本、文件袋

东江纵队战士李少英在龙门永汉从事革命活动时使用的物品。

（三）米缸

1948 年 3 月，江北支队司令部在南昆山上坪飞鼠岩旧居使用的米缸。米缸呈棕黑色，高 39 厘米，口径 28 厘米，保存至今完好无缺。

（四）血衣、小竹箩

血衣为叶九（久）林烈士遗物。1948 年 5 月，永汉寮田农会干事叶九林在十字路村执行任务时被捕。国民党当局对叶九林施各种酷刑，叶九林宁死不屈，惨遭杀害，陈尸永汉街头三天。其妻李群从丈夫遗体脱下这条血裤子。

李群在丈夫遇害后，背起这个小竹箩继续为共产党武装部队送情报送粮食。

（五）口盅、行军袋

均为江北支队战士使用过的物品。

口盅，圆柱体形，青蓝色面，口径 9 厘米，高 9 厘米，平底。

行军袋，黑棉布缝制。

（六）土枪

解放战争时期，永汉民兵潘火木使用的武器。

（七）叉戟、粉枪

平陵白芒坑村民兵自卫队在抗日战争、解放战争时期使用的武器。

（八）战利品

（1）国民党龙门县警大队长廖碑石的指挥刀。长 89 厘米，有鞘，刀柄饰有花纹。1949 年 8 月 27 日，东江第三支队在解放龙门县城战斗中，从廖碑石手中缴获。

（2）驳壳枪盒、指挥刀。1949 年初解放龙华圩时缴获。

（3）大刀、左轮枪、粉枪管。1950 年 2 月，中国人民解放军第四野战军部队会同东江第三支队二团在铁岗马骝桥山、班陂围围剿钟少文残匪时缴获。

二、纪念场馆

（一）低岽伏击战纪念公园

低岽伏击战的战场在低岽村中部围剧张屋村前，东至河背村，西至岭排村，南至张屋村后山，北至眠牛山。面积 5.5 平方公里。

低岽伏击战纪念公园始建于 2013 年，选择了伏击战遗址眠牛山下拔仔园地段 20 多亩河滩地，保留原有的竹子、果木，营造成竹、木、果树林荫地，集旅游休闲、红色教育为一体的山村林园。省、市、县领导对低岽伏击战纪念公园建设十分重视。2018 年，中共广东省委组织部、中共广东省委党史研究室直接拨款资助完善纪念公园各项建筑设施。修建工程已在 2019 年完成。

（二）龙门县老战士联谊会大楼

龙门县老战士联谊会大楼，坐落于龙门县城环城东路 48 号。建于 1993 年 5 月，是一幢占地 100 平方米，建筑面积 600 平方米，钢筋混凝土结构五层大楼。正门左侧墙体刻有原广东人民抗日游击队东江纵队江北指挥部指挥员周伯明手书：东江纵队粤赣湘边纵队龙门县老战士联谊会。

联谊会大楼是"东江纵队粤赣湘边纵队龙门县老战士联谊会"（简称"龙门县老战士联谊会"）的主要活动场所。东江纵队全称广东人民抗日游击队东江纵队，成立于 1943 年 12 月 2 日，是共产党领导的东江人民抗日队伍。抗日战争时期，在龙门活动的共产党抗日武装增龙博独立大队（代号金龙大队）直属东江纵队司令部领导。粤赣湘边纵队全称中国人民解放军粤赣湘边纵队，成立于 1949 年 1 月 1 日。解放战争时期，在龙门活动的广东人民解放军江北支队于 1949 年 2 月 15 日改编为中国人民解放军粤赣湘边纵队东江第三支队。龙门县参加抗日战争、解放战争的老共产党员、老战士都属"东纵战士"或"边纵战士"，同属"东江纵队粤赣湘边纵队龙门县老战士联谊会"的成员。

（三）龙门县老战士联谊会永汉分会活动中心

东江纵队粤赣湘边纵队龙门县老战士联谊会永汉分会活动中心，坐落于永汉镇增龙路竹园村，与永汉革命烈士纪念碑同在一个园区，是一幢三层大楼，建筑面积 528 平方米。设展览室、阅览室、集会厅。这里既是老战士活动中心，也是中共惠州市委党史研究室赐牌的"中共党史教育基地"以及中共龙门县委赐牌的"党员教育基地""永汉镇关工委校外辅导站"。

龙门县老战士联谊会永汉分会设立后，许多在广州、深圳、佛山等地工作的老领导、老同志，本着不忘初心的信念，特地来到永汉报名参加分会，成为分会成员。该分会成员最多的时期，有 300 多人参加活动。随着时间的推移，老战士逐渐故去。龙门县老战士联谊会永汉分会活动中心逐渐过渡到"离、退休干部活动中心"，一批家在老区或长期在老区工作的退休干部、教师、职工成为新的活动成员，使活动中心再次充满活力，以新时代的潮流传承革命精神。

（四）白芒坑革命旧址

白芒坑革命旧址位于龙门县平陵镇山下村白芒坑村（小组），与平陵圩相距 3 公里。

平陵，原属河源县辖区。1951 年调整辖区，白芒坑村随山下、平陵一起划入龙门县辖区。

白芒坑村，背靠桂山，面向开阔地段大片田园，是个风景秀丽、整洁优雅的客家小村庄。白芒坑革命遗址包括："红四师宿营旧址""白芒坑党小组、农会成立旧址""白芒坑抗击日军战斗遗址""白芒坑后山天湖庵'铁流队'成立地遗址"。

"红四师宿营旧址"：1927 年 12 月 13 日，广州起义失败，向东江方向撤退的 1300 余人，在花县改编为中国工农红军第四师，徐向前任红四师第十团党代表。12 月下旬，红四师从龙门北面的地派进入龙门县城。12 月 27 日，徐向前率红四师第十团在平陵山下白芒坑驻扎。

白芒坑的农民群众对红军战士十分亲切，送茶水、送口粮，把红军迎进家里住宿。白芒坑有个"三眼泉"，是当地群众取水饮用的地方。红军驻扎在白芒坑，徐向前担心群众不够水饮用，带领红军战士将"三眼泉"挖深、拓宽，让群众更加方便挑水饮用。后来，经过抗日队伍、解放军队伍一批又一批战士不断修建，成为颇具革命色彩的"红军井"。

徐向前的队伍在白芒坑住了 3 天，许多青年农民纷纷要求参加红军。直至抗日战争、解放战争时期，白芒坑人、龙门人都习惯把共产党领导的武装队伍称呼为"红军"。

徐向前住过的房子，用过的台凳。如今依然完好地保留着。

"白芒坑党小组、农会成立旧址"：1927 年没有跟上徐向前的队伍去海丰的青年洪月冲，12 年后，于 1939 年 4 月随"东江华侨回乡服务团"回到家乡白芒坑。1941 年冬，洪月冲发展了洪月明、洪亚仁、洪木安加入中国共产党，建立了党小组，属古岭党支部，上隶中共河源县工委。

"白芒坑抗击日军战斗遗址"：1944 年 10 月，洪月冲、洪月明率白芒坑村民自卫队，配合平陵联防队（队长刘少长为中共地下党员）在铲头坳伏击日军，毙敌 2 人，伤敌 10 多人。洪月冲在战斗中英勇牺牲。

白芒坑革命旧址

"白芒坑后山天湖庵'铁流队'成立地遗址"：1947 年 5 月，朱湘祺、张奕生受陈江天派遣，到平陵找到梁德、刘安德、洪佳等人，联络了东江纵队活动时期的民兵、农会骨干 40 多人组建"铁流队"。这支队伍于 1947 年 5 月 15 日在白芒坑后山天湖庵宣告成立。队长朱湘祺，指导员张奕生。"铁流队"活动于博罗、龙门、河源交界地区。

白芒坑村民热心保护革命文物，虽经历长期战乱，许多有价值的革命文物依然完好地保留。白芒坑村革命旧址是中共广东省委党史研究室赐牌的"中共党史教育基地"和中共龙门县委赐牌的"龙门县爱国主义和青少年教育基地"。

（五）低冚大围祠堂——红色革命活动重要场所

低冚大围祠堂，在龙门县永汉镇西部山区低冚村，是低冚人供奉十八姓开基祖先的总祠。始建于清康熙六十年（1721年），清光绪年间重建。祠堂的建筑结构为三进大厅。上厅供奉十八姓祖先牌位。中厅是议事和宴会的场所，称"聚和堂"。大门有花岗石门蹲、门槛，门面竖立四根高高的花岗石柱，楹联十分豪气："倚岭嶂为屏，毓秀钟灵，大启文风光凤阙；引河山而作带，迥环拱照，宏开世泽耀龙门。"大门外有一幅5米高的萧墙，萧墙外面是隔着池塘的围墙。

与主体建筑相结合，大围祠堂左侧建"公王厅"象征桃园结义；右侧建"六位厅"供奉斡旋议和、招抚十八姓结义兄弟的6位清朝政府官员。四边建四角炮楼，大门外广场建有专门为节日或其他盛大庆典放炮的炮台。

低冚大围祠堂在革命斗争中留下许多红色印记：

1940年1月，中共增城县委书记郭大同到永汉，召开特支扩大会议。决定组织共产党领导的抗日救国武装。随即在低冚大围祠堂成立50多人的永汉抗日自卫队，下设三个小队。王达宏任队长，王谦铭任副队长。这支武装队伍发展到八九十人，其中共产党员30人。

1945年2月20日，永汉寮田、鸦鹊垄、黄牛冚、莲塘、低冚等地200多人，集中于低冚大围祠堂举行武装起义。东江纵队司令部给起义部队命名为增龙博独立大队（代号金龙大队），委任王达宏为大队长，陈江天为政治委员，李绍宗为参谋。

复原重修的低冚大围祠堂

　　1948 年 1 月，增龙从博人民自卫队武工队队员王达群、何深、王鉴春、王平把国民党反动武装永汉自卫队队长陈清扬"请"到低冚大围祠堂进行"谈判"，晓之以利害。陈清扬迫于形势，解散了拥有 200 多人的反动武装自卫队，交出了全部武器。王达宏在低冚大围祠堂导演了"不战而屈人之兵"的好戏。

　　1949 年 7 月 13 日，黄庄平、王达宏率东江第三支队强攻增城正果守敌。胜利后，率队返回低冚，在大围祠堂召开隆重的祝捷大会。低冚大围祠堂门口高高搭起了"功臣门"。永汉老区各个村庄来参加祝捷大会的群众济济一堂，兴高采烈，热泪盈眶迎接凯旋的亲人子弟兵。

　　20 世纪 70 年代，永汉地区开采钽铌矿，低冚大围祠堂列入采矿区，被全部拆毁。

　　2017 年，低冚大围祠堂进行复原重建。2018 年竣工。

（六）石墩围爱国主义教育基地

龙门县龙江镇龙江村石墩围，距龙江圩镇 2 公里，从广河高速公路路溪站出口至石墩围也是 2 公里。

1944 年 7 月 6 日，村民痛打日本兵的英雄事迹发生在石墩围。抗日战争胜利后，国民党龙门县政府及人民团体在龙门县城东较场立碑纪念石墩围村民抗日事迹。爱国抗日将领张治中题词：忠烈可风。

2015 年 9 月 3 日，为纪念抗日战争胜利 70 周年。龙门县人民政府在石墩围竖立"石墩围村民抗击日军遗址"碑记。2017 年 4 月，经龙门县有关部门评定，石墩围抗日遗址列入"龙门县爱国主义教育基地"，同年 7 月 24 日正式挂牌。

石墩围是一座具有防御性功能的客家四方围屋，有高大厚实的围墙和四角碉楼，占地 7000 平方米。200 多名村民都是一脉相

石墩围爱国主义教育基地揭幕

承的刘氏子孙。

石墩围爱国主义教育基地基本上保留了原来的村貌，利用村内旧平房设置简易的展览室。收展了爱国乡绅刘其敬及石墩围抗日英烈图片、简介，以及龙门县书法协会作家撰稿书写的石墩围村民抗日事迹诗篇。同时，还收展了抗日战争、解放战争时期重要历史图片及当年村民生产、生活的部分农具、工具、用具。

（七）"东江第三支队"纪念馆

中国人民解放军粤赣湘边纵队东江第三支队纪念馆（简称"东江第三支队纪念馆"），位于龙门县永汉镇低冚村李屋，建于2018年，是一座三进平房、钢筋混凝土建筑，建筑面积720平方米。其左侧连接"抗日妇女夜校"（重修）、"李屋围文化室"，与重修的"李氏宗祠""李绍宗故居"连接在一起，纪念馆前面是李屋村文化广场。

中国人民解放军粤赣湘边纵队东江第三支队成立于1949年2月15日，它的前身是广东人民解放军江北支队。江北支队于1948年3月成立，它的前身是1947年3月在永汉西部山区成立的增龙从博人民自卫队，队长王达宏，副队长徐文。

东江第三支队纪念馆以展览馆为主体，以革命文物、图片展览为主要内容，展示龙门县的革命老区各个时期的革命斗争历史。

附录四 革命历史文献资料和人物①

一、抗日战争、解放战争时期龙门地区共产党组织、共产党武装、红色政权机构历史沿革

共产党组织

（一）抗日战争时期（1937 年冬—1945 年 8 月）

1. 中共永汉特别支部（1939 年秋—1940 年 4 月）

书　　　记　梁永思

2. 中共增龙博中心县委员会（1940 年 4 月—1942 年 5 月）

第一任（1940 年 4 月—7 月）

书　　　记　郭大同

组织部部长　袁鉴文

宣传部部长　李光中

第二任（1940 年 8 月—1941 年 3 月）

书　　　记　郑　重

副　书　记　钟靖寰

组织部部长　钟靖寰（兼任至 10 月）

---

① 本部分第一和第三小节的资料来源于中共龙门县委党史办公室编：《中国共产党龙门县地方史（1927—1949）》，中共党史出版社 2007 年版。

李志坚（1940 年 10 月任）

宣传部部长 李光中

统战部部长 钟靖寰（兼）

武装部部长 郭大同

委 员 袁鉴文 吴伯仲

第三任（1941 年 4 月—1942 年 5 月）

书 记 钟靖寰

组织部部长 李志坚

宣传部部长 李光中

统战部部长 钟靖寰（兼）

武装部部长 郭大同

妇 委 书 记 黄秀芳（女）

委 员 黄慈宽 吴伯仲

3. 中共增龙博特派员（1943 年 3 月—1944 年 12 月）

1942 年 5 月，中共粤北省委被破坏事件发生后，中共增龙博中心县委撤销，1943 年 3 月开始以特派员领导增龙博地区党组织活动。

特 派 员 黄慈宽（任至 1943 年 7 月）

黄庄平（1943 年 7 月任）

4. 中共龙门县工作委员会（1940 年 5 月—1942 年 5 月）

书 记 袁鉴文（1940 年 5 月—1941 年 5 月）

吴伯仲（1941 年 5 月—1942 年 5 月）

委 员 梁永思

5. 中共龙门县特派员（1942 年 8 月—1945 年 4 月）

1942 年 5 月，中共粤北省委被破坏事件发生后，中共龙门县工委撤销，8 月开始以特派员领导龙门党组织活动。

特 派 员 陈江天（至 1942 年底）

李绍宗（1942 年底—1945 年 4 月）

6. 中共增龙县委员会（1945 年 5 月—9 月）

书　　　记　袁鉴文

委　　　员　陈李中

7. 中共龙门县基层组织

（1）中共寮田支部（1940 年 8 月成立）

书　　　记　梁永思（先）　王家富

（2）中共低冚支部（1940 年 8 月成立）

书　　　记　李绍宗

（3）中共鹤湖支部（1940 年 8 月成立）

书　　　记　王樊培

（4）中共鸦鹊垄支部（1940 年 8 月成立）

书　　　记　李怀昌

（5）中共麻榨支部（1941 年成立）

书　　　记　赵学光

委　　　员　陈焕文

（6）中共永汉区委员会（1942 年 2 月成立）

书　　　记　陈江天

委　　　员　李绍宗　王达尊　王樊培

抗日战争时期，龙门县有中共党员 66 名。

（二）解放战争时期

1. 中共增龙县委员会（1945 年 10 月—1946 年 6 月）

书　　　记　袁鉴文

副书记兼组织部部长　杨德元

军事部部长　阮海天

宣传部部长　陈李中

委　　　员　杨步尧

2. 中共增龙地区特派员（1946 年 6 月—1947 年 10 月）

东江纵队北撤后，中共增龙县委组织改为特派员制。

特 派 员　钟育民（1946 年 6 月—1947 年 10 月）

副特派员　钟达明（1947 年 3 月—10 月）

3. 中共江北工委（1947 年 3 月—1948 年 3 月）

书　　记　黄庄平

副 书 记　黄　佳

委　　员　黄　柏　陈江天

4. 中共江北工委 1947 年 10 月在南昆山磨谷田召开会议决定划分 4 个战略区，其中 3 个区工委与龙门关联。

（1）中共增龙博区工委（1947 年 10 月—1948 年 3 月）

书　　记　黄庄平

委　　员　王达宏　徐 文

永汉区特派员　钟达明

（2）中共龙从区工委（1947 年 10 月—1948 年 3 月）

书　　记　黄　柏

委　　员　罗光连

下设 2 个区委：

从北区委　书 记　罗光连

龙南区委　书 记　许定康

（3）中共博龙河区工委（1947 年 10 月—1948 年 3 月）

书　　记　陈江天

委　　员　黄　干　曾　光

5. 中共增龙县委员会（1948 年 3 月—1949 年 8 月）

书　　记　钟育民（任至 1948 年 8 月）

　　　　　陈李中（1948 年 9 月—1949 年 5 月）

　　　　　钟达明（1949 年 5 月任）

副 书 记 钟达明（任至 1949 年 4 月）

委 员 徐 文 李绍宗 罗 声

6. 中共河东县委员会（1948 年 3 月—1949 年 6 月）

书 记 黄 干

委 员 何 励 曾 光 谢 光

7. 中共龙门县委员会（1949 年 8 月 27 日成立）

书 记 钟达明

副 书 记 李绍宗

委 员 王育文 邓茂华

8. 中共龙门县基层区委会

（1）中共麻正区委员会（1948 年 3 月—1949 年 8 月）

书 记 徐 文

委 员 王国祥 王 彪 郑叶昌 雷 鸣

（2）中共龙南区委员会（1948 年 4 月—1949 年 7 月）

书 记 钟达明（任至 1948 年 5 月）

崔佳权（1948 年 6 月—1949 年 5 月）

王达尊（1949 年 5 月—1949 年 7 月）

委 员 李少英 李应标 王 统

（3）中共龙北区委员会（1949 年 4 月—1949 年 7 月）

书 记 王育文（兼）

李业林

委 员 刘 毅 黄云龙 林 芬（女） 巢丽文

（4）中共龙华区委员会（1949 年 5 月—8 月）

书 记 邓茂华

委 员 邓应中 邓 吉 陈锡泉

1949 年 8 月 27 日龙门县宣告全境解放。解放战争结束时龙门县中共党员共有 206 人。

共产党武装

（一）抗日战争时期（1940 年 1 月—1945 年 8 月）

1. 永汉抗日自卫队（1940 年 1 月—2 月）

队　　长　王达宏

副 队 长　王谦铭

小 队 长　王达群　王俊朋　钟树房

2. 永汉自卫联防队。因统战关系，番号改为国民党六十三军随军杀敌中队（1940 年 3 月—6 月）

队　　长　王达宏

特 务 长　王樊培

小 队 长　李绍宗　王达群　钟树房

3. 广东人民抗日游击队东江纵队增龙博独立大队，代号金龙大队（1945 年 2 月 21 日—1945 年 8 月）

大 队 长　王达宏

政 治 委 员　陈江天　袁鉴文（后）

参　　谋　林 江　李绍宗（后）

中队指导员　谢 光

中队指导员　罗 克

4. 脱产民兵中队（1945 年 3 月、4 月间建立）

寮田、低冚　王家富中队

五　　境　张健民中队

龙　　华　李观佑中队

香　　溪　廖 球中队

油　　田　黄万福中队

沙　　迳　陈 木中队

鳌　　溪　邓茂华中队

（二）解放战争时期（1947 年 2 月—1949 年 8 月 26 日）

1. 增龙从博人民自卫队（1947 年 3 月—1948 年 2 月）

队　　长　王达宏

副 队 长　徐　文

陈集中中队

洪广友中队

王镜中队

王国祥中队（后扩充）

李达松武工队（后扩充）

雁洋陂民兵中队　队　　长　丘观容（作战牺牲）

2. 龙从人民保乡队（1947 年 10 月—1948 年 2 月）

队　　长　马　达

副 队 长　丘松学

地派民兵常备队

队　　长　黄云龙

副 队 长　巢　桥　钟　沛（后）

蓝田玉龙中队

队　　长　刘友藩（叛变，后被处决）

副 队 长　丘学祚

蓝田民兵大队

大 队 长　刘树华

副 队 长　刘雪球

蓝田乡"平缓队"（前常备队）

队　　长　刘伯南

副 队 长　朱　何

指 导 员　官　德　路　华（后）

3. 博龙河人民解放队（1947 年 10 月—1948 年 2 月）

队　　　　长　黄　干

副　队　　长　谢　光

大　队　　长　李　觉

教　　导　　员　王育文

副　大　队　长　朱湘祺

独立中队队长　罗　芳

指　　导　　员　邓茂华

副　中　队　长　曾达明

中　队　队　长　钟新泉

指　　导　　员　钟　扬

副　中　队　长　钟伯贵

中　队　队　长　邵国良

指　　导　　员　林　志

鳌溪民兵常备大队队长　邓　全

4. 广东人民解放军江北支队（1948 年 3 月—1949 年 1 月）

司　令　员　黄　柏

政　治　委　员　黄庄平

副　司　令　员　王达宏

副政治委员　陈李中

政治部主任　陈江天

第一团

团　　　　长　曾　光

政　治　委　员　黄　干

副　团　　长　邓子廷

政治处主任　谢　光

黄虎大队

大　队　　长　刘水清

教 导 员　钟　奇

猛虎大队

大 队 长　刘　彪

教 导 员　吕　育

副大队长　李汉威

白虎大队

大 队 长　李　觉

政治委员　王育文

副大队长　朱湘祺

斑虎大队

大 队 长　黄珍宝

政治委员　张奕生

第二团

团　　长　徐　文　李绍宗（后）

政治委员　钟育民（1948 年 9 月离任）

　　　　　陈李中（后）

副 团 长　朱　骥

陈集中大队

大 队 长　陈集中

副大队长　李达松

李胜中队

中 队 长　李　胜

王健中队

中 队 长　王　健

王意中队

中 队 长　王　意

王达仁中队

中 队 长　王达仁

邓全中队

中 队 长　邓　全

王兆粦中队

中 队 长　王兆粦

第三团

团　　　长　丘松学

政 治 委 员　马　达

政治处主任　巢海周

副　主　任　王育文

武工队

队　　　长　官　德　钟　沛

钢炮中队

队　　　长　曾　亮　李　忠（后）

指 导 员　梁陈华

粤汉中队

队　　　长　叶成超（即李业林）　徐　清（后）

黄　汶（后）

副 队 长　叶　发

指 导 员　汤　行

二平中队

队　　　长　黄云龙　李观保（后）

指 导 员　钟　沛　卢　毅（后）　张　仪（后）

抗 征 队

队　　　长　黄镜荣

指 导 员　肖子云

火箭中队

队　　长　廖　辉

副 队 长　廖　昌

指 导 员　杨　符

附城武工队

队　　长　黄碧泉

指 导 员　刘毅（兼）

支队直属大队

队　　长　王　镜　洪广友

（清远、从化、花县、佛冈地区的队伍编为第四团）

5. 中国人民解放军粤赣湘边纵队东江第三支队（1949 年 2 月—10 月）

司 　令 　员　黄　柏

副 司 令 员　王达宏

政 治 委 员　黄庄平

政 治 部 主 任　陈江天　陈李中（后）　钟育民（后）

政治部副主任　刘汝琛

第一团

团　　　　长　曾　光

政 治 委 员　黄　干　刘汝琛（后）　徐　文（后）
　　　　　　　曾　光（后）

副 团 长　邓子廷

政 治 处 主 任　谢　光　何　欢（女，后）　邱继英（后）

政治处副主任　钟　奇

第二团

团　　　　长　李绍宗

政 治 委 员　陈李中（任至 1949 年 5 月）
　　　　　　　钟达明（1949 年 5 月任）

副 团 长　朱　骥（1949 年 7 月牺牲）

副政治委员　崔佳权（1949 年 7 月牺牲）

政治处主任　罗　声（任至 1949 年 7 月）

　　　　　　王育文（1949 年 8 月任）

第三团

团　　　　长　丘松学　马　达（后）

政 治 委 员　马　达　钟育民（后）

副 团 长　甘　生

政 治 处 主 任　巢海周

政治处副主任　王育文

支队独立营

独一营

营　　长　刘　彪

副 营 长　李汉威

教 导 员　梁陈华

独二营

营　　长　洪广友

副 营 长　朱湘祺

教 导 员　雷　明

独三营

营　　长　王　健

副 营 长　张　球　徐　清

教 导 员　黄赞明

红色政权（解放战争时期）

1. 龙门县人民政府（1948 年 3 月—1949 年 8 月）

县　　长　李绍宗

2. 龙南办事处（1948 年 2 月—1949 年 5 月）

主　　任　李绍宗（任至 1948 年 3 月）

　　　　　李达松（1948 年 3 月任）

指 导 员　钟达明

副 主 任　李应标

3. 永汉区公所（1949 年 5—8 月）

区　　长　王达尊

区　　委　王　镜　江金练　阮希贤　陈锡泉　郑叶昌

4. 麻（榨）正（果）办事处

主　　任　王　彪

副 主 任　郑叶昌

5. 龙华区公所（1949 年 5—8 月）

区　　长　邓茂华

6. 龙北区人民政府（1949 年 8—9 月）

区　　长　叶成超（李业林）

副 区 长　刘　毅　黄云龙

7. 蓝田办事处（1948 年 10 月—1949 年 8 月）

主　　任　刘　毅

8. 铁岗办事处（1948 年 3 月—1949 年 8 月）

9. 永汉乡人民政府（1949 年 5—8 月）

乡　　长　张华民

10. 蓝田乡人民政府（1949 年 5—8 月）

乡　　长　刘柏楠

副 乡 长　刘树华　刘富甫

指 导 员　陈　宁

11. 地派乡人民政府（1949 年 5—8 月）

乡　　长　黄云龙

副 乡 长 潘增忠 黄锡平

指 导 员 巢丽文

12. 铁岗乡人民政府（1949 年 5—8 月）

乡 长 潘 生

副 乡 长 余炳南

指 导 员 翟锦纯

13. 左潭乡人民政府（1949 年 5—8 月）

乡 长 谭衍生

副 乡 长 茹植星

指 导 员 林 芬（女）

14. 上北乡人民政府（1949 年 5—8 月）

乡 长 钟培基

副 乡 长 刘振光 刘树环

指 导 员 刘 宁

15. 城东乡人民政府（1949 年 5—8 月）

乡 长 谭达强

副 乡 长 谭联修

指 导 员 陈 宁

16. 城南乡人民政府（1949 年 5—8 月）

乡 长 苏炯尧

指 导 员 李 秀 吴 飞（后）

17. 城北乡人民政府（1949 年 5—8 月）

乡 长 黄碧泉

副 乡 长 邬裕宏 廖 辉

18. 上麻乡人民政府（1949 年 5—8 月）

乡 长 陈观明

副 乡 长 张握甘

指 导 员　陈锡泉

19．下麻乡人下政府（1949 年 5—8 月）

乡长兼指导员　关振明

副 乡 长　袁　景

20．南昆乡人民政府（1949 年 5—8 月）

乡　　　长　丘　达

指 导 员　阮希贤

21．永西乡人民政府（1949 年 5—8 月）

乡　　　长　范龙飞

乡长兼指导员　阮希贤（后）

副 乡 长　李王全　王达仁

22．永南乡人民政府（1949 年 5—8 月）

乡　　　长　王达群　林伟棠

副 乡 长　王何佳

指 导 员　阮希贤

23．沙迳乡人民政府（1949 年 5—8 月）

乡　　　长　张　钦

指 导 员　邓　吉　王绵（后）

24．鳌溪乡人民政府（1949 年 5—8 月）

乡长兼指导员　陈锡泉

25．龙华乡人民政府（1949 年 5—8 月）

乡　　　长　邓贵田

指 导 员　邓　吉

26．茅岗乡人民政府（1949 年 5—8 月）

乡　　　长　刘火全

指 导 员　罗　隆

27．路溪乡人民政府（1949 年 5—8 月）

乡　　长　陈德辉

副乡长　沈　观　刘国兴

指导员　王　绵　阮国英（后）

抗日战争、解放战争时期龙门县的革命老区均有农会组织（略）。

抗日战争、解放战争时期
江北地区中共组织、中共武装队伍
主要领导人（照片）

中共增龙博中心县委书记　郭大同

东江纵队江北指挥部指挥员　周伯明

东江纵队增龙博独立大队政治委员　袁鉴文

潜伏敌情报机关的中共地下党员吴宪俊。中华人民共和国成立后曾任广东省政协副秘书长

中共江北地委书记、粤赣湘边纵队东江第三支队政治委员　黄庄平

粤赣湘边纵队东江第三支队司令员　黄柏

中共江北地委副书记、粤赣湘边纵队东江第三支队政治部主任　陈李中

粤赣湘边纵队东江第三支队副司令员　王达宏

粤赣湘边纵队东江第三支队政治部副主任　刘汝琛

中共博龙河区工委委员、粤赣湘边纵队东江第三支队第一团团长　曾光

中共龙门县委副书记、龙门县县长、粤赣湘边纵队东江第三支队第二团团长　李绍宗

粤赣湘边纵队东江第三支队第三团团长　丘松学

粤赣湘边纵队东江第三支队第六团团长　谢光

粤赣湘边纵队东江第三支队第一团政治处副主任　何欢

粤赣湘边纵队东江第三支队第三团政治处主任　王育文

1948 年，广东人民解放军江北支队司令员黄柏（左）与政治部主任陈江天（中）、政治委员黄庄平（右）在战地留影

1949 年春，中国人民解放军粤赣湘边纵队东江第三支队司令员黄柏（中）、副司令员王达宏（左一）、政治部主任钟育民（右一）与第二团团长李绍宗（右二）、大队长王镜（左二）合影

二、社会主义建设时期历任中共龙门县委书记、龙门县人民政府县长

历任中共龙门县委书记一览表（1949 年 8 月—2017 年 4 月）

组织名称	职务	姓名	籍贯	任职时间
中共龙门县委员会	书记	钟达明	广东东莞	1949.8—1952.3
	书记	童孟清	山东	1952.8—1955.11
	第一书记	郭常	广东鹤山	1955.12—1956.5
中共龙门县第一届委员会 （1956.6—1961.10）	第一书记	郭常	广东鹤山	1956.6—1958.10
中共龙门县第二届委员会 （1961.10—1970.11）	第一书记	赵德斌	黑龙江	1961.10—1963.9
	书记	赵德斌	黑龙江	1963.10—12
	书记	姚文绪	黑龙江	1964.1—1966.4
	代书记	邱皖	广东惠阳	1966.4—1967.2
中共龙门县第三届委员会 （1970.11—1980.3）	书记	李才德	黑龙江	1970.11—1972.10
	书记	辛大光	山东	1972.11—1976.12
	书记	李成业	黑龙江	1977.1—1979.4
中共龙门县第四届委员会 （1980.3—1984.5）	书记	陈仕周	广东中山	1980.3—1984.5
中共龙门县第五届委员会 （1984.5—1987.3）	书记	李翰源	广东广州	1984.5—1987.3
中共龙门县第六届委员会 （1987.3—1990.5）	书记	李翰源	广东广州	1987.3—1988.7
	书记	邓崇铎	广东蕉岭	1988.7—1990.4
中共龙门县第七届委员会 （1990.5—1993.4）	书记	黄双福	广东龙门	1990.5—1993.4

（续表）

组织名称	职务	姓名	籍贯	任职时间
中共龙门县第八届委员会 （1993.4—1998.4）	书记	黄双福	广东龙门	1993.4—1997.12
	书记	朱强	广东惠东	1997.12—1998.4
中共龙门县第九届委员会 （1998.4—2003.4）	书记	朱强	广东惠东	1998.4—2001.6
	书记	杨灿培	广东惠城	2001.7—2003.4
中共龙门县第十届委员会 （2003.4—2006.10）	书记	杨灿培	广东惠城	2003.4—2005.12
	书记	许国安	广东惠城	2006.1—2006.10
中共龙门县第十一届委员会 （2006.10—2011.9）	书记	许国安	广东惠城	2006.10—2007.6
	书记	许志晖	广东潮安	2009.2—2011.9
中共龙门县第十二届委员会 （2011.9—2016.9）	书记	许志晖	广东潮安	2011.9—2013.12
	书记	林洪	广东惠州	2013.12—2015.5
	书记	范志益	广东普宁	2016.1—2016.9
中共龙门县第十三届委员会 （2016.9—）	书记	范志益	广东普宁	2016.9—2017.3
	书记	陈伟良	广东河源	2017.4—

历任龙门县人民政府县长一览表（1949年8月—2017年8月）①

届别	职务	姓名	籍贯	任职时间
中共江北地委任命	县长	李绍宗 （李劲）	广东龙门	1948.3—1952.1
第一届	县长	唐平卿		1952.3—1954.10
第二届	县长	郭常	广东鹤山	1955.1—1955.4
第三届	县长	孔相风		1955.5—1958.11

---

① 1966—1980年，龙门县人民政府改为革委会等机构，本表不收录此时期的县领导情况。

（续表）

届别	职务	姓名	籍贯	任职时间
第四届	县长	邱　皖	广东惠阳	1961. 10—1963. 8
第五届	县长	胡伟川	广东三水	1963. 9—1965. 6
第六届	县长	杨万襄		1965. 7—1966. 5
第六届① （1980. 5—1984. 5）	县长	钟一凡	广东龙门	1980. 5—1984. 5
第七届 （1984. 6—1987. 4）	县长	邓崇铎	广东蕉岭	1984. 6—1987. 4
第八届 （1987. 5—1990. 5）	县长	邓崇铎	广东蕉岭	1987. 5—1988. 7
		黄双福	广东龙门	1989. 3—1990. 5
第九届 （1990. 5—1993. 4）	县长	李剑锋	广东新丰	1990. 5—1993. 2
	县长（代）	朱　强	广东惠东	1993. 2—1993. 4
第十届 （1993. 4—1998. 3）	县长	朱　强	广东惠东	1993. 4—1997. 12
	县长（代）	温镜明	广东龙门	1997. 12—1998. 3
第十一届 （1998. 3—2003. 3）	县长	温镜明	广东龙门	1998. 3—2001. 7
	县长（代）	邓木林	广东博罗	2001. 7—2002. 1
	县长	邓木林	广东博罗	2002. 1—2003. 3
第十二届 （2003. 3—2006. 11）	县长	邓木林	广东博罗	2003. 3—2005. 3
	县长（代）	詹小东	广东普宁	2005. 3—2005. 7
	县长	詹小东	广东普宁	2005. 7—2006. 11

① 完成前面第六届的任期。

（续表）

届别	职务	姓名	籍贯	任职时间
第十三届 （2006.11—2011.11）	县长	詹小东	广东普宁	2006.11—2007.3
	县长（代）	许志晖	广东潮安	2007.3—2007.5
	县长	许志晖	广东潮安	2007.5—2009.3
	县长（代）	林　洪	广东惠州	2009.4—2009.4
	县长	林　洪	广东惠州	2009.4—2011.11
第十四届 （2011.11—2016.4）	县长	林　洪	广东惠州	2011.11—2014.2
	县长（代）	范志益	广东普宁	2014.2—2014.3
	县长	范志益	广东普宁	2014.3—2016.4
第十五届 （2016.4—）	县长（代）	陈伟良	广东河源	2016.4—2016.4
	县长	陈伟良	广东河源	2016.4—2017.5
	县长（代）	段致辉	河南洛阳	2017.5—2017.8
	县长	段致辉	河南洛阳	2017.8—

三、人物

袁鉴文

（中共龙门县工委第一任书记）

袁鉴文，男，广东省东莞市人。1936 年 6 月加入中国共产党，1937 年赴延安抗日军政大学学习，是土地革命战争时期参加革命的老红军。

抗日战争、解放战争时期，袁鉴文两次进入龙门。1940 年 5 月，中共龙门县工作委员会在永汉镇寮田村崇新小学成立，袁鉴文任书记。他与志同道合的妻子共产党员赵学光一道，从香港辗转东莞、增城，穿越敌人层层封锁来到龙门县永汉镇，以教书职业作掩护住进黄牛峒时新小学，直至 1941 年 5 月，组建了 4 个党支部，发展了 41 名共产党员。1945 年 3 月，袁鉴文再次回到龙门，与李绍宗在麻榨鳌溪、永汉、沙迳、龙华等地先后组织 7 个民兵中队 500 多人，牵制国民党军队"围剿"增龙博独立大队。5 月，中共增龙县委成立，袁鉴文任书记。7 月，任东江纵队增龙博独立大队政治委员。10 月，中共江北特别委员会成立（辖增城、博罗、龙门、从化、番禺、花县、河源等县），增龙博独立大队划归东江纵队第四支队建制，袁鉴文继续担任中共增龙县委书记，并兼任东江纵队第四支队政治委员，直至东江纵队北撤。

袁鉴文是龙门县共产党组织主要创建人，是龙门人民尊敬的革命老前辈、老领导。

黄　柏
（中国人民解放军粤赣湘边纵队东江第三支队司令员）

黄柏，又名黄康、黄康柏，男，广东省宝安县（今深圳市）人。1942 年加入中国共产党。抗日战争时期，历任广东人民抗日游击队东江纵队中队副政治指导员、中队长兼政治指导员、江北指挥部第四支队罗浮山大队大队长。

1946 年 6 月，东江纵队北撤后，江北地区留下 43 名武装人员，没有经费，装备、武器也相当落后。黄柏带领这支武装队伍，靠着党的正确领导、人民群众的支持，经过三年时间，将部队发展到 6000 多人，建立了中国人民解放军粤赣湘边纵队东江第三支队，黄柏任司令员。

黄柏带领江北人民子弟兵，从小到大，从弱到强。1947 年 3 月 16 日，在龙门永汉低峒村打响了江北地区恢复武装斗争第一仗，以 54 人对敌 100 多人，取得了战斗的全胜；1948 年 12 月 10 日，在龙门从化边境杨梅潭，江北支队二团、三团 400 余人，全歼国民党军 70 余人，活捉国民党新丰县县长张汉良；1949 年 3 月 16 日，他指挥东江第三支队一、二、三团主力 800 余人，在龙门博罗交界的上坪山区，歼灭了多年来作恶多端、"围剿"革命根据地，残害老区百姓的国民党广州行辕独二团申江营，生俘敌营长申江；1949 年 7 月 13 日，黄柏与政治委员黄庄平、副司令员王达宏率东江第三支队五团、二团、三团、独立营，强攻增城正果守敌，俘国民党广州警备总队大队长谭生、保安总队副队长江锡全及政训室主任以下官兵 160 多人、自卫队 20 多人。攻克正果，国民党龙门县县长关耀中闻讯潜逃；1949 年 8 月 26 日，乘攻克正果之威，黄柏挥师北上，一举攻克龙门县城，俘国民党代县长谢明轩、国民党龙门县党部书记长钟志鸿、县警大队长廖碑石，27 日宣告龙门县全境解放。

"东三支"英雄儿女，在黄柏的带领下，立下了赫赫战功。

黄庄平
（中国人民解放军粤赣湘边纵队东江第三支队政治委员）

黄庄平，男，广东东莞人。1937 年加入中国共产党。抗日战争时期，历任中共东莞大岭山中心区委书记，中共东莞一线前线县委书记，增龙博特派员、中共博罗县委书记。

1947 年 3 月，中共江北工委成立。黄庄平任书记，统一领导博罗、增城、龙门、清远、佛冈、从化、花县等县党组织，恢复武装斗争。他大部分时间在龙门地区活动。

1948 年 3 月，中共江北工委撤销，成立中共江北地委，黄庄平任书记。江北地区的武装部队改编为广东人民解放军江北支队，黄庄平任政治委员。

黄庄平在战场上做政治工作很有特色。

1948 年 12 月，黄庄平、马达率江北支队三团、二团 400 多人，在广韶公路从龙地区北部杨梅潭路段，全歼国民党独二团第八连 70 多人，活捉国民党新丰县县长张汉良。在黄庄平强大的政治感召力下，张汉良的秘书贺正明及一名副排长，在战地上加入了黄庄平的队伍。张汉良被俘后，经过黄庄平的政治思想教育，表示不再为国民党统治当局效力，获释回家后，以《自悔》为题赋诗一首："一生劳碌感茫茫，徒为他人做嫁妆。斗米折腰长抱恨，归耕畔野补亡羊"。这位国民党县长的思想转变，折射出黄庄平的政治工作很到位。

1949 年 3 月上坪歼灭战，东江第三支队用 40 分钟解决战斗，俘敌营长以下 180 人。战斗中，敌营长申江带着卫队 9 名士兵躲进山边竹林，被东江第三支队严密包围。黄庄平与指挥部领导当即决定，让俘虏人员带信给申江，明确告知其共产党优待俘虏政策，若能放下武器，保证其生命安全。在强大的政治攻势下，这位骄横霸道的敌军营长，终于低头认输，口服心服当了俘虏。

1949 年 7 月，黄庄平参与指挥攻克正果的战斗。正面进攻佛爷庙的战斗打得十分艰苦。当进攻部队将敌人的火力点控制在机枪有效射程内时，黄庄平立即抓住这一有利时机，开展政治攻势。一方面，对前沿阵地的敌兵喊话，瓦解敌军士气，另一方面通过俘虏带信联络，与敌方广州警备总队大队长谭生谈判，促使谭生带领 160 多名官兵放下武器投降。

1949 年 8 月 26 日，黄柏、黄庄平、王达宏率领东江第三支队部队 800 多人进军龙门县城。当晚攻占了国民党统治龙门县的老巢龙门县公安局、龙门县政府，活捉代县长谢明轩，俘敌 200 多人。县警大队长廖碑石率残部龟缩在公安局后山七星岗负隅顽抗。司令部当即下令停止进攻，让廖碑石的上司、同僚、小妾、随从一齐出动，劝廖碑石停止对抗。在这种特殊形式的政治攻势下，廖碑石感到大势已去，众叛亲离，挣扎徒劳，最终选择了放下武器投降。

黄庄平关心龙门抗日战争、解放战争时期革命斗争历史的编写，精心指导写好龙门县革命斗争史。

1981 年，在龙门县南昆山老同志座谈会上，黄庄平说："从抗战到解放战争，龙门党的历史有经验、也有教训，也有光荣事迹。"

黄庄平关切龙门县党组织活动历史的编写，明确指出写龙门县共产党斗争历史，一定要讲清三个关键环节。

第一个关键环节是 1942 年 6 月党组织停止活动。黄庄平说："省委停止活动之后，在 1942 年 6 月，我们才知道省委被破坏，中央决定在国民党统治区停止活动，停止联系。有些同志不能立足，自己找关系，求生存。不懂得广东历史情况的人，认为是自动脱党。""希望龙门写党史时，要弄清这一历史关节问题。因为年轻人不知道，以后的人更不清楚。将来别人来翻党史，查你的祖父、父亲、儿子是什么人也好说话。这些事情平常看起来没有什么问题，要是查起来就很复杂。这是历史关节问题。"

第二个关键环节是 1947 年恢复武装斗争。黄庄平说："在什么情况下恢复武装斗争。原来我们准备'十年黑暗'，实际上过了半年就恢复了。所以，这段历史要写清楚。在恢复武装斗争过程中，打了几仗是有文章可写的，如打永汉警察所，破仓分粮，低冚伏击战，这几次胜利对后来形势发展影响很大。"

第三个关键环节是 1948 年"大搞"问题。黄庄平说："大搞那段时间，成绩是很大的。虽然后来造成一些困难，是敌强我弱。""困难时期，江北部队如何军民团结如一家人，群众如何克服困难，英勇斗争，不怕牺牲，支持部队，都要充分写。龙门差不多是东三支缩影。"

黄庄平告诫我们，写历史是为了教育后代，对每件事都要有严肃认真的态度。

王达宏

（中国人民解放军粤赣湘边纵队东江第三支队副司令员）

王达宏（1910—1986），男，龙门县永汉寮田村人。

1938 年，广东省抗日救亡运动蓬勃发展，在广州上学的热血青年王达宏回到永汉家乡，成立"大众救国会"。1939 年加入中国共产党。1940 年 1 月遵照中共永汉特支扩大会议决定，建立了龙门县第一支中共地下党领导的武装队伍——永汉抗日自卫队。

永汉抗日自卫队后来改名"永汉自卫联防队"。接着，又改编为国民党六十三军下属一个杀敌中队。王达宏始终是这支武装队伍的领导人。杀敌中队有 30 多名共产党员，建立了党支部。王达宏任中队长、党支部书记。后来，这支武装队伍被迫解散。100 多名武装人员回到各自家乡，成为共产党武装力量的种子和骨干。

1945 年 2 月，王达宏在李绍宗的协助下，在永汉低冚大围祠堂举行武装起义，建立了"广东人民抗日游击队东江纵队增龙博独立大队"。这支队伍的基础就是原杀敌中队解散后，掩蔽在各村的武装人员。人员比原来增加了一倍，素质也比原来大大提高，成为 2 个中队的编制，拥有 200 多人能征善战的队伍。

1946 年 6 月，东江纵队北撤，经组织批准王达宏赴香港治病。

1946 年 12 月，在香港治病的王达宏从香港《华商报》获知广东恢复武装斗争的消息，顾不得没有接上组织关系，带着原来的警卫员黄炳曾从香港回到家乡永汉。

为了迅速恢复武装斗争，王达宏回到家乡后顾不上调理刚刚病愈的身体，搬进山里住宿，白天休息，晚上活动，联络了王镜、王鉴波、廖李科、王统、王意、王兆舜、王龙仁等 10 多位中共党员、东江纵队复员人员，变卖了家中田产购买枪支，组织成立了"反恶政大同盟"。

1947 年 2 月，王达宏的"反恶政大同盟"与黄柏的"东江复员人员自卫队"携手合作，联合行动，袭击从化石坑乡公所取得胜利，乘胜解除了灵山乡公所自卫队的武装，发动 3000 多人打开灵山粮仓，将 2000 多担粮食分给贫苦农民。接着，转向永汉，袭击了永汉警察所，枪毙了极端反共、作恶多端的警察所所长刘道芳。紧接着，打响了低冚伏击战，取得了以少胜多、以弱胜强的胜利。

王达宏在龙门建立党的武装，从无到有，从小到大，从弱到强；从抗日战争到解放战争，在战争中学习战争，在战争中锻炼发展；从游击战到集中兵力打歼灭战，汇入拥有 6000 多人的中国人民解放军粤赣湘边纵队东江第三支队。王达宏成为支队副司令员。

王达宏打过很多仗，住过很多山头，也经历过许多生死关头。在杀敌中队，被国民党特务暗算，险遭灭顶之灾；在低冚老钟屋暂住 3 天，险些落入国民党军队的重围；低冚夜战，一颗子弹从他的头上擦过，烧焦了一撮头发，又躲过一劫……

1968 年"文化大革命"时期，王达宏被诬为"反共救国军司令"，被投进监狱一年三个月。在狱中遭逼供，被手铐卡紧脉搏，招致休克，还被戴高帽在龙门县城游街示众 3 天，身体受到严重摧残。

1978 年 10 月 26 日，中共龙门县委为"反共救国军"冤案彻底平反，为受迫害致死的 26 人昭雪；为 860 名被迫害的干部、群众恢复名誉，颁发平反证书。王达宏始终保持着宽广的胸怀，引领着龙门县的干部、群众以向前看的态度，在改革开放的大好形势下，努力奋斗，建设美好的家园。

1986 年，王达宏病逝于广州。

李绍宗
（龙门县人民政府第一任县长）

李绍宗（1920—2009），男，龙门县永汉低峝李屋人。1940年加入中国共产党，任低峝党支部书记。同年，参加龙门县第一支中共地下党领导的武装队伍——永汉自卫联防队，任小队长。1945 年 2 月，协助王达宏在永汉低峝大围祠堂举行武装起义，成立"广东人民抗日游击队东江纵队增龙博独立大队"，任大队参谋。

1946 年 6 月，李绍宗随东江纵队北撤山东。一年后，1947 年 8 月，又奉命南归广东。于同年 11 月回到龙门家乡领导部队开展游击战争。他说："北撤南归，走的都是水路，千里颠簸。我坚信我们共产党一定能够打败国民党反动派，领导全国人民建立新中国。不管多么艰辛，都吓不了我。"

1947 年 12 月 28 日，李绍宗刚刚回到家乡不久，就同王达宏一起投入坳头伏击战。伏击战取得胜利，点燃了恢复武装斗争的烽火，涉及大半个龙门县。

1948 年 3 月，经中共江北地委批准，龙门县人民政府成立。任命李绍宗为龙门县人民政府第一任县长。龙门地区已经显露出大片红色江山的雏形。江北地区的中共武装部队改编为"广东人民解放军江北支队"。

1948 年 9 月，李绍宗奉命率领一支 500 多人的队伍与国民党广州行辕独二团申江营 1000 多人在塘角埔展开阵地战，击溃敌人一个连，击毙一名副连长及其以下官兵 20 多人。这场战斗，不但打退了敌人的进攻，煞住了敌人的嚣张气焰，而且显示了江北地区根据地的军事实力正在加强，军民的志气已在高涨，战争的形势已经发生了转折。

1949 年 2 月，广东人民解放军江北支队改编为中国人民解放军粤赣湘边纵队东江第三支队。李绍宗被任命为二团团长，带领部队活动于增龙地区。

东江三支队二团参加了上坪战斗，歼灭国民党申江营，活捉营长申江；参加了攻克正果的战斗，取得了攻克正果的胜利，封闭了龙门通往广州的南大门；参加了进军龙门县城的战斗，攻占龙门县城，活捉国民党代县长谢明轩，宣告龙门县全境解放。

多少年来，历尽艰难困苦，李绍宗始终与浴血奋战的龙门英雄儿女站在一起。

2009 年 4 月 4 日，李绍宗在武汉因病与世长辞。

刘其敬
（抗日战争时期社会贤达）

刘其敬（1915—1944），龙门县茅岗乡（今龙江镇）石墩村人。毕业于岭南大学农业系。

刘其敬是龙门人民敬仰的社会贤达。抗日战争期间，历任广东省民众抗日自卫团龙门县第十一大队副大队长，龙门县民众教育馆馆长，县立第一小学教导主任，茅岗乡乡长，茅岗小学校长，城镇中心小学校长，三青团区队副。1943 年，任三青团区队长、县参议员。1944 年，任三青团龙门分团筹备处筹备员。

1940 年，刘其敬与龙门县城中共地下党员吴宪俊共事，吴宪俊以他为统战对象。刘其敬曾举荐吴宪俊任三青团龙门县总干事，让其有此职务作掩护，从事革命活动。吴宪俊报请上级同意后，刘其敬即报省三青团下达委任。

1944 年 7 月 6 日上午，日军 1000 余人在龙门抢掠，路经石墩村。刘其敬带领村民，凭借厚实的围墙和前后四座碉楼，居高临下，抗击日军，打死打伤日寇 100 多人。日军调动两门无后坐力炮猛烈轰击石墩村。碉楼被击毁，围墙被击破。刘其敬临危不惧，镇定指挥。全村民众拿起刀斧同刘其敬一起浴血奋战。刘其敬手持两支驳壳枪与敌搏斗，不幸中弹身亡，时年 29 岁。刘其敬牺牲后，遗体被日军用汽油焚烧，其母、妻、女全家亦惨遭杀害。

1947 年，龙门县各界群众团体，在县城东较场立碑纪念刘其敬及石墩村民英勇抗日事迹。爱国抗日将领张治中为纪念碑题词：忠烈可风。

王晶慈

（抗日战争、解放战争时期社会贤达）

王晶慈（1897—1952），龙门县永汉下莲塘村人。1914 年就读于国立广东高等师范学校。毕业后从事教学工作。曾创办三水县龙安小学并任校长。随后，任香港南华小学校长，澳门孔教学校教务主任。

20 世纪 20 年代初，王晶慈赴日本神户，在康有为创办的神户同文中学任教务主任。几年后，自行创办"业勤学塾"中文补习班，亲自教国文、史地、图音科，教学质量优于正规学校，颇受学生及家长欢迎。

1931 年"九一八"事变前夕，王晶慈回到家乡。在永汉、铁岗开办"业勤学塾"，使许多青年得以就学。1940 年，王晶慈聘请中共地下党员叶德明主持"业勤学塾"教学工作，叶德明以学校教学作掩护站稳了脚跟。1941 年，王晶慈与王特生等发起筹办抗建中学，是龙门县第一所民办中学。

王晶慈为人清高，无心仕途。多次谢绝同学和学生推荐他到国民党政府机关任职。但是，他却同情共产党的革命事业和共产党人。1947—1948 年是永汉遭受国民党白色恐怖最严重时期，他利用地缘关系、宗族关系联络永汉"西水"乡绅抵制国民党肆意欺压群众的行为。在戒备森严的永汉圩，上街张贴伸张正义的标语；出面保释被国民党当局抓捕的 20 多名农村青年和地下党员；保护虎头坪村免遭国民党军队再次纵火焚烧。

为了避免国民党四县（增龙从博）联防司令彭济义的暗算，王晶慈再次离开家乡，到惠阳、南海等地执教。1952 年病逝于广州。

何水英

（革命老区人）

何水英（1887—1979），女，龙门县革命老区永汉寮田村人。因为年长又有很高的威望，人们习惯称呼她"何叔婆"。

何叔婆从抗日战争到解放战争，为共产党的队伍做了许多事。

有一次，她为东江纵队增龙博独立大队送情报。半路上碰到国民党自卫队拦着搜身检查。何叔婆神态自如，用一双手收拢散乱的头发，把密信藏到长发上，躲过了检查。

东江纵队增龙博独立大队有两名负伤战士隐蔽在寮田背后的大坑山养伤治疗。何叔婆天天为伤员送饭送水，找到草药为伤员治疗。坚持了半个月，两位伤员治好伤，重返部队。

东江纵队北撤，增龙博独立大队留下 7 支枪，3 箱文件、书刊交给何叔婆秘密保管。1947 年恢复武装斗争后，何叔婆将保管枪支、文件完整无损交给部队领导王达宏。

何叔婆的儿子王镜，1940 年加入共产党，成为龙门地区共产党武装队伍的骨干，勇敢作战，屡立战功，任广东人民解放军江北支队直属大队大队长。何叔婆一家成为众人称赞的革命之家，母子二人被誉为"母子英雄"。

中华人民共和国成立后，何叔婆任龙门县永汉区妇女主任（不脱产），先后出席惠阳专区妇女代表会、广州市老区代表会、龙门县农民代表会。还经常接受邀请，到中小学校给青少年学生讲革命传统教育课。

1979 年，何叔婆安然逝世，享年 92 岁。

李木森
（革命老区人）

李木森（1918—2004），男，龙门县革命老区永汉低冚李屋村人，是一位勤耕苦种的农民。

1945 年 6 月，共产党抗日武装东江纵队增龙博独立大队在低冚李屋对面店仔税站，遭到国民党顽固派军队的袭击。国民党顽固派军队抓不到共产党武装人员，闯进李屋村抓了李木森及同村兄弟 9 人，押解到增城派潭中洞村关押了 20 多天，受尽了吊、打、烈日暴晒等酷刑折磨，家里花了一大笔钱才把他"赎"出来。

1945 年 9 月，国民党第十二集团军教导团、龙门县政工团，以抗缴悬赏金（捉拿李绍宗赏金 25 万元）为由，纵火焚烧李屋村。李木森家园被毁，房屋被烧。

1946 年 6 月，李屋村再次遭到国民党军队纵火烧毁。李木森刚刚修复的房屋未能幸免。

1947 年 4 月，国民党军队抓走李木森和村里另一位兄弟，押解到龙门县城坐监做人质，威胁李屋村的共产党员、游击队员"自新"。关了半年，家里又花了一大笔钱，将他从监仓"赎"出来。

1947 年 10 月，李木森的家园和李屋村第三次被国民党军队烧毁。

1948 年 3 月，李木森第三次被国民党军队抓捕，绑解到永汉关押。国民党大搞白色恐怖，每逢永汉圩期，国民党军队就要杀人。同李木森一起关进大牢的人，每隔几天就有几个人被拉出去枪毙。大牢里的人，个个忧心，不知哪一天轮到自己。又是家里花了钱，把他从黑牢里"捞"出来。

李木森的家乡低冚李屋村，是抗日战争、解放战争时期革命根据地。李木森没有加入共产党组织，但是真心实意拥护共产党；虽然没有参加共产党武装游击队，但是热心支持在家乡进行革命活动的子弟兵。国民党军队三次纵火烧他的村庄，毁他的家园。并且，把他当作共产党员、游击队员，先后三次抓进监狱。受刑受苦说不尽，有一次险些被绑赴刑场。

中华人民共和国成立后，李木森照样勤耕苦种过日子，从不诉说受株连、坐"盲监"、家园被焚毁的事。从未向政府索要功劳奖赏，活到86岁善终。

亲人给他送挽联：

解放前，历尽磨难，为革命受株连，三次进牢狱，几番敌人屠刀下逃脱。

解放后，窝居乡里，不讨功不争赏，听共产党话，一生守律遵德做好人。

李木森，是千千万万革命老区人的缩影，是一名可敬可爱的普通老区人。

童孟清
（土地改革时期中共龙门县委书记）

童孟清，山东人，南下干部。1952年8月至1955年11月任中共龙门县委书记。后调佛山，先后任中共佛山地委书记、广东省人大常委会委员。

童孟清在龙门做的第一件大事，是深入推进龙门县的土地改革。

1952年8月，童孟清就任中共龙门县委书记。龙门县土地改革运动也在这时正式开始。首批土地改革工作队（简称"土改工作队"）选择了附城区城东、城北两个乡进行试点。童孟清背起行李带领土改工作队下乡，带头脱鞋脱袜走进贫苦农民家里，与贫苦农民"三同"（同食、同住、同劳动），以普通劳动者身份出现在广大农民群众面前。

童孟清把深入农村进行"三同"，作为土改工作队的工作作风。他身体力行带出了一支善于联系群众、工作作风踏实的土改工作队，为龙门县进行土地改革打下了坚实的基础。土改工作队的作风，后来成为龙门县各级干部和共产党员的作风。

童孟清在龙门做的第二件大事，是教育农民。他将土地改革当作对农民进行思想教育的大课堂。

第一，教育农民认识劳动创造世界的真理。让他们懂得不劳而获是剥削；劳动光荣，剥削可耻；地主不劳动，粮食堆成山，是对农民的残酷剥削；是农民养肥了地主，不是地主养活农民。

第二，教育农民了解当家作主的道理。让他们懂得土地改革就是要打倒骑在农民头上统治压迫农民的地主阶级，让农民翻身做主人。

土地改革在广大农村是一场翻天覆地的革命运动。童孟清始终坚持认为，翻天覆地的变化主要应是农民思想去旧更新的变化。搞好土地改革，一定要提高农民思想觉悟，彻底批判地主阶级剥削压迫农民的罪行。还要坚决纠正一些地方忽视思想教育，单纯分田分地的"夹生土改"现象，严格执行土地改革复查验收。

土地改革期间，龙门县组织成立了57个贫农协会，参加协会会员35681人；通过"扎根串联"，培养了土改积极分子5054人。土地改革结束，全县建立了68个小乡政权，通过民主选举，有1008名土改骨干分子当上乡、村基层干部。

童孟清在龙门做的第三件大事，是向全县农民颁发土地改革分配的山林、土地、房屋产权证书。农民称为"土地证书"。

1955年11月，童孟清带着龙门人民的深情厚谊，离开龙门住进大城市，上任更高的职务。几十年来，他仍然牵挂着龙门人民的生产生活。改革开放初期，童孟清得知龙门的经济条件仍然很差，特意拨付20万美元外汇额度支援龙门启动进出口业务。接着，又支持帮助龙门县建立香港—龙门直通车"港龙汽车运输公司"和"港龙货柜车运输公司"，沟通了龙门和香港的经济、贸易交流。

郭 常
（农业合作化时期中共龙门县委书记）

郭常，广东省鹤山县人。1954年7月至1955年1月，任龙门县人民政府副县长。1955年1月至1955年4月，任县长。1955年12月至1958年10月，任中共龙门县委第一书记。

1953年12月16日，中共中央作出《关于发展农业生产合作社的决议》。龙门县结束土地改革运动，正在转向农业合作化运动期间，郭常来到龙门。郭常给龙门人的印象是刻苦、务实、有谋略。

龙门县农业合作化运动，从1954年春永汉区花碗村何龙常年互助组成为全县第一个初级农业合作社开始，到1956年1月，全县基本上进入了初级农业合作社转入组建高级农业合作社的阶段。到1956年11月，全县办起高级农业合作社134个，参加农户35172户，占全县总农户的90%，实现了全县高级农业合作化。

抓住全县实现了高级农业合作化这个极为有利的时机，郭常带领全县干部奔赴水利工地，于 1956 年 10 月动工，兴建龙门县最大规模的水利工程——龙平渠引水工程。

龙平渠引水工程（简称"龙平渠"），全长 93 公里，其中干渠 30.1 公里，平陵支渠 23.8 公里，龙江支渠 39.1 公里。靠锄头、竹筐，一锄一筐挖掘土方 100 万立方米；靠铁锤、钢钎一锤一锤凿开 4 万立方米石方。举全县人力、物力，花费一年多时间，于 1957 年春全面竣工。龙平渠灌溉农田达到 6.3 万亩，占全县水田面积 28%。龙平渠通水后，正遇上春旱。渠水直通龙门最旱的地区：平陵镇隘子、芒坝下、路滩及龙江镇。渠水所到之处，旱患立即解除。虽是大旱之年，龙平渠受益的地区，"野绿禾青一望同"。灌区人民称赞龙平渠是"丰收渠""幸福渠"。几十年来，龙门人已经习惯把郭常的名字与龙平渠连在一起。

改革开放以后，龙平渠实现了渠道三面光，通过科学管理，设施升级，进一步发挥了灌溉效能。

邱　皖

（三年经济困难时期龙门县人民委员会县长）

邱皖（1929—1982），男，广东省惠阳县人。14 岁（1943 年）参加共产党领导的惠阳抗日武装大队，任小鬼班副班长；15 岁（1944 年）参加东江纵队第二支队，被安排在侦察班；16 岁（1945 年）在战争中负伤；18 岁（1947 年）加入中国共产党；20 岁（1949 年）在中国人民解放军两广纵队司令部侦察连任连长。在抗日战争、解放战争中，8 次立功。其中，立大功 1 次，二等功 3 次，三等功 4 次。中华人民共和国成立后，历任珠江专署公安处侦察队队长，番禺县公安局侦察股股长、副局长，县委书记处书记兼公安局长。

1960 年 1 月，邱皖以中共增城县委副书记、增江水库工程指挥部党委书记的身份来到龙门。1960 年 12 月，增江水库工程下马，增城龙门两县恢复原来的建制，邱皖任龙门县人民委员会县长。

邱皖在国家遭受严重经济困难时期来到龙门，担任主要领导。他发挥战争年代艰苦奋斗的作风，自己带头，动员全县各级干部，把购买国家粮的"本子"收缴到单位。停办机关干部食堂，到农村同农民一起吃大食堂饭菜，勒紧裤带，过困难的日子。同时，以身作则带领全县干部把定量发的"布证"上缴，二三年内，不买新衣服。提倡"新三年，旧三年，缝缝补补又三年"。在穿着上同农民大众保持一致。

接着，邱皖又带领全县干部、群众贯彻落实中央指示，改革农村体制，把"一大二公"的人民公社，改为"生产队核算，三级所有"。同时，开放自由市场，允许社员经营自留地，发展家庭副业。

经过将近一年的努力，1961 年 10 月，中共龙门县第二次代表大会召开。邱皖在大会上致辞："全县人民团结奋斗，最困难的时期已经过去了"，鼓励全县干部、群众坚持艰苦奋斗，迎接社会主义建设新高潮。

"文化大革命"时期，邱皖遭遇不公平的待遇，住"牛棚"，进干校。他始终坚持战争年代留给他的坚强意志，把党的利益摆在高于一切的位置。对于个人得失毫不计较，服从党组织的调动、安排。

1976 年，邱皖调任广州市水电局副局长，带病工作，深入工地，为广州市围垦工程、龙门县天堂山水库建设做了大量工作。1982 年病逝。

红色驿道承传老区革命精神

　　2016 年，庆祝中华人民共和国成立 67 周年纪念活动期间，中共龙门县委组织部、中共龙门县委党史研究室共同筹办"红色骑行"活动。

　　"红色骑行"，就是发动全县共产党员以党委会或党支部为单位组成队伍，以自行车为交通工具，在革命老区沿着历史上有名的革命遗址、遗迹，在绿树成荫、硬底化修筑的村道上悠悠地走一趟。一边走路，一边欣赏社会主义新农村的秀丽风光和老区建设的新面貌；一边参观沿途的革命遗址、遗迹，缅怀革命前辈在战争岁月的战斗历程。集红色教育、体育健身、旅游观光为一体的"红色骑行"活动，既增强了党员干部同革命老区群众的联系，又进行了党史教育、革命传统教育。

　　在"红色骑行"路线上的革命遗址有龙门县人民政府树立的遗址碑记，一路上革命遗址之间有显眼的指引路标。沿着路标指引可在绿树成荫的村道上走完全程，并参观沿途革命遗址。

　　"红色骑行"活动逐渐推及共青团、学校、城乡青少年，并且在永汉、平陵逐渐完善了骑行路线，取名为"红色驿道"。

永汉红色驿道

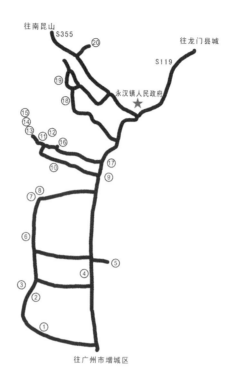

永汉红色驿道（图释）

①黄牛㘵小学——袁鉴文旧居 → ②下莲塘上钟屋村——东江
纵队第四支队、中共增龙县委领导驻地遗址 → ③上莲塘㘵尾村
——江北支队二团税站旧址 → ④沙岗村——红色驿站 → ⑤十字
路村——六烈士被捕、牺牲遗址 → ⑥寮田何屋村——遭国民党
军队焚毁遗迹 → ⑦寮田崇新小学——中共龙门县工委旧址 → ⑧
新屋下炮楼（王达宏故居）——龙门县第一批共产党员训练班遗
址 → ⑨叶屋桥头——"地雷阵"遗址 → ⑩寮田叶屋园墩岭——
龙门县第一批共产党员训练班遗迹 → ⑪低㘵围剧、眠牛山——
低㘵伏击战战场遗址 → ⑫低㘵眠牛山——低㘵伏击战廖李科烈
士英勇牺牲遗址 → ⑬李绍宗故里——低㘵李屋围遭三次焚毁遗

址 →⑭李屋围学校——低㘵妇女夜校遗迹 →⑮低㘵龙眼潭——低㘵民兵堵击国民党军队前哨阵地遗址 →⑯低㘵大围祠堂——金龙大队起义遗址 →⑰鹤湖村虎头坪王捷云家——龙门县第一个中共组织永汉特别支部成立旧址 →⑱红色堡垒——丰坑村 →⑲东江纵队北撤部队宿营地旧址——三坑村 →⑳梅州村委会——龙门县共产党员组织生活文化园

平陵红色驿道

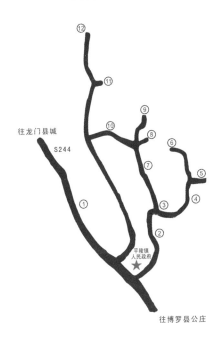

平陵红色驿道（图释）

①小塘阻击战旧址 →②中共地下党创办相记学校旧址 →③白芒坑民众抓获汉奸地点洪阿仁茶店旧址 →④白芒坑革命遗址 →⑤白芒坑党小组、农会、妇救会成立旧址 →⑥保卫白芒坑战斗旧址 →⑦铲头坳伏击日军遗址 →⑧马屋——共产党武装后勤仓库旧址 →⑨东坑联络站旧址 →⑩山下刘氏祠堂私塾学堂旧址

→ ⑪桂西北中共区委、区政府旧址 → ⑫盘头博伏击战战场遗址

骑行红色驿道　承传革命精神

共青团永汉镇委员会组织青年志愿者骑自行车沿永汉红色驿道参观，缅怀先烈，温读历史，学习前辈革命精神。

骑行队伍出发

永汉镇团委书记讲解红色堡垒村——丰坑村的革命历史

永汉镇青年志愿者在低山伏击战纪念公园参观

永汉镇青年志愿者在广东人民抗日游击队东江纵队增龙博独立大队起义遗址合影留念

附录六 大事记

一、大革命时期、土地革命战争时期（1925 年 1 月—1937 年 7 月）

1925 年 1 月，国民革命军第二师师长张民达和参谋长叶剑英来到龙门县麻榨东埔村，将增江河上游东埔村的一个四面环水，面积 150 亩的小岛全部买下，并将"大派洲"改名"仙岛"，在岛上种下几百棵荔枝，建房子命名为"南庐"，开办公司筹备军费，命名为"仙岛有限公司"。

1927 年 12 月 13 日，广州起义失败，向东江方向撤退的 1300 余人，在花县改编为中国工农红军第四师。12 月下旬，从龙门北面的地派进入龙门县城。

1927 年 12 月 27 日，红四师离开龙门县城，取道平陵山下往河源古岭。徐向前率红四师第十团在平陵山下白芒坑驻扎。

二、抗日战争全面爆发时期（1937 年 7 月—1945 年 8 月）

1937 年

农历八月二十四日至二十六日，日机滥炸龙门县城。炸毁店铺、民房 500 多间；炸死平民 20 多人，受伤数十人。永汉、平陵、龙华圩镇村庄处处遭到日机反复轰炸。

1938 年

10 月 12 日，日军 4 万余人在惠阳大亚湾登陆。15 日惠州失陷，21 日广州失陷。

冬，中共地下党员王新民、温潮伯以"增城战地服务团"名义，到龙门县永汉低㘫、鹤湖村找到当地开明人士王捷云、李荫亭、王方平、李达经等人，串联抗日宣传活动，同时物色统战和建党对象。

冬，在广州读书的青年王达宏、范汝钧、刘灿辉、王达尊等人回到永汉。在刘灿辉的店铺"天吉号"成立以王达宏为首的永汉大众救国会，不定期出版墙报、黑板报宣传抗日救国。

1939 年

1 月，东江华侨回乡服务团成立。500 多人在惠阳、博罗、河源、龙门、增城等 13 个县及惠州市范围内进行抗日救亡活动。

2 月，中共东江特别委员会在紫金县古竹成立，尹林平任书记。领导连平、和平、五华、紫金、龙川、河源、博罗、增城、龙门、新丰、海丰、陆丰等县党组织开展抗日斗争。

4 月，洪月冲随东团从千里之外的南洋回到家乡白芒坑开展抗日宣传活动。洪月冲 1927 年本想投奔徐向前带领的红军，因没有追上队伍而漂泊南洋。

6 月，东团第三团成立增（城）龙（门）队。下旬，中共党员梁永思（梁伟玲）率东团增龙队到达永汉，与增城正果战地服务团、永汉大众救国会取得联系后一起活动。并且吸收大众救国会派到正果参加战地服务团的王樊培、王达尊参加东团增龙队。

8 月，中共党员吴宪俊（吴仲）从国民党广东省政府主席李汉魂主办的"广东地方行政干部训练班"毕业，被派到龙门，在国民党龙门县政府第一区署任自治协助员（1940 年 5 月 5 日与中共龙门县工委书记袁鉴文接上组织关系）。

8 月，洪月冲在新丰锡场由李力生介绍加入中国共产党。

9 月，东团增龙队永汉分队成立，队长张国强（张志平）。同时成立的还有正果、派潭、福和分队。

秋，龙门县第一个中共组织——中共永汉特别支部，在鹤湖村王捷云家成立，书记梁永思。特别支部的主要工作任务是，在寮田、低岽、鹤湖、虎头坪等村及当地学校发动群众，组织读书会、妇女会，开展抗日宣传工作，发展党组织壮大党组织力量。

11 月下旬，国民党广东当局下令限制东团活动。国民党增城县当局奉国民党第四战区东江游击指挥所命令，对东团增龙队活动予以限制和监视。

12 月，中共党员林道行（博罗县人）率领 200 多人的武装队伍在增城龙门交界的铁扇关截击企图从增城北上进犯粤北的日军。林道行率领的队伍是最早进入龙门县的共产党抗日武装。

是年，王达宏被中共增城特别支部吸收为中国共产党党员。

1940 年

1 月，中共增城县临时工作委员会改为中共增城县委员会，书记郭大同。中共永汉特支隶属中共增城县委。梁永思为县委成员，任宣传部部长。县委驻地在增城北面龙门南面交界的白面石村。

同月，郭大同来到永汉，召开特支扩大会议，提出组织共产党领导的抗日武装。随即在低岽大围祠堂成立 50 多人的"永汉抗日自卫队"。王达宏任队长，王谦铭任副队长。李绍宗也加入自卫队任小队长。这支武装队伍很快便发展到八九十人，并改名"永汉自卫联防队"。

同月，中共永汉特支梁永思、陈李中、张国强、王樊培等在永汉自卫队发展中共党员，吸收王镜、王平、王达群、王立平等10多人加入共产党组织。

2月，因遭受国民党的迫害，东团增龙队及其4个分队全部解散。

3月，永汉自卫联防队发展到100多人。中共增城县委经过统战工作，将联防队编入国民党六十三军（军部在南昆山）属下的随军杀敌大队，成为随军杀敌大队的一个中队。中队有30多名共产党员，成立党支部，王达宏任支部书记。

4月，中共增龙博中心县委在白面石成立，书记郭大同，组织部部长袁鉴文，宣传部部长李光中。

5月，中共龙门县工作委员会在永汉寮田村崇新小学成立。袁鉴文任书记，梁永思为委员，赵学光任组织干事，隶属中共增龙博中心县委领导 。

6月，王达宏领导的随军杀敌中队被迫解散。100多名杀敌中队的武装人员回到家乡分散活动，手中依然掌握着枪支，等待时机重建武装队伍。

8月，在中共龙门县工委的领导下，龙门县组建4个党支部，拥有共产党员41人。寮田党支部，梁永思任书记，党员15人；低冚党支部，李绍宗任书记，党员13人；鹤湖党支部，王樊培任书记，党员8人；鸦鹊垄、黄牛冚党支部，李怀昌任书记，党员5人。

8月，在国民党龙门县政府担任情报股股长的中共党员吴宪俊，在龙门县城吸收4名共产党员，成立龙门县城党小组。

冬，中共党员赵学光、李友珍、王丽在寮田、大埔、鹤湖、鸦鹊垄、黄牛冚、低冚李屋等村办起妇女夜校，教妇女识字，搞好夫妻关系、婆媳关系，宣传抗日救国道理。

1941 年

春，王达尊、李绍宗、王樊培、王鉴波 4 人，遵照中共龙门县工委书记袁鉴文指示，以永汉圩"天吉号"商铺合股经营杂货店作掩护，设立中共龙门县工委联络点。王鉴波以老板名义驻店，负责经营管理。

春，李绍宗受组织派遣，通过宗族关系、社会关系进入二区署（永汉区署）当录事。

4 月，中共增龙博中心县委调整领导成员：钟靖寰任书记兼统战部部长，郭大同任武装部部长，李志坚任组织部部长，李光中任宣传部部长。委员有黄慈宽、吴伯仲。黄秀芳任妇委书记。

5 月，袁鉴文调离龙门。吴伯仲接任中共龙门县工委书记，住永汉崇新小学以教师职业作掩护。

同月，在国民党龙门县政府任情报股股长的中共地下党员吴宪俊，遵照中共龙门县工委指示，通过统战对象刘其敬的关系，在党组织的空白地区开展工作。

冬，李藻华在中共增龙博中心县委训练班学习后，回到永汉。通过统战对象刘驾球的介绍，进入国民党永汉警察所任警长。接着，又安排中共党员王意、王立平、王运 3 人进入警察所担任警员。

冬，洪月冲在平陵白芒坑村培养吸收洪月明、洪亚仁、洪木安加入中国共产党组织，建立平陵党小组，隶属中共河源工委古岭支部。

1942 年

年初，中共永汉区委成立，书记陈江天，委员王达尊、李绍宗、王樊培。

3月3日，中共增龙博中心县委书记钟靖寰、组织部部长李志坚从增城派潭进入沦陷区，在二龙圩被国民党增城当局逮捕。

5月，中共南方工委组织部部长郭潜被国民党逮捕后叛变，中共粤北省委遭破坏。

6月，东江军政委员会、原中共粤北省委秘书长严重，贯彻执行周恩来、中共中央南方局关于"国民党统治区的党组织一律停止活动"的指示，撤销中共东江特委，中共增龙博中心县委随之撤销。

7月，原中共增龙博中心县委宣传部部长李光中传达东江军政委员会决定：因中共粤北省委遭破坏事件，各县除沦陷区外，地下党组织暂停活动。各级委员会解散，改设特派员。

8月，中共龙门县工委解散，主要领导人撤退，陈江天任龙门县特派员。年底由李绍宗接任龙门县特派员，隶属增龙博特派员领导。

同月，吴宪俊接上级党组织通知，离开龙门。

冬，李绍宗遵照党组织"站稳脚跟，埋伏下来"的指示精神，通过拉宗族关系进入二区署（永汉区署）军民合作站任副站长，并且取得新任站长的信任，站稳了脚跟。

1943 年

1月，遵照中共中央指示，中共广东省临时委员会成立。尹林平任书记，机关设在东江抗日游击区。

2月，尹林平传达周恩来指示：国民党对我势在必打，志在消灭。不能对国民党顽固派存在任何幻想，要以积极行动对国民党顽固派展开针锋相对的斗争。全国处在困难之中，蒋、日、伪相互利用，对我实行军事上"围剿"，政治上造谣抹黑，经济上封锁。我们要艰苦奋斗，克服困难，粉碎敌人的"围剿"封锁，争取胜利。

3 月，中共东江前线临时工作委员会成立，任命黄慈宽为增龙博特派员。

7 月，黄慈宽调任广东人民抗日游击队统战科科长。黄庄平接任增龙博特派员。

秋，李绍宗在二区军民合作站站稳脚跟以后，让地下党员王达勤进入永汉警察所任警长。

12 月 2 日，广东人民抗日游击队东江纵队成立，司令员曾生，政治委员尹林平，副司令员兼参谋长王作尧，政治部主任杨康华。公开发表由四人署名的《东江纵队成立宣言》。该宣言公开宣告：拥护中国共产党的主张，接受中国共产党的领导，为打败日本帝国主义，建立新中国而奋斗。

12 月 12 日，东江纵队号召扩大游击区。活动地区扩展到罗浮山，向南昆山纵深地区发展。

1944 年

春，平陵白芒坑村成立农会，会长洪月冲，副会长洪月明，均为中共党员。会员 30 多人。白芒坑村民兵自卫队同时成立，队长洪月明，副队长洪佳、洪木安。队员 40 多人。

6 月，左潭禾洞自卫队在龙华四围夜袭由从化进入龙门"扫荡"的日、伪军，用大刀杀死日、伪军 30 多人。队员茹潮兴与日、伪军厮杀时负伤牺牲。

7 月 2 日，龙城江厦村民用土枪、土炮，阻击从增城进入龙门"扫荡"的日军。击毙日军大佐及 7 名日本士兵。在阻击战中村民受伤 2 人，牺牲 1 人。

7 月 6 日，龙江石墩围村民奋起抗击进村抢掠的日军。毙伤日军 100 多人。日军用炮兵强攻石墩围村，村民在战斗中牺牲 15

人。日军进村后，25 名村民被日军枪杀、生剖，47 间房屋被烧毁。被抢夺宰杀生猪 30 多头，耕牛 3 头，马 3 匹，家私财物一扫而空。

10 月，白芒坑村民兵自卫队联合平陵乡联防队，在平陵山下铲头坳伏击日军，打死日军 2 名。白芒坑村民兵自卫队队长洪月冲在战斗中英勇牺牲。

1945 年

1 月，中共广东省临委领导机关、东江纵队司令部迁往罗浮山。

2 月 10 日，中共广东省临委决定，以罗浮山为基础，开辟增龙博边境地区，进一步建立南昆山抗日根据地。

2 月 20 日，永汉寮田、低冚、鹤湖、鸦鹊垄、官田等村地下党员和群众 200 余人，在低冚大围祠堂举行武装起义。东江纵队司令部给该起义部队命名为增龙博独立大队（代号金龙大队）。委任王达宏为大队长，陈江天为政治委员，林江为参谋。并派谢光、罗克分任 2 个中队指导员。后来又任李绍宗为大队参谋。

2 月，东江纵队副司令员王作尧率队到鳌溪。破开国民党粮仓，把 300 多担粮食分给贫苦农民度春荒。

3 月，王作尧到麻榨东埔村开展宣传活动，并带部队到永汉破仓分粮。

同月，王作尧率北江支队、西北支队三四百人到永汉，在官田白沙沥河与国民党第四战区梁桂平保安团相遇，发生激战。对方伤亡 10 多人，北江支队、西北支队亦伤亡七八人。各自撤出战斗。

同月，国民党军队一五三师到永汉寮田、低冚、黄牛冚、上莲塘、釜坑等地"围剿"增龙博独立大队。

三、四月间，袁鉴文、李绍宗在麻榨鳌溪、永汉、沙迳、龙华等地先后组织 7 个民兵中队 500 多人投入战斗，牵制了国民党顽固派军队的"围剿"行动。

5 月，中共增龙县委成立。书记袁鉴文。

7 月，国民党龙门县政府重金悬赏，在全县通缉王达宏、李绍宗、王樊培、李观佑、李炳熔（容）、李敬生，王达勤等人。并逼迫受通缉人员所属村庄缴交赏金。

8 月 15 日，林锵云、王作尧、杨康华率东江纵队第五支队、军政干校学员、文艺宣传队等 1200 余人，从罗浮山出发，从鳌溪进入龙门，经约坑，在东坑渡过龙门河，再经高沙、油田、铁岗进入从化、新丰，向粤北挺进。增龙博独立大队奉命做好前导工作，保障北上队伍安全过境。

三、解放战争时期（1945 年 9 月—1949 年 11 月）

1945 年

9 月 16 日，中共广东区党委决定，全省分 11 个地区进行军事活动。增龙博为一个活动地区。成立东江纵队江北指挥部，指挥员周伯明，政治委员陈达明。下辖东江纵队第四支队、解放大队、民主大队、罗湖大队、金龙大队。

10 月，中共江北特别委员会（简称"中共江北特委"）成立。书记陈达明。辖增城、博罗、龙门、从化、番禺、花县、河源等县。

10 月中旬，袁鉴文任中共增龙县委书记，兼东江纵队第四支队政治委员。金龙大队划归东江纵队第四支队指挥。

12 月，中共江北特委、东江纵队江北指挥部领导机关，从增城正果移驻龙博边境陈禾洞、何坑头、何家田。

1946 年

1 月初，东江纵队第四支队队部进驻永汉下莲塘。

1 月 16 日，东江纵队第四支队、中共增龙县委领导人阮海天、袁鉴文、陈李中进驻寮田何屋仔；18 日午夜，遭国民党一五三师袭击，在村民的帮助下安全脱险。何屋仔、下莲塘两个村被国民党军队全部烧毁。

5 月 21 日，军调处第八小组与国民党广东当局达成广东中共武装北撤山东的具体协议。

5 月下旬，东江纵队第四支队和中共增龙县委领导人在派潭小迳村召开会议，部署北撤及北撤后地方工作。拟定了北撤和留下坚持斗争及复员人员名单，并对不能北撤的装备作安置。

6 月 18 日，林锵云、王作尧率东江纵队北撤的粤北部队经龙门铁岗、永汉开往大鹏湾。军调处第八小组粤北支组代表杨康华、美国代表纳尔逊、国民党代表黎国焘随行。

6 月下旬，东江纵队第四支队整编成一个连 100 多人北撤，阮海天任连长，杨步尧、陈李中任指导员，由梁奇达率领，从江北地区开赴沙鱼涌。

6 月 30 日，东江纵队北撤人员在大鹏湾登舰北撤。7 月 5 日安全抵达山东烟台。

6 月，中共广东区党委决定，地方党改为特派员制。钟育民任增龙特派员，隶属江北特派员谢鹤筹领导，驻派潭小迳。

同月，经中共中央同意，中共广东区党委决定，东江纵队北撤后，留下 43 名武装人员，分别在三个地方掩蔽：陈汉（杨添）、黄柏、吕育、李忠、曾亮、黄进田、徐清、曾春元、徐少伟、陈福、李福、李清、李虾仔、李四、李新、张仔、卢仔、杨虾仔等在龙门麻榨鳌溪；霍锡熊、曾光等在博罗象头山；马达、丘松学、徐文等在增城小迳。留下掩蔽的武装人员统一由谢鹤筹、欧初领导。

7月，东江纵队北撤后，国民党军队立即对龙门县的抗日根据地实行"清乡""围剿"。根据地的共产党员、东江纵队复员人员、民兵、农会会员遭屠杀、逼害。根据地陷入白色恐怖之中。

11月，中共广东区党委作出恢复广东武装斗争的决定。

11月底，黄柏、徐文、丘松学组织"东江复员人员自卫队"。以增城派潭小迳为基地，背靠南昆山，在增龙博边区一带活动。

12月，王达宏从香港回到永汉，串联王镜、王鉴波等人组织"反恶政大同盟"，建立武装队伍，恢复武装斗争。

1947 年

1月上旬，黄云龙领导的地派农民自卫队成立。

2月8日，江北人民自卫总队长江队，在马达武装队伍配合下，袭击国民党龙门蓝田乡公所，俘乡长钟天达等16人，缴长短枪16支。破开粮仓，将2万多斤粮食分给贫苦农民。

2月23日，丘松学、徐文、黄干率队在王达宏队伍配合下，袭击国民党从化石坑乡公所，俘乡自卫队副队长以下17人，缴获步枪17支。

3月12日，王达宏、黄柏队伍联合行动，袭击永汉警察所，俘所长刘道芳以下50余人。缴获机枪1挺、步枪、短枪30余支。接着打开永汉隔沥仓库，将4000多担粮食发放给等待救济的乡民。

3月16日，黄柏、王达宏集中永汉、派潭小迳武装队伍54人，在低冚伏击回防永汉的龙门县警大队一个中队及龙华自卫中队100多人。毙敌5人，伤敌15人，俘乡长、分队长以下34人。缴获机枪1挺，长短枪30余支。武装队伍战士牺牲3人，负伤

1 人。

3 月，中共江北工委在南昆山成立。统一领导增城、龙门、博罗、从化、清远等地武装斗争。

4 月底，黄庄平在南昆山上坪尾主持中共江北工委扩大会议。会议决定统一领导，恢复和发展党组织，建立民兵、农会，继续开展反"三征"、破仓分粮、减租减息的群众运动。会议还决定，建立南昆山、桂山、罗浮山游击根据地。江北地区划分为四个战略区：黄庄平负责全面工作，黄柏主管军事。战略区分别由黄柏负责从（化）、龙（门）、新（丰）三县边区工作；黄佳负责清（远）、从（化）、佛（冈）三县边区工作；陈江天负责博（罗）、龙（门）、河（源）三县边区工作；王达宏负责增（城）、龙（门）边区工作。

5 月，王达宏的队伍以"增龙从博人民自卫队"名义，活动在增龙边区。王达宏为队长，徐文为副队长；丘松学、马达的队伍以"龙从人民保乡队"名义，活动在龙从边区。马达为队长，丘松学为副队长。

同月，朱湘祺、张奕生到平陵以东江纵队时期的民兵、农会干部梁德、刘安德、洪佳为骨干，组建"铁流队"在平陵活动，队长朱湘祺，指导员张奕生。

6 月，王国祥、郑叶昌、李福伯（李回）组建"罗浮山独立中队"，在正果、麻榨、博西一带活动。王国祥任中队长。

6 月底，黄干、曾光的队伍及鳌溪民兵常备队组成"博龙河人民解放队"和"东江人民解放军独立第十大队"。"博龙河人民解放队"在桂山西北活动，黄干任队长，谢光任副队长；"东江人民解放军独立第十大队"在桂山东南活动，邓子廷任大队长，刘彪任副大队长，曾光任政训员。

夏，朱湘祺、张奕生在平陵接收李党的队伍，到鳌溪、陈禾洞集训。

7月，北江人民自卫总队驻新（丰）、河（源）、龙（门）特派员袁可风到龙门蓝田活动。蓝田的武装队伍"玉龙队"隶属袁可风领导、管辖。

9月，黄干、钟奇带领"博龙河人民解放队"从陈禾洞开赴路溪、茅岗、平陵等地活动。

10月，中共江北工委在南昆山磨谷田召开工委扩大会议。会议决定成立4个战略区工委：中共增龙博区工委，书记黄庄平；中共博龙河区工委，书记陈江天；中共龙从区工委，书记黄柏；中共从佛滘区工委，书记黄佳。

同月，增龙从博人民自卫队整训后编成王镜、洪广友、陈集中3个中队。中队建立党支部，恢复共产党员组织生活。

同月，龙从人民保乡队兵分二路：马达率巢德麟中队在龙北，从北吕田，龙门地派、左潭、铁岗一带活动；丘松学率曾亮中队在龙北蓝田，新丰两头鸟、洋古田、立溪、锡场及河源古岭、平陵、船塘、杆窦一带活动。

11月，钟达明以特派员身份在永汉整顿党组织，恢复共产党员组织生活，吸收新党员，建立了寮田、低冚、新陂、见田党支部。

同月，参加北撤的李绍宗奉命从山东辗转回到龙门，参加增龙从博人民自卫队领导工作。

12月28日，王达宏、李绍宗率增龙从博人民自卫队进行坳头伏击战。毙敌6人，伤敌数人。俘敌20多人，缴获日式机枪1挺，步枪30多支。增龙从博人民自卫队2人负伤，范兴牺牲。

是年，黄干带领李四、吕育、曾春元、陈福记、张仔、郑叶昌、曾毛等留下掩蔽的东江纵队武装人员，到鳌溪、陈禾洞、邓村活动，建立党支部、农会、民兵组织，建立30多人的武装队伍。

1948 年

1 月 13 日，叶成超带着黄庄平给中共江北工委《关于贯彻中共中央香港分局为迎接大反攻加强农村斗争，我区应即进行大搞》的指示信，从香港辗转回到中共江北工委机关所在地——永汉低㟼观音潭，交给陈李中。

1 月中旬，王达宏在派潭小迳召集增龙地区负责人徐文、钟达明、李绍宗、罗声、崔佳权开会贯彻"大搞"的指示。

1 月中旬，黄柏带领龙从人民保乡队在地派宣传发动，传达贯彻黄庄平的指示信。

1 月中旬，陈江天在何家田召集部队大队长以上干部会议传达黄庄平的指示信。

1 月下旬，在增龙从博人民自卫队强大的军事、政治压力下，国民党永汉自卫队头目陈清扬解散拥有 200 多人的永汉自卫队，向增龙从博人民自卫队缴交全部武器。其间，永汉地区共收缴地主武装机枪 10 多挺，步枪、短枪 300 多支。

1 月，龙从人民保乡队在地派收缴地主武装长短枪 300 余支；在左潭石莲收缴地主武装长短枪 20 余支；在蓝田收缴地主武装长短枪 50 余支。

1 月，博龙河人民解放队在平陵、路溪收缴地主武装长短枪 10 余支。

2 月初，丘松学、袁可风带领所属部队夜袭新丰、龙门交界的板岭炮兜村，收缴反动地主的步枪 10 多支。

2 月，徐文、李绍宗率增龙从博人民自卫队智取麻榨龙田围，处决顽固对抗的反动头子何立贤。在龙田围收缴地主武装机枪 5 挺，步枪 40 多支；在东埔村收缴机枪 2 挺，步枪 20 多支；在西楼、南滩等据点收缴机枪2挺，步枪80多支。

同月，黄柏、马达率龙从人民保乡队夜袭左潭乡公所，缴获长短枪20余支。处决国民党县参议员谭国臣、乡长谭国升。

同月，谢光、练英、骆瑜在陈禾洞、何坑头、鳌溪、南窖、邓村、黄竹坳、何家田等老区建立中共中心支部，加强农会领导，开展土改分田活动。

3月12日，朱湘祺率博龙河人民解放队在平陵白石墩伏击国民党河源保安队刘驳光部。毙敌排长1人，伤3人，俘5人，缴长短枪8支，掷弹筒1具。博龙河人民解放队小队长谭耀牺牲。

3月，地派民兵常备队50多人，编入龙从人民保乡队。番号汤姆生队。

同月，永汉寮田、油田、南㘰、雁洋陂、高桥、丰坑。沙迳高沙、东山，麻榨基坑、倒坑、河东、大陂等地民兵常备队300余人编入增龙从博人民自卫队。

同月，中共江北地委成立，书记黄庄平，副书记陈李中，委员黄柏、王达宏、陈江天；中共增龙县委成立，由钟育民、钟达明、徐文、李绍宗、罗声组成，钟育民任书记；中共龙从县委成立，由马达、丘松学、何欢组成，马达任书记；中共河东县工委改为中共河东县委。龙门县龙南办事处成立，主任李绍宗（后李达松接任），指导员钟达明。

同月，龙门县人民政府成立，县长李绍宗。

同月，江北地区的中共武装奉命改编为"广东人民解放军江北支队"。司令员黄柏，政治委员黄庄平，副司令员王达宏，副政治委员陈李中，政治部主任陈江天。江北支队下设4个团：博龙河（河东）地区编为一团，团长曾光，政治委员黄干，下辖刘彪、吕育大队，黄珍宝、张奕生大队，钟奇大队，李觉、王育文大队，罗芳独立中队。增龙地区编为二团，团长徐文，政治委员钟育民，下辖王镜、孔德恒大队，洪腾（洪广友）大队，陈集中、李达松大队，王国祥、雷鸣大队，蓝德、蓝柏大队，朱骥大队；龙从地区编为三团，团长丘松学，政治委员马达，下辖钢炮队、卡宾队、汤姆生队；清（远）、从（化）、花（县）、佛（冈）地区编为四团，团长黄渠成，政治委员罗光。

同月，国民党主政广东的宋子文，调集甲级编制、美式装备的国民党广州行辕独立第二团、保安总队第八团、九九旅两个团、交警队、杨衍冲保安总队以及各县县警队，对江北地区进行"清剿"。压向龙门的兵力达五六千人。

同月，中共麻（榨）正（果）区委成立，书记徐文，委员王国祥、王彪、郑叶昌、雷明，隶属中共增龙县委。

4月12日，博龙河人民解放队属下飞龙队，在平陵白芒坑遭到国民党保安总队第八团、平陵联防队500多人包围。激战一天，打破敌人的包围。

4月，中共龙南区委成立，书记钟达明，委员李达松、李少英、王统，隶属中共增龙县委。

同月，江北支队三团汤姆生队40多人，在地派雷公背大岭头遭到国民党广州行辕独二团及反动自卫队200多人夜袭，在激战中突围。刘灶荣、刘增荣在突围战斗中英勇牺牲。

同月，江北支队二团和支队军政训练班，在永汉西部山区雁洋陂抵抗国民党广州行辕独二团申江营及县警大队、自卫队1000多人的进攻，激战2天。敌军无法继续进攻，主动撤退。

6月，江北支队三团钢炮队和汤姆生队在地派麻地头村遭到国民党军一个连、县警中队、反动自卫队的包围，在激战中突围。

7月，国民党广州行辕独二团、龙门县警中队600多人，围攻江北支队三团根据地从化塘基背村。三团指挥员令钢炮队打出外线，向龙门县城进军。敌急忙撤兵回援龙门县城。塘基背村解围。

同月，江北支队二团中队长王兆燊带领武工队员，在寮田叶屋桥头布设地雷阵，炸死炸伤前往下莲塘"扫荡"的国民党广州行辕独二团申江营40多人。国民党军队报复群众，把叶屋村抢掠一空，并纵火焚烧。

同月，国民党军队再次进犯塘基背根据地，将江北支队三团平汉队50多人包围在塘基背村。三团独立中队及粤汉队及时救援将敌军再围一层。敌军突围逃窜，死伤33人。三团乘胜解放地派。

9月17日，国民党广州行辕独二团申江营连同王同仇等反动武装1000余人，前往"围剿"在五境集中整训的江北支队洪广友大队及二团部队。李绍宗奉令率领这支500多人的队伍反击敌人，在塘角埔与敌人展开阵地战，击溃敌人一个连，毙敌副连长及以下官兵20多人。打退了敌人的进攻，显示了江北根据地的军事实力正在加强。

9月，国民党广州行辕独二团二个营，连同县警大队、反动武装1000余人，进驻永汉十字路、范屋、鹤湖等村庄，形成"三点一线"封锁永汉西部山区。二团部队在低冚观音潭被围困5天，断粮3天。突围后，向龙从、龙博地区转移。

同月，中共江北地委会议决定，巩固原有基础，相机发展。大胆开辟新区，建立新的基地，从山区推向平原区。

同月，中共增龙县委、二团领导人调整，中共增龙县委由陈李中、钟达明、李绍宗、罗声组成，陈李中任书记。二团团长由龙门县长李绍宗兼，政治委员由中共增龙县委书记陈李中兼。鉴于敌人集中进攻二团。二团主力分别转移至博龙和龙从地区。分属一团、三团指挥。

12月10日，江北支队政治委员黄庄平调集三团李忠、黄汶、黄云龙，二团徐清、张球 5 个中队 400 余人，在广韶公路杨梅潭地段伏击。歼灭护送国民党省政府派往新丰上任县长的敌兵 70 余人，俘新丰县县长张汉良，缴获机枪 3 挺、步枪 50 多支。

1949 年

1 月 1 日，中国人民解放军粤赣湘边纵队成立。

1 月，麻（榨）正（果）办事处成立。隶属龙门县人民政府领导。

2 月 15 日，广东人民解放军江北支队改编为中国人民解放军粤赣湘边纵队东江第三支队。司令员黄柏，政治委员黄庄平，副司令员王达宏，政治部主任陈李中，副主任刘汝琛。在增龙从博边境活动的原江北支队一、二、三团，相应编为东江第三支队一、二、三团。

3 月 16 日，东江第三支队司令员黄柏，亲自部署指挥从一、二、三团调来的主力部队 800 余人。在博龙交界的上坪山区，歼国民党广州行辕独二团中江营营部、1 个炮兵排、1 个加强连及地方反动武装 2 个中队。毙敌 39 人，伤敌 37 人，俘营长申江以下 180 人。缴获八二炮 1 门，六〇炮 2 门，重机枪 4 挺，轻机枪 10 多挺，长短枪 200 余支。

4 月，东江第三支队先遣总队三营，在三团二平队配合下，攻克龙门北部小镇蓝田墟，歼敌自卫队 50 多人。

同月，中共龙北区委成立。书记王育文，组织委员李业林（叶成超），宣传委员刘毅，委员黄云龙、林芬、巢丽文。隶属中共龙从县委。

同月，谭达强、胡容仙得到三团二平队的支持，在龙城北郊江厦、三洞、花围、王宾、大坑、西埔、凌角塘等村，发动群众，组织 50 多人成立"抗征队"，队长谭达强，副队长胡容仙、黄捷。接着，凌角塘又成立 70 多人的"火箭队"。廖昌任队长，杨符负责政治工作。

5 月 1 日，地派乡人民政府成立。南昆、铁岗、左潭、蓝田、田尾、城北、城东接着成立乡人民政府。

5 月，永汉区人民政府成立。区长王达尊，副区长王达群。

5 月，中共桂西南（龙华）区委成立，书记邓茂华，隶属中共河东县委。

7 月 1 日，桂西南（龙华）区人民政府成立，区长邓茂华。

7 月初，中共桂西北（平陵）区委成立。书记练英（女），隶属中共博东县委。

7 月 10 日，桂西北（平陵）区人民政府成立。区长梁德，副区长洪佳。

7 月 13 日，东江第三支队领导人黄庄平、黄柏、王达宏率五团、独三营、二团陈集中大队、三团二平中队，强攻正果守敌。毙敌 10 多人，俘敌广州警备总队大队长谭生、保安总队副队长江锡全以下官兵 160 多人。正果战斗的胜利，震撼国民党龙门县政府，国民党县长关耀中怕被歼灭，赶忙找到黄溪村地主谢明轩当代县长，卸任之后，悄悄溜出龙门。

7 月中旬，龟缩在马图江村的刘镜反动武装被肃清。永汉宣告全境解放。

8 月 1 日，龙北区人民政府成立。区长李业林，副区长刘毅。

8 月 26 日，东江第三支队司令员黄柏指挥二团、三团、五团部分队伍及独三营 800 多人，一举攻克龙门县城。俘国民党代县长谢明轩、国民党县党部书记长钟志鸿、县警大队长廖碑石、财粮科长以下 200 多人。27 日宣告龙门县全境解放。

8 月 27 日，中共龙门县委成立，书记钟达明。

9 月，中共附城区工委成立，书记邓茂华。

10 月 1 日，中国人民解放军第四野战军一三一师侦察排到达龙门县城。东江第三支队二团驻龙门县城中队与一三一师侦察排在龙门县城欢庆中华人民共和国诞生。

同日，附城区人民政府成立，区长邓茂华，副区长刘毅。

同日，东江第三支队司令部在平陵举行庆祝大会，庆祝中华人民共和国成立，并组织盛大的游行和晚会。

10 月 11 日，中国人民解放军一三一师部队到达龙门县城。得到东江第三支队的密切配合，龙门全县人民群众的大力支持，顺利进军增城、广州。

10 月 11 日，桂西南（龙华）区、龙北区划归龙门县管辖。龙门县行政辖区附城、龙华、龙北、龙南分别改称一区（附城）、二区（龙华）、三区（龙北）、四区（龙南）。

11 月 11 日，铁岗匪首许悦礼、钟绍文，纠集反动地主、反动会道门及其外围组织"大刀会"千余人，围攻铁岗乡人民政府，杀害乡干部及其家属子女、武装人员共 16 人，制造了惨烈屠杀共产党员、区乡干部的暴乱事件。

《龙门县革命老区发展史》的编写，得到省、市老区建设促进会指导，得到县委、县政府领导重视、支持。同时，中共龙门县委党史研究室、中共龙门县委组织部老干局、东江纵队粤赣湘边纵队龙门县老战士联谊会、县妇女联合会及县财政局、统计局、档案局、科教局、民政局、文广新局、交通局、水务局、旅游局、林业局、体育局、卫计局、环卫局、电力局、扶贫办、老区建设办、小水电集团公司、自来水公司等单位鼎力支持，提供了大量中华人民共和国成立前的有关史料及社会主义建设时期的文件、资料；龙门县老同志、老领导钟一凡、茹新生亲自过问本书的编写工作，给予编委会具体指导；退休干部、惠州日报社原编委黄焕阳，对编写工作提出了宝贵意见，并对稿本作了全面校阅。借此成书之际，谨对上述相关部门和单位，以及热心人士表示深切谢意。

本书参考资料来自三方面：一是史书、志书，如《龙门县志》（1995 年版和 2011 年版）、《中共龙门党史大事记（新民主主义革命时期）》、《中国共产党龙门县地方史（1927—1949）》、《中国共产党龙门县历史 第二卷（1949—1978）》、《中国共产党永汉地区历史（新民主主义革命时期)》、《中国共产党平陵地区历史（新民主主义时期)》、《中国人民解放军粤赣湘边纵队东江第三支队队史》、《红色印记（1981 年龙门县南昆山座谈会部分老同志回忆录)》等。二是龙门县老区建设促进会历年来编写积累的资料，如《龙门县革命老区掠影——红色记忆、沧桑巨变》、《龙门县革命老区基本情况汇编》、《龙门县革命活动遗址及纪念建筑物资料汇编》、《龙门县老区建设调查报告》(四篇)、《爷爷奶奶的战斗故事》等。三是县统计局、交通局、文广新局等单位提供的龙门县建设时期的文件资料。

　　《龙门县革命老区发展史》编写出稿本后，编委会敬送有关领导、相关单位、专业人员、热心人士审读，吸纳各方意见、建议，先后三次对稿本作了较大修改，力求做到"历史的真实性、事件的准确性与内容的可读性相统一"。但是，由于编史知识和经验的欠缺，本书难免存在许多错漏，极盼读者批评指正。

编　者

2019 年 10 月